THE CHINESE
DRAGON
CULTURE

U0106516

THE CHINESE DRAGON CULTURE

中國龍文化研究

以澳門舞醉龍及其他個案為中心

一 鄭德華　主編 一

目錄

The Chinese Dragon Culture

序言

澳門鮮魚行總會於 2009 年向澳門政府申報 "澳門魚行醉龍文化" 成為本地非物質文化遺產項目，[1] 並於 2011 年成功列入《第三批國家級非物質文化遺產名錄》，隨即成為澳門旅遊事業的其中一張名片，引起社會廣泛關注。這種由鄰近區域傳入的文化，經過在澳門的生根、發展，已經成為本地區一種別具特色的社會文化活動，它不僅包含着促進澳門本地旅遊事業的實際價值，而且還包含着民俗學理論的研究價值。中國龍文化源遠流傳，博大精深，它在當代社會的存在和發展，是我們中華傳統文化的歷史延續，非常值得追蹤研究。

我們這群參與本書寫作的人員，是澳門大學中國語言文學系的師生，對中國和澳門歷史文化都比較有興趣，民俗學更是我們喜愛的學科，於是澳門舞醉龍活動在 21 世紀初的迅速崛起，很快就成為我們之間議論的話題，並萌發了組成小組研究的興趣。

2015 年，我們正式組織了一個集合 "老、中、青" 三代人的研究小組，在 2017 年年中完成了〈澳門龍文化研究：以舞醉龍為中心〉一文的寫作，[2] 同時亦為本書收集了一批資料，並擬定了寫作的路向。基於目前一些令人擔憂的學術研究風氣，我們非常明確地提出，本書不是一本 "論文集"，而是一本具嚴謹結構的學術著作。每位參與的作者都非常清楚本書的學術取向，即提倡嚴謹的學風，腳踏實地進行社會研究，反對運用大而空的 "架構"，生搬硬套 "理論" 花架子的不正學風。

1　鮮魚行總會於 2009 年將 "澳門鮮魚行醉龍文化" 此種集民間舞蹈及民俗特色的活動申報為澳門非物質文化遺產項目。參看〈醉龍文遺促傳承發展〉，《澳門日報》（2009 年 2 月 25 日）。

2　參看陳平主編、馬熙遠副主編：《當代民間藝術新論》（北京：社會科學文獻出版社，2019 年），頁 86-103。

筆者一向認為，民俗學具有比較明顯的邊緣學科性質。它實際上與很多學科的研究都存在不同程度的交叉關係，尤其是人類學、社會學、文化學和歷史學。在過去的民俗學研究中，也存在不同的學術流派，所以按照不同論題的實際需要安排研究方式，才是行之有效的方法。但是，這並不表示我們忽視民俗學的觀念，更不會由此對這門學科的發展歷程缺乏了解。相反，我們認為，這兩方面正是我們研究民俗學問題的基礎。

　　首先是對民俗學概念的認識。

　　民俗文化是人類社會生活和物質生產活動，以及由此過程而產生出來的精神成果。它是人類在發展的歷史長河中凝結出來的集體記憶以及心理習慣。它包含着地域、種族和民族之間的差異、互動和交流，是廣大民眾，尤其是基層民眾社會生活、精神形態的重要反映。

　　其次是對民俗學發展歷史的一些基本看法。

　　從世界的範圍來看，民俗文化成為當代一門獨立的學科 —— 民俗學，時間並不久，是一門較新的學科，相信是到了英國學者威廉·湯姆斯（W.J. Thomas）在 19 世紀 40 年代提出用 "Folklore"（民俗學）這個詞作為民俗學的專用語，以代替當時對民俗文化使用的不同名稱，才使民俗學這門學科得到較大的關注和發展。[3] 中國民族學的發展大概在 20 世紀 20 至 30 年代是第一波的高潮，[4] 1978 年改革開放以後至今是第二波高潮。我們認為，目前民俗學研究除了對當前社會民俗文化仍需加強整理外，還有一個值得深入研究的領域，那就是對中國民俗學源流的進一步探索，從中摸索出中國民俗學與中華文化發展關

3　西方民俗學的肇始在 19 世紀 40 年代。其標誌是 1846 年，英國學者威廉·湯姆斯提出用 "Folklore" 這個詞，作為民俗學的專用詞，以代替當時對此學科使用的不同叫法。後來西方才逐步統一了民俗學這門學科的名稱。參看仲富蘭：《中國民俗文化學導論》（杭州：浙江人民出版社，1997 年），頁 3-4。

4　我們同意學術界一般認同的 20 世紀 20 年代至 30 年代由廣州中山大學發起的民俗學研究活動，是中國現當代民俗學研究第一波浪潮的肇始。參看仲富蘭：《中國民俗文化學導論》，頁 9-10。

係的源頭，從而把中國的民俗學研究發揚光大。

從中國文化發展的歷史角度看，風俗文化在先秦時期就受到相當的重視。在《毛詩正義》中就有言：

> 先王以是經夫婦，成孝敬，厚人倫，美教化，移風俗。[5]

而對這句話，《漢書・地理志》中有進一步的解釋：

> 民有剛柔緩急，音聲不同，繫水土之風氣，故謂之"風"，好惡取舍動靜隨君上之情欲，故謂之"俗"。[6]

我們從《周禮》中可以了解到，在中國上古時期，人們一生中的重大事件，如婚、喪等儀式，都被納入"禮"的範疇。[7]它並不屬於帶強制性的法制層面，卻是社會風俗的一部分。不過需要說明的是，古代風俗規範也是人們在社會人際交往和活動中需要遵守的準則，為政者應當擇善者而導之，對弊者則實行禁之。這種重視社會民間風俗，並分清好、壞的傳統，後來就成為中國王朝教化民眾的重要方法。在儒家思想佔據文化主流的時代，提出實踐"修身、齊家、治國、平天下"的社會修為理論，"修身"就包括了"禮"方面的內容，被認為是維護社會倫理和秩序的大事。所以先民早在秦漢時期，就有提倡以"移風易俗"作為治國的基本策略，[8]那是因為法制和風俗在中國思想武庫中，

5　阮元校勘：《十三經注疏附校勘記（上）》（台北：大化書局，1982 年），頁 270。
6　同上，頁 271。
7　同上，頁 945-1220。
8　司馬遷在總結秦朝用法家思想作為興國的重要經驗時就曾說："孝公用商鞅之法，移風易俗"，充分說明上古時期對風俗在興邦建國過程中的重視。參看《史記・李斯列傳》卷八十七（北京：中華書局，1982 年），頁 2542。

原就是一對"治國化民"的基本方略。

如果我們再把先秦時期《易經》中所提倡的"形而上"和"形而下"的哲理觀點，對照上面所引用的話，恐怕就更容易理解中國古代對民俗文化重視的根本原因。《易經》說：

> 是故形而上者謂之道，形而下者謂之器，化而裁之謂之變，推而行之謂之通，舉而錯之天下之民謂之事業。9

引文最後一句的意思是說，為君者如果把上面所說的四句話都做到了，就是把治理社會的"道"交給了民眾，這是成就國家重大業績的事。由此我們可以看到，在中國上古時代，先哲就把建構國民良好的民俗風尚，擺在國策的重要位置，絕非等閒視之。

但我們在肯定中國民俗文化具有深遠歷史基礎的同時，又必須承認後來在相當一段歷史時期裡，在中央集權的政治制度強化的影響下，法制越來越顯得比民俗更加重要，以致在中國民俗方面的記錄，並不豐富，致使今人要對中國民俗發展的歷史作深入研究時常常苦於文獻的不足。正如 1923 年許世英在胡樸安《中華風俗志》出版時寫的〈序言〉，第一句話就是：

> 中國風俗，古無專書，惟方志中略有所載，其他散見古今人筆記者，亦時時有之。10

9　目前，學界一般把"形而上"和"形而下"作抽象化的解釋，認為"形而上"是指"道"，無形，即宇宙的本體；而"形而下"是指"器"，有形，是道的具體載體。引文按本義，是指為君者治國之法。出自《周易正義》卷七，繫辭上，參校《十三經注疏附校勘記》，頁 83。

10　〈中華全國風俗志許序〉，載於胡樸安：《中華風俗志（民俗、民間文學影印資料之十二）》（上海：上海文藝出版社，1988 年 3 月），頁 1。

當然，在近現代中國歷史轉變的重要階段，也有一些改革家和思想家提出應重視民俗學的研究。近代著名思想家、外交家、詩人黃遵憲在認真考察日本社會改革後，在其著作《日本國志》中，對一個國家在風俗方面導向的重要性，作了非常有啟發性的論述，並對民俗的形成過程，以及它的特徵和一旦形成後的影響力，作了明晰的敘述。

> 嗟乎風俗之端，始於至微，博之而無物，察之而無形，聽之而無聲，然一二人倡之，千百人和之，人與人相接，人與人相續，又踵而行之；及其既成，雖其極陋甚弊者，舉國之人，習以為然。上智所不能察，大力所不能挽，嚴刑峻法所不能變。夫事有是有非，有美有惡，旁觀者或一覽而知之，而彼國稱之為禮，沿之為俗，乃至舉國之人，展（輾）轉沉錮於其中，而莫能少越，則習之囿人也大矣。[11]

黃遵憲在這段非常有見地的文字中告訴我們：一種民俗，實際是社會的"禮"，它往往是在民眾不知不覺中悄悄地形成的，當它成為民眾的一種習俗，就變成社會的一種力量。好的風俗無疑將對社會發展帶來正面的效果，而對於那些壞的風俗習慣，即使是用"嚴刑峻法"，往往亦無濟於事，所以必須防微杜漸。可惜的是，黃遵憲這些敏銳的觀察和分析在當時並沒有引起社會足夠的重視。

的確，任何的學術研究都不應該脫離社會而存在，在研究方法上又必須注重追本溯源，認真審視歷史上有關的研究過程及成果，並從研究發展的經驗中汲取可借鑒之處。所有上述這些問題，在我們開始這個項目的研究階段時，就進行了反覆的考慮。在舞龍的研究中，我們到底應該怎樣把中國的傳統文化與

---

11 黃遵憲：《日本國志》卷三十四（上海：上海古籍出版社，2001 年 2 月），頁 351。

當代社會文化發展結合起來？這是本書的核心立意。

　　本書的內容結構是通過對中國龍文化產生的歷史發展過程和三個不同地域（澳門、香港和馬來西亞柔佛新山）舞龍個案的調查、考察和分析，對中國龍文化，特別是當代中國龍文化的發展進行了一次較為深入的探索。從學理和整體的角度看，我們的研究雖有歷史學和歷史文化學的成分，但卻還是偏向以民俗學為重心。全書從當代舞龍活動入手，以中國當代龍文化的狀況為重心，希望通過對龍文化發展的一個側面研究，總結龍文化發展在當代一些值得珍惜的地方和值得思考的問題，以供"龍的傳人"作參考。為此，我們全書作了以下的安排：

　　第一章"中國龍文化發展概述"，是中國龍文化發展歷史的簡要概述，為開展當代中國龍文化研究作一個必要的鋪墊。從研究方法的角度看，就是上文提及的"追本溯源"。文中揭示從孕育中國龍文化的圖騰時代開始，龍文化就與中國氏族社會結下不解之緣。隨着社會的發展，龍文化滲入到社會的上層和下層，成為中華傳統文化的一部分。龍文化發展的概述以清王朝的覆滅為下限，為本書現當代語境的開始作好了歷史層面的交待。我們認為，只有了解龍文化傳統在中國古代形成的過程，才可以充分認識今天中國的龍文化是中華傳統文化的延續。龍的精神是中華民族品格的組成部分，是我們今天能夠自立於世界民族之林的原因之一，而發揚中華民族文化，是我們當今的重要使命。我們可以這樣理解，中華民族是帶着龍文化的精神進入現當代社會的，所以龍文化能在當代中國泓揚，並向世界傳播，是歷史發展的必然。

　　舞龍活動是中國龍文化的一部分，它起源於遠古而延續到今天，據學者的考證，端午節划龍舟活動是古吳越人的習俗之一，當時稱五月初五為"龍子節"，後來才改為端午節，說明這是一項在紀念屈原以前就已經存在的民俗活動。現在湖南汨羅江畔每逢端午節，還保存有舞龍頭的表演，其形式與舞龍，特別是我們在後面章節中所提及的舞醉龍有其相似之處。[12] 吳越與後來被稱為 "嶺南" 的地區,在春秋戰國時期同屬楚國的領域,人口流動和文化互相影響 是大有史籍記載的。[13] 所以我們認為,今天的舞龍應是由上古時代基層龍文化發 展出來的一種社會活動,以期趨吉避凶,祈求平安,一開始就與區域性的龍文 化流播有關。因此後來南方的舞龍活動,與當年楚地的龍文化相信有一定的淵 源關係。

當然,也有不少學者認為,中國民間的舞龍活動,起於漢代求雨的民俗, 並有春舞青龍,夏舞赤龍,秋舞白龍,冬舞黑龍的規矩。隨後,舞龍活動在中 華大地上更進一步地發展起來,成為不同地區的風俗文化,其中以農曆正月舉 行的龍燈會較為普遍。生活在各地區的不同民眾,把龍燈會發展成為多姿多彩 並具有濃厚地方色彩的龍文化活動,而其中耍龍燈的式樣,不僅顯示了他們對 龍的崇敬和喜愛,而且應視之為現當代舞龍活動的前身。[14]

我們對當代龍文化的研究,集中在舞龍活動方面,選擇了三個不同地區的 舞龍活動(個案)進行研究,並在書中安排四個章節析述。

第二章 "澳門舞醉龍的源流和今昔" 和第三章 "澳門舞龍文化的演變" 是 全書研究現當代龍文化的第一個個案。其重心是屬於當代城市龍文化的研究範 疇。我們是把它作為龍文化從農村進入城市的典型來進行研究的。從區域歷

---

12 在湖南汨羅江邊的端午賽龍舟之前,有一種重要的傳統儀式,就是 "祭龍頭"。在屈子(屈 原)祠裡先拜屈原,由扛龍頭的 "頭橈" 領隊,擎着船旗,打着鑼鼓入祠,把用香樟木雕成 的龍頭放在供桌上,叩頭禮拜。然後由主祭人把紅綢繫在龍頭上,由頭橈扛起龍頭往江邊 跑,連人帶龍頭一起跳到江裡洗澡,其他橈手也跳入江中洗澡,然後才把龍頭安放於船頭。 參看丘桓興:《中國民俗採英錄》(長沙:湖南文藝出版社,1987年8月),頁236-241。

13 如秦併六國,越王勾踐的後裔梅鋗為避秦兵,渡嶺南遷,落籍南雄,是史上有名可考的第一 批定居南雄的長江流域的人。參看曾祥委、曾漢祥主編:《南雄珠璣巷移民的歷史與文化》 (廣州:暨南大學出版社,1995年10月),頁8。又,此項史實,在袁康、吳平的《越絕書》 和屈大均的《廣東新語》中均有記述。

14 龍燈會是中國龍文化一個非常值得研究的課題,但並非本書研究的重要方向,故沒有展開考 察和論述。

史的角度看，澳門位於珠江三角地帶，在宋代以後處於地理生長期。所以，考察這裡的歷史文化，不可能脫離本地區和鄰近地區自然地理及人口結構產生的變化，我們可以從明代瓊州的方志資料中，看到龍文化流播的蹤影。當然，澳門在近幾百年歷史中的一些特殊經歷，對龍文化的發展無疑亦會產生一定的影響。不過，澳門社會歷史發展的客觀現實一再顯示，它的中華文化的底色始終沒有被動搖，舞龍活動賴以生存的因素始終存在。然則，從澳門當代舞龍活動的發展來看，龍文化已經完成了它從農村習俗到城市風俗的蛻變。但與此同時，由於澳門從明代嘉靖年間開始，逐步發展成為中國與西方國家文化交流的前沿口岸，它又帶着自己發展的特色，尤其是在 1999 年回歸祖國後，舞龍活動在與海外龍文化的交流和接觸中，又有了新的變化，其競技性的傾向不斷加強，這無疑是當代龍文化發展的新傾向。

第四章"香港薄扶林村村落發展及中秋舞火龍活動"是研究舞龍活動的第二個個案。薄扶林村實際是香港地區的"城中村"。雖然，現在住在那裡的居民，在思想形態上與香港其他地區的居民並沒有明顯的區別，但由於它地處香港島西南一隅，在形成聚居村落的過程與香港各地區有所不同，從建築形態方面看，仍然保留着較多南方農村的色彩，或可説保留了 20 世紀 50 至 80 年代香港木屋區的形態，顯得與香港大都會的生活有點格格不入，從而具備了都會和農村的二重性，成為農村與城市的混合型社區。可能由於現代大都會住房情況和生活工作的緊張，薄扶林村相對顯得悠閒，所以近年吸引了一些年輕居民"回流"。作為一個特殊的香港社區，它的舞火龍活動，顯得帶有更多傳統農業社會的風味，為研究當代龍文化的變化發展提供了另類的現實素材。

第五章"馬來西亞柔佛新山華人社會及其舞龍活動"是第三個個案，是中國龍文化海外傳播的實踐研究。隨着中國人口往海外移動，特別是在晚清以後，中國海外移民逐步取得了合法的社會地位，中國龍文化在海外華人社區亦得到相應的發展。隨着中國在改革開放後的崛起，中國文化在海外傳播無可否認成為世界文化的一種突出的現象，而中國文化在海外華人聚居的地方亦會以各種形式表現出來，其中舞龍活動就是常見的一項。

馬來西亞柔佛新山從 19 世紀中葉開始，在歷史的機緣巧合之下，華人對開發柔佛新山作出了重大貢獻，亦為當地文化帶來中華文化的影響，而舞龍活動就是其中的明顯例子。舞龍文化在柔佛新山發展的過程，一方面是中華文化的海外傳揚，另一方面又是當代龍文化的創造和發展。今天新山華人的舞龍文化活動，不僅是馬來西亞本土的文化活動，亦得到其他人士的關注和支持，並已經步入與中國舞龍互相觀摩、學習，互相影響的新階段，使新山舞龍文化的研究，帶有世界文化融合的特徵。

在五個章節結束之後，我們安排一個簡要的結語，希望藉此把三個個案的研究作一個總結，把我們在具體研究中發現的當代中國龍文化的發展狀況和經驗勾畫出來。這不僅是對中國龍文化研究應盡的責任，我們同時亦視之為對中國民俗學研究的一個呼籲。中國民俗學的研究到了應當大力加強的時候，因為這是對中華民族復興事業特別重要的一項工作。

在研究方法上，我們深感把社會調查和文獻收集盡量做深做細，是開展研究的重要前提。與此同時，我們亦強調現場的文化感受。民俗文化的研究特別要有切身的認識，才談得上從事研究，也才能得到從感性到理性的提高。

我們非常珍惜前人對中國民俗學所作的貢獻，但是，我們亦希望把前輩們的研究繼續推進。我們在本書中，把歷史學和文獻學的一些方法應用在具體的研究之中，其主要原因亦在此作一個簡要的說明。

我們認為民俗文化本身，存在着一種變化較快的特點，它既會隨着時代的變更而產生變化，還會隨着地方的轉移而發生差異，而這正是民俗文化能夠生生不息的重要原因。有時我們會覺得一種民俗文化現象會突然冒起，好像來無蹤影，但若從社會文化意識的深層透視，就不難看到它潛在的萌發基因。如果我們察看中國龍文化漫長的發展歷程，就會明白一種民俗文化的承傳和發展，它們之間有着隱性的傳遞和爆發性顯露的特色。所以，我們特別強調通過研究社會中各種因素，如何與舞龍活動契合，才會形成舞龍活動的萌發。我們絕不能把舞龍活動抽離具體的社會生活，作空洞、形式的研究，企圖從中尋找出舞龍活動發展的規律。因此，我們在每個個案敘述的開始部分，都把這個地方的歷史經歷作簡要的陳述，務求從歷史中看到龍文化發展所需要依托的存在因素，並探討這些因素如何在社會中變成誘發舞龍活動出現的成因。這個過程，就是上文曾提及的黃遵憲指出的"始於至微，博之而無物，察之而無形，聽之而無聲"，它需要採用和風細雨式的培育方式，在民眾之中埋下了產生這種風俗的社會因素，然後一旦遇到星星火種，才會變成熊熊火炬。

我們希望在三個個案背景和舞龍方式的敘述中，能讓讀者了解風俗文化產生的過程及其變化的誘因；明白舞龍的形態和方式可以千變萬化，重要的是"因地制宜"，可以引起舞動者的興趣，但它在某些方面，如龍的整體形象造型等，又有相似的地方；明白舞龍活動不僅是當今龍文化傳統傳遞的一種方式，同時又帶有塑造人格及適應社會發展的特質。它能在具有龍文化基因的不同地域契合、存在和發展，在民間生存，達到以饗民眾的目的。它把龍文化的精神完全融合在舞動中，追求威武而和諧，展示精誠團結，具高度的協調性，並富於變化和想像力，這些特質對不同的人群，尤其是青少年民眾富有吸引力。

我們並不排斥借鑒外國研究民俗文化的經驗，外國民俗學的研究和其他領域一樣，有許多值得我們學習的地方，特別是一些民俗學的理論研究。但是作為民俗學研究，需要的是大量基層社會的現象，非常需要到社會中去調查，而不能生搬硬套外來的教條，也絕不能先有結論然後再找事實去說明。更應明白的是，我們在上文曾提及中國文化有極其豐富的積累，包括民俗學方面的建樹，問題是我們還沒有充分而深入地進行挖掘。

2003 年聯合國教科文組織通過了《保護非物質文化遺產國際公約》，這對於民俗學方面的研究產生了巨大影響，許多重要的民俗文化遺產得到正面肯定和列入保護名錄。但是我們絕對不能忘記，民俗文化並非所有都是對社會進步起正面作用的。我們不能濫用"非物質文化遺產"的觀念，把一些不該宣揚的東西套上華麗的外衣，把糟粕當作精華，讓謬種流傳。與此同時，我們還要警惕把"非物質文化遺產"當作"搖錢樹",完全"為經濟服務"、"為商業所用"的心態。像舞龍活動這類民俗文化,人文的精神是它最基本的屬性,而使社會生氣勃勃,民眾生活多姿多彩,團結向上,特別是讓年輕的一代充分展示他們的精力和創造性,這才是我們研究、宣傳舞龍活動最重要的目的。

鄭德華

2019 年 8 月 31 日

● 中華兒女被稱為龍的傳人，而龍作為古老的神祇和崇拜對象，一直具有恆久的生命力。本章將從圖騰孕育時代至清王朝的覆滅概述中國龍文化的發展，為本書展開對現當代舞龍活動的研究作好了歷史層面的鋪墊。任何文化的發展和延續都不能離開歷史而存在，我們應在歷史發展的框架下探索文化的發展，才能找到它的脈絡和特質。

● 我們在梳理歷史文獻時發現，中國龍文化隨社會的發展，滲入社會的上層和下層結構，與中國國家主體特有的歷史進程相結合，即在中華民族大融和、國家大一統以後，龍文化成為中華文化的象徵，是多元一體文化結構的精神體現，只有了解中國古代形成龍文化傳統的過程，才可以了解今天中國的龍文化是中華傳統文化的延續部分。這種研究範式就是「索本追源」。

第一章

中國龍文化發展概述

一 圖騰時代的龍文化

1. 氏族圖騰

什麼是圖騰？學術界有不同的解釋，圖騰可以是"意指一個氏族的標誌或圖徽"。[1] 由此我們可以將圖騰標誌和氏族聯繫起來，從歷史階段來看，氏族社會時期，同一氏族會有一個圖騰標誌，以表示自身與外族的差別，區分領域的界限，也可説是有共同信仰保護區的界限。而族人把某一動物如鳥，或任何一物件認為是他們的祖先，或者自認和這些物件有某種關係，其實是將具神聖性的圖騰物與尊敬的祖先合一，既表示與別不同，也顯示自己氏族的光榮。

我國著名民族學家楊堃説："圖騰是一種動物，或植物或無生物，部落內各群體把圖騰作為自己的祖先"，[2] 總的來説，圖騰時代的先祖是血緣家族，崇拜同一"神物"，以獲得神的保祐；慢慢地各氏族出現不同圖騰，崇拜同一個圖騰變相團結了同一族人；加上有認為祖先即"神物"的信仰，圖騰崇拜也會和祖先崇拜結合。圖騰是氏族的神，祖先也是氏族的保護神，現在常有人説"祖宗保祐"，就是受祖先崇拜的觀念影響。

當氏族繁衍，後人要與先祖溝通時，就會以圖騰物為媒介祭告祖先。考古發現早在先秦時，道家文獻中便記載了"龍"能幽能明，隱顯自然，通達於天地之間，遨行於宇宙與法界。修身有成者可與龍交流，掌握包括招龍、升龍、降龍等騎乘的訣竅。所以龍在道教中最主要的作用是助道士上天入地，溝通鬼神。周代祭祀中，出現"龑"字，是周人向祖先祈求"子孫永保"的頌文，代

---

1 摩爾根：《古代社會（上冊）》（北京：商務印書館，1981 年），頁 162。轉引何星亮：《中國圖騰文化》（北京：中國社會科學出版社，1992 年），頁 11。

2 楊堃：《原始社會發展史》（北京：北京師範大學出版社，1986 年），頁 140。轉引何星亮：《中國圖騰文化》，頁 11。

表龍是周民祖先升天的引路者。[3] 同時，道教的三轎主要是作為上天入地的乘騎工具，而龍即被認為是三轎之一。1987 年 5 月在河南省濮陽市西水坡發現了仰韶文化遺址，距今約 6500 年，當中第 45 號墓的墓主旁用蚌殼擺塑了龍、虎的藝術形象。這都顯示出龍圖騰在氏族時期早已存在，並存於周的禮制中，有明確的角色及地位。可以說龍文化在周禮制形成之初，社會上層就以可駕馭龍作為身份地位的象徵。

　　而用今天的科學觀念去看龍圖騰，可說龍是中華民族共同構想的神物，是中國歷史進入大一統之後的共同圖騰代表。它既是一種崇拜現象，也是一種對大自然力量的 "理解"。比如說 "龍從雲"，表現了對自然的敬畏；當龍的形象穩固下來後，就由自然崇拜進入圖騰崇拜，希望從中得到保祐；之後氏族不斷發展，聚居人口越發壯大，本來的血緣家族加入了外來氏族，枝葉繁衍，人口繁雜，膜拜龍圖騰除了是敬畏大自然，祈求平安，同時又可以提醒大家有同源祖先，以團結力量；當圖騰崇拜融合了祖先崇拜，成為團結族人的重要儀式，龍文化就逐步分流成以同源祖先來穩固政權的上層龍文化，以及以敬畏大自然，祈求平安為主導的下層龍文化。

　　氏族社會早期，因所在地理位置不同，敬畏的 "神物" 自然不同，由是產生了各種不同的圖騰，形成了不同的信仰及生命觀念。那時包括南方的苗、越，北方的匈奴，東方諸夷，西方羌族，以及後來的北狄、西戎等，都有各自的 "神物"。據現存資料，三王五帝前後的圖騰包括：伏羲氏族 —— 蛇、[4] 黃帝

3　田村、章宏偉：《中國龍小百科》（香港：商務印書館〔香港〕有限公司，2008 年），頁 60。
4　伏羲、女媧一族都是人首蛇身，以蛇作為氏族圖騰。

部落——熊、[5] 炎帝部落——牛、[6] 蚩尤九黎族——黃雀、[7] 東夷族——鳳鳥。[8]

當中燧人氏族及伏羲氏族，教民生產與狩獵。據《尸子》載："燧人氏之世，天下多水，故教民以漁；伏羲氏之世，天下多獸，故教民以獵。" 也就是後來的漁牧業。按原始經濟生產力模式，發展出原始的農業，何胤云："作耒耜，播百穀，曰神農也。"[9] 可見一二。曾經存在的圖騰，代表了各氏族的權力及信仰的差異，這歸因於我國土地廣闊，在不同的自然環境、經濟發展程度、生活習俗、人口遷移等因素的作用下，孕育了社會下層的龍文化；《禮記‧禮運》記載"昔者先王，未有宮室，冬則居營窟，夏則居橧巢。未有火化，食草木之實、鳥獸之肉，飲其血，茹其毛。" 由於地域差異，自然生存條件有別，北寒南熱，先民根據自身需求，選擇不同的圖騰，奉為自家的祖先，尊拜以求保祐。[10] 隨着社會的發展，圖騰文化也隨之演化。一般情況下，社會經濟發展水準越高的社會，所保留的圖騰文化元素就越少。因為原始宗教形式如圖騰崇拜、自然崇拜、祖先崇拜等都會隨社會結構模式及經濟生產結構發展改變，由單純的崇拜發展出社會上下層禮儀文化，上層龍文化保留了原來的宗教形式的權威崇拜，領袖透過禮制，用共同的先祖及圖騰，令各部族受命。

也就是說三王之世，先民皆向他們學習畜牧種植之業。[11] 按經濟生產力模式的進階，漸漸統一了生活模式，同時人口也越來越多，曾經以血緣為生活依附

---

5 《白虎通》："黃帝有天下，號曰有熊。" 黃帝姓姬，姬乃熊字的形象演化，屬於有熊氏。

6 炎帝屬於烈山氏，神農氏人，"母曰任姒，有蟜氏女，名女登；為少典婦，游於華陽，有神龍首，感生炎帝。人身牛首，長於姜水。有聖德，以火得王，故號炎帝。"

7 九黎族崇拜的圖騰神物，由蟋蟀、蟬蟲、麻雀、黃雀等蟲鳥組成，圖騰之間着有着一物降一物的神奇規律，似乎是由一種弱肉強食的生物食物鏈生存發展出的規律。九黎族是由九個有不同崇拜信仰的氏族組成的，他們的最高統帥氏族是以"黃雀"為神物圖騰崇拜信仰的氏族。

8 東夷族最出名的首領就是少昊，東夷以鳳鳥作為自己的圖騰，所以又稱"鳥夷"，開創了鳳文化。

9 李學勤編：《禮記正義》，（台北：台灣古籍出版有限公司，2001 年），頁 574。

10 呂思勉：《中國文化史 —— 中國政治思想史講義》（天津：天津古籍出版社，2007 年），頁 93。

11 同上，頁 43。

的氏族，擴建成具團隊生產力的部落。當先祖突破血緣家族的單一結構後，也就走向圖騰崇拜及祖先崇拜的信仰，令無直系血緣的族人，漸漸走向相同的深層文化。這也契合了黃帝釜山合符的説法，《史記·五帝本紀》記載：黃帝在打敗炎帝和蚩尤後，巡閱四方，"合符釜山"。這次"合符"，不僅統一了各部軍令的符信，確立了政治上的結盟，還從原來各部落的圖騰身上各取一部分元素組合起來，創造了新的動物形象"龍"。這可以歸結為"多元一體"，解釋了為什麼"龍"身上有這麼多不同動物的特徵，應該是氏族圖騰兼併的結果。《尚書·堯典》中記載：

> 維五祀，定鐘石，論人聲，乃及鳥獸，咸變於前。[12]

《尚書大傳》解釋末二句云："百獸率舞之屬"，"百獸率舞"就是一個典型的具有圖騰崇拜意義的禮儀活動，眾多以動物為圖騰的氏族代表分別戴上動物面具並模仿其姿態動作進行表演，最終向堯舜氏族的圖騰"龍"頂禮膜拜，象徵臣服，從此"龍"也成了權威代表。到夏朝建立，改禪讓為世襲後，作為一部之長，就更需要龍圖騰的"合符"，以特權來管理大大小小的氏族，更需要常常進行龍崇拜活動，以強化權威的合理性。

龍圖騰在龐大的宗族體系內更顯重要性，大禹時，龍圖騰和祖先崇拜漸漸整合在一起，屈原〈天問〉："地方九則，何以墳之？河海應龍，何畫何歷？鯀何所營？禹何所成？康回馮怒墜，何故以東南傾？"王逸注："禹治洪水時，有神龍以尾畫，導水徑所當，決者因而治之。"[13] 意思是説，應龍畫地成溝，幫

12　伏勝：《尚書大傳》卷一，《古經解彙函》本。原書來源：香港中文大學圖書館（查自中國哲學電子書化計劃：https://ctext.org/library.pl?if=gb&res=96487，瀏覽於 2019 年 8 月），頁15。

13　王逸：《楚辭章句》卷三，《欽定四庫全書》本。原書來源：浙江大學圖書館（查自中國哲學電子書化計劃：https://ctext.org/library.pl?if=gb&res=5690，瀏覽於 2019 年 8 月），3 頁。

助禹排水。可見傳說中的應龍既能蓄水，又能排水。同時禹導水至錯開峽，一龍錯行水道，遂斬之，故得名斬龍台。從上引文獻推測，自夏朝開始，中華第一個家族統治模式，將龍由集體崇拜的圖騰對象，變成禹及其家族後人的專用崇拜對象，後世集體崇拜活動的對象亦改為駕御龍的祖先 —— 禹。而《山海經》又有禹的兒子夏啟乘二龍，上三嬪於天的記述，亦是可駕御龍的祖先。

所以自夏起，為圖騰及圖騰崇拜活動定儀制法，由過去整個氏族集體拜祭，祈求保佑，變成只有上層社會的人參與崇拜禮儀。由《易經》乾卦可見：

> 乾，元亨利貞。初九，潛龍勿用。九二，見龍在田，利見大人。九三，君子終日乾乾，夕惕若，厲无咎。九四，或躍在淵，无咎。九五，飛龍在天，利見大人。上九，亢龍有悔。用九，見群龍無首，吉。[14]

全卦以"龍"為意象，當中九二見龍在田為君子入世，開始運籌，至九五飛龍在天為君子得位。可見成就大位一定要有龍陪伴，才能天下歸心。這是古代上層社會禮制龍文化的核心，龍圖騰和帝王由此合而為一，社會上層龍崇拜活動定式化，龍文化於是分化成專屬發展的上層龍文化，這種文化神聖而帶權威性，之後轉化為龍袍、宮殿建築及帝皇階級的專用名詞等；而普遍存於民間的下層龍文化，是原始圖騰崇拜和祖先崇拜的文化遺傳，是社會下層的人民，求神明及先祖保佑的文化，希望自然界的神明、圖騰的動植物、共同的祖先繼續保佑，結果轉化成節慶、食俗及習俗等民間傳統儀式，代代相傳，融入華夏血脈中，成為民族的基因，而中國人被喚作"龍的傳人"也由此而來。

---

14 林栗：《周易經傳集解》卷一，《欽定四庫全書》本。原書來源：浙江大學圖書館（查自中國哲學電子書化計劃：https://ctext.org/library.pl?if=gb&res=756，瀏覽於 2019 年 8 月），頁5-7。

2.“龍”的雛型

當華夏民族進入國家階段，生產力向農牧業發展，“龍”圖騰與社會上層文化更緊密連繫，成為華夏各氏族共同的圖騰，漸漸形成權威的象徵符號。當國家制度建立，社會分有階級，上位者選擇了龍作為社會上層文化的象徵、權威代表；民間就隨而有崇拜龍的活動，以祈求保祐。社會上下層龍文化，依附在不同階層的生活中，由表層的顯性物件，比如器皿，到深層的意識形態，比如駕龍以馭天下，已和華夏民族融合在一起。龍的形象也由原先的多元化走向後來的統一。

段玉裁對《說文解字》中“龍”一條的注解較為有代表性：

> 龍，鱗蟲之長，能南能明，能細能巨，能短能長，春分而登天，秋分而潛淵。[15]

龍的雛型也可說是虛實交織，查文獻考古資料，大致可總結為兩類說法。

第一類是大自然真實動物：包括但不限於蛇、鱷、豬、蠶等動物在內的原型及演變說。這是一直以來學界較為主流的思路和看法，支撐這些觀點的是相關文獻和考據分析。

第二類是虛構的自然界風雲：龍鳳的原型是雲與風，支撐這一觀點的是訓詁學。這一觀點與認為龍有動物原型的看法相悖，認為龍是先神格後人格的產物，這反映了古代生產力低下，科學技術欠發達，尚處蒙昧的人類對自然界的風雷雨雪有着天然的敬畏；發展農業的華夏民族，對風調雨順的渴求極為突出。

---

15 徐鍇：《說文解字繫傳》六，〈龍部·文一〉。原書來源：卷首至二九景烏程張氏適園藏迹古堂景宋鈔本卷三〇至四〇景古里瞿氏鐵琴銅劍樓藏宋刊本，本書四十卷，《四部叢刊初編》中第 70-77 冊（查自中國哲學電子書化計劃：https://ctext.org/library. pl?if=gb&file=77398&page=75，瀏覽於 2019 年 11 月），頁 1。

我們祖先的思維受深層的龍圖騰文化影響，導致把各種隱含的、無形的"神物"，集合、升華成有形的"神物"，也就是我們看到的表層的龍文化，但我們沒有和先祖一起生活，還原不了他們深層龍文化的來源。經考古及查證所得，上文第一類説法的共同點，就是龍先有形，再進行融和、演變，最終成型。

如宋人羅願為《爾雅》所作的補充《爾雅翼》中，有"釋龍"："角似鹿、頭似駝、眼似兔、項似蛇、腹似蜃、鱗似魚、爪似鷹、掌似虎、耳似牛"。同為宋人的書畫鑒賞家郭若虛在《圖畫見聞志》中也提出了"龍有九似"説，即："角似鹿、頭似駝（馬）、眼似兔（龜）、項似蛇、腹似蜃、鱗似魚、爪似鷹、掌似虎、耳似牛。"

綜合甲骨文及考古文物的對照，龍應該是先有實體、再因生產力發展的實際需要而被賦予不同的"象徵"。而自然界風雲的虛幻現象，亦由此找尋了具象化的實體，龍身盤踞如雲層，鳳鳥展翅如風起，鳳古即風，龍古即雲，如《易經》乾卦，"元亨利貞"，附《象》曰：

> 大哉乾元，萬物資始，乃統天。雲行雨施，品物流形，大明終始，六位時成，時乘六龍以御天。乾道變化，各正性命，保合大和，乃利貞。首出庶物，萬國咸寧。

最開始是人們對自然界風雲現象的感知，後來則由逐漸被人格化的"龍王"，充當了社會下層龍崇拜的對象。

朝代建立之初，族外婚形成，氏族聯合成高一級的社會組織，關係密切的部落之間又結成了部落聯盟。《國語·楚語》記載"絕地天通"，以此改變過去"民神雜糅"的狀況。"絕地天通"，是指宣佈代表氏族的小巫不得自行代神立言，只有大巫教主有權舉行祭天的儀式，上天下地，代天施命。[16] 這也算是一種進步的宗教改革，氏族圖騰崇拜儀式，成為上層社會的禮制法治，只有大巫教主才可以溝通天地，而龍就是必須依賴的圖騰。因此，龍文化派生成社會上層的圖騰崇拜禮制，以及更大範圍的社會下層圖騰信仰，將龍圖騰意義轉化為被廣泛接受的共同崇拜標誌。

---

[16] 丁山《中國古代宗教與神話考》："對於'絕地天通'，學術界解釋不一，有的甚至以為'即今人傳說的掄起雙斧，劈開天地。'而'民神雜糅'，指的就是各氏族各自崇拜本氏族的圖騰，氏族首領，也就是小巫，代神立言。"轉引王維堤：《龍的蹤跡》（大連：大連出版社，1990 年），頁 26。

二 王朝更迭時代的龍文化傳遞

1."龍"的化身

當華夏天下由氏族禪讓進入國家制度，帝位由家族繼承，如前文所解釋的絕地天通"代替"民神雜糅的狀況。夏商周三朝，帝王的祭文，多頌讚祖先功德，將祖先神格化；這代表族群有神裔及凡人之別，即有人生而尊貴，有人生而為臣為奴，這時私有財產的社會也發展起來；殷商甲骨文卜辭和周朝金文中稱"帝"、"天"，也就是尊貴之人自有天命，他們因有德，可主事，可定他人生死，可支配資源財富。而被天選定的人，才可以與龍溝通，甚至可以御龍。也就是在這個時期，崇龍文化承傳分化為上、下兩個層面，從文獻上看，社會上層的傳播如前文所述非常清晰，而流傳在民間的社會下層龍文化，主要是通過對大自然的崇拜，結合節慶活動等形式傳遞，要逐個節慶儀式，按地區習俗的形式對照，才能逐步看清。

中國自夏代開始，對龍的崇拜就歷久不衰，龍的觀念，龍的形象滲透到社會生活的各個角落。帝王與龍兩位一體，使帝王神化，更具威嚴。[17] 從商周開始，帝王逐漸壟斷龍的所有權，《周禮》記載周王的袞冕是玄衣纁裳，上繪十二章（紋飾），包括了龍，位列日、月、星辰、山之後，雖然龍還不是王的唯一代表，但已由每個族人都可以使用的部落圖騰，演變成只有王壟斷的象徵。當中國形成皇帝集權制度時，產生"法源於禮"的社會特點，政權統治者倡導龍文化及龍精神，一定程度上成為了國家道德、民族精神的一種符號，當中的積極意義甚至深深影響着我們的民族性格和價值觀。錢穆曾說："要了解

---

17 參看張開城、胡安宇：《龍文化 —— 回顧與展望》，第二節 "龍文化"（青島：海洋大學出版社，1991 年）。

中國文化必須站得更高來看到中國之心。中國的核心思想就是‘禮’。”[18] 西周時期，禮已被用為指稱禮儀、禮樂，禮制既定，對日後的中國社會產生了極其深遠的影響，定立禮制時被吸收的龍文化內涵，也成為了王權對龍文化進行規範和利用的開始。

原始崇拜中的龍具有巫術意義，除了乘之升天以外，古人相信它還能致雨。他們一開始就是把龍和雲、雷糾纏在一起的。龍既然和雲、雷不可分，下不下雨自然就與龍有關了。屈原〈離騷〉有一句“吾令豐隆乘雲兮”，有的古書說，豐隆是雲師；有的古書說，豐隆是雷師。黃帝時代是父系氏族公社階段，原始農業已經開始發展。傳說能致雨的叫應龍。《山海經》裡記載黃帝和蚩尤大戰，黃帝請來應龍幫忙。相傳應龍攻殺蚩尤以後，回不到天上去了，於是跑到了南方。從此，南方就多雨，北方就多旱。《山海經・大荒東經》說：“旱而為應龍之狀，乃得大雨。”《淮南子・地形》說：“土龍致雨。”高誘注：“湯遭旱，作土龍以象龍，雲從龍，故致雨也。”驗之於甲骨卜辭，確有“其作龍于凡田，有雨”的記載，可見高誘所注，有一定的歷史傳說作為依據。那麼，上推黃帝的“為應龍之狀”，也應該是作的土龍。要堆成土龍，就必然要在農田裡一路上挖長溝，所以作土龍，實際上就是挖壟溝，它是在巫術外衣下的一種原始農田保墒措施和水利設施。古代又把田埂叫做“壟”。這“壟”字，正是“土”“龍”二字構成的。壟溝和田境，都起源於作土龍求雨的原始巫術活動。

中國上古時代的巫，特別是大巫，實際上是當時的有識之士，信仰和科學混雜在一起。《廣博物志》也記錄了黃帝、顓頊和帝嚳乘龍的傳說：

> 黃帝黼漿衣，大帶黼裳，乘龍辰雲，以順天地之紀。幽明之故，死生之說，存亡之難。顓頊，黃帝之孫，昌意之子也，曰高

---

18 鄧爾麟著，藍樺譯：《錢穆與七房橋世界》（北京：社會科學文獻出版社，1998 年），頁 9。

陽。……乘龍而至四海，北至於幽陵，南至於交趾，西濟於流沙，
東至於蟠木。……（帝嚳）春夏乘龍，秋冬乘馬，黃黼裳衣，執中而
獲天下。[19]

所以龍是和社會上層人士在一起的。

周朝立，開始強化宗族制和人的等級觀念，《左傳》昭公七年記楚國的無宇說"人有十等"，就是王、公（包括諸侯）、大夫（包括卿）、士、皂、輿、隸、僚、僕、台。周初在禮儀制度上作了許多規定。《詩經·豳風》的〈九罭〉，都成詩於周公、成王的時候，其中對周王朝通過建立旗幟和規定服飾來確立天子、諸侯的身份地位有所反映。當中龍崇拜納入上層社會的專用物品中，天子建立的旗幟叫太常，太常上除了升龍、降龍，還畫上日月。日月象徵天，太常的日月交龍表示龍升降於天地之間，周王是受命於天的天子。龍旗不畫日月，所畫交龍只代表諸侯上朝下朝，這就在禮儀制度上明確規定了周王和諸侯的君臣區別；太常的圖案，還帶有"絕地天通"的遺意，這就鮮明地表現了君臣的區別。"飛龍在天"、"九五之尊"，只能是屬於天子的。上層社會把龍作為王權和王族的象徵，在周初成為通則。

《易經》乾卦九五爻辭"飛龍在天"（九，特指陽爻；五，指第五爻；九五，是說從下往上數到第五爻是陽爻的意思），所以後來把皇帝寶座稱為"九五之尊"。據孟子解釋，人類的君和師是上天指派、感應產生的，讓他們來教化、治理上帝的子民，因此中國皇帝也叫天子。以上文獻都反映了先秦時期對龍的認知，也是帝王龍文化形成的核心思想。可見祖先崇拜時期的"龍"，已開始分化出社會上層的官方龍文化，以及社會大眾的民間龍文化。而社會上

---

19 董斯張：《廣博物志》卷九，"斉辰上盤古氏至帝嚳止"，《欽定四庫全書》本。原書來源：浙江大學圖書館（查自中國哲學電子書化計劃：https://ctext.org/library.pl?if=gb&res=6325，瀏覽於 2019 年 8 月），頁 22-39。

層已有意將龍變成帝王權威的象徵物，由王家獨自擁有。這反映了春秋戰國時代中原的文化水準、文明程度，原來的圖騰崇拜儀式被宗族祭拜取代，巫術地位開始下降。

1973 年在湖南省長沙市子彈庫 1 號墓出土的戰國時期的《人物御龍帛畫》，畫面正中的男子，應為墓主人的形象。他臉上有鬍鬚，頭戴高冠，身穿博袍，腰佩長劍，手執韁繩，側身而立。屈原在〈涉江〉中提到的"帶長鋏之陸離兮，冠切雲之崔巍"，描繪的就是這種頭戴高冠、手執長劍的魁偉男人形象。畫面中，韁繩的另一頭是一條巨龍。牠高昂龍頭，彷彿對天長吟，又翹起龍尾，躬身成舟，它和龍尾的仙鶴，整體形成一隻舟的形狀。

蕭兵在《引魂之舟 —— 楚帛畫新解》中提到，"《人物御龍圖》的'龍'代表靈魂所乘坐的舟船，應稱'魂舟'，鶴也與導魂和載魂有關。雖然畫面具有一種神秘感，但如果結合戰國時代神仙思想的盛行情況，不難確認整個帛畫的內容反映了楚人死後乘龍駕鳳、靈魂升天的思想。"葬制上的招魂，便是製作招魂幡，把畫好的招魂幡豎在柩前。出殯時，一路引導到葬地，經過祭祀、告別儀式後，覆蓋在棺上下葬。《人物御龍帛畫》就是這樣一種引魂幡。招引回的魂，得以升天，魄能入地為安，完成了後人的心願。這種喪葬習俗，至今還有所遺留。所以夏代的龍是"乘龍"，[20] 但只為社會上層人士所專用。

秦漢開始，改制為集權朝廷，不同於周朝應運而立，設天子，封諸侯；秦漢帝皇需要絕對的權威，當中包括"書同文"政策，秦篆增損後代替了原先六國所使用的大篆，以為正統；秦始皇在世時定下"龍"字在原本基礎上加三點，表示背鰭。（圖四，龍字加上三點，表示背鰭）同時也將龍收為帝皇專用，

---

20 巫術中的龍留下的遺跡，包括夏興則二龍降，夏衰則二龍亂、二龍去；這些祭文把夏王朝的命運和龍連繫起來，是王權象徵的萌芽初期。二龍的含義，大約和夏代的婚姻制度有關。夏后氏姓姒，據許多古書（《世本·帝系》、《大戴禮記·帝系》、《吳越春秋》、《漢書·古今人表》）說，夏禹的母親是有莘氏之女，可是有莘也姓姒，說明夏代是不避同姓通婚的。這或許就是二龍傳說的歷史背景。

圖 1-1　《人物御龍帛畫》，戰國，縱約 37 厘米，橫 28 厘米，湖南省博物館藏

圖 1-2　龍字加上三點，表示背鰭

將新的"龍"字設為專屬階級或指定的個體，來鞏固皇權，令百姓只臣服帝家，這樣龍文化成為上層階級的統治工具。這是將崇龍文化進一步推向上下層社會的分化傳承。[21]

自此，中國的龍文化分出兩支，一是社會上層文化的，是帝皇的象徵，其他人不可使用，不然視為僭越、有異心，可誅之。另一是社會下層文化的，是由圖騰崇拜活動開始，一直發展出來的保祐氏族大眾的文化信仰，龍仍為保護神，是百姓祈求生活平安、農業豐收的信仰。

2. 真龍天子 —— 社會上層的龍文化

《史記・封禪書》載："黃帝鑄鼎荊山之下，鼎成，有龍來迎，黃帝乘龍升天而去。"《漢書・天文志》："軒轅，黃龍體。"其注引孟康曰：黃帝"形如騰龍"，所以在漢人的觀念中，黃帝因功在天下，所以能夠乘龍升天。這影響了漢人對真龍天子的認知，自漢起，龍由帝王代步的工具，發展出象徵東方的青龍，進一步與帝王結合。所謂真龍天子，就是唯一象徵、代表帝王專制的圖騰，而這類社會上層的龍文化，出現在建築物、用器、印章等所有宮廷生活中。

龍成為社會上層的依附象徵物，即"真龍天子"說，是劉邦的赤龍殺白龍子起的作用，而其妻呂雉宣揚劉邦每到野外山澤，所在之處常有雲氣，則是"雲從龍"說。通過龍形象的加持，劉邦這個亭長可聚眾殺敵，可奪天下的大業，如此行為沒有僭越，因為他是"真龍天子"。劉邦透過龍圖騰來加持自己，他能得到不同勢力支持，攻下咸陽，與他的進軍路線不無關係，他從陳留經宛、武關、藍田直入咸陽，所經之地，都是龍崇拜觀念很盛的地區。項羽借義帝名義，自立為西楚霸王，封劉邦為漢王；而劉邦最後藉龍圖騰神化自己，

21　田村、章宏偉：《中國龍小百科》，頁71。

建立漢朝。劉邦總結道："吾以布衣提三尺劍取天下，此非天命乎？"[22] 這一番自白，好像和孔子說的"五十而知天命"相契。其實，對於劉邦來說，所謂"天命"既是不可不信的一種依托，又是他經常假借來製造個人迷信的一種愚民手段。

與歷史資料對照，當秦朝建立了大一統的帝國後，推行"書同文、車同軌"等全國性統一制度，龍文化開始在"大一統"的背景下逐步被強化。漢代以降，帝皇不斷重複、深化龍與自身的關係，將天子本人視為龍，在官方和民間起着不同的作用。秦漢開展帝皇主控集權，同時文化也隨之一體化，官方的龍文化為統治階級鞏固政權、樹立威嚴，而官方亦不斷規範和細化"龍"的形象和權限，以鞏固天子周邊的特權階級，形成社會上層的共同權力象徵。龍文化完全由巫術信仰融入禮制，在中國皇朝統治的幾千年時間裡，成為中國文化禮儀中不可或缺的一部分。從此，皇權獨尊"龍"，並以此為統治的代表。儘管原始先民把龍創造了出來，經過幾千年來，宮廷的龍與民間的龍，兩龍各司己職，並行不悖，配合着中國文化的一體多元性。社會上層的龍成為威儀的象徵、帝皇的化身，天子便為真龍，受天命者，自當天下敬拜。如《史記·高祖本紀》記："高祖為人隆準而龍顏"，[23] 帝王是"真龍天子"，天子之恩是為"龍恩"，皇帝所乘是"龍輿"，其衣為"龍袍"。

隨後朝更代迭，唐宋之後，集權統治者在禮法、典禮、服制、建築、器物等各方面，不斷為帝皇家的龍文化添磚加瓦，加身的黃袍，威嚴的鑾椅，讓這種從虛冥中發展出來的對象得以神龍見首亦見尾。隋唐時，皇帝的衣、食、住、行和龍緊密地聯繫起來，龍紋裝飾亦有了嚴格的等級規定，龍的形象呈現出圖案化、程式化的特點。到了清朝，龍已成為飄揚在國旗上的圖案了。皇權

---

22 司馬遷：《史記·高祖本紀》卷八，《欽定四庫全書》本，原書來源：浙江大學圖書館（查自中國哲學電子書化計劃：https://ctext.org/library.pl?if=gb&res=77325，瀏覽於 2019 年 8 月），頁 44。

23 《史記·高祖本紀》卷八。

的"加持"把龍文化提升到權威的高度，清帝以九龍至尊，從根本上確立了官方龍文化的地位，保證了它在官方層面的持續發展。

3．佛教龍文化的傳入

民間的龍文化發展，與中國農業生產有密切關係，農民認為龍有好有惡，因為天氣有晴有災，所以社會下層的龍文化，認為對龍需要敬畏並存。農民既依賴龍降雨，又怕其帶來洪水，民間既依賴能呼風喚雨的龍，又敬畏龍威。中國的道教傳說，有法力道行的天師、真君還能召龍、驅龍，這些龍被稱為福生龍。《酉陽雜俎・怪術》有載：雲安之地，江邊有十五處險灘。舟楫若不靠人拉縴，無法通過。瘦代天師翟乾祐念商旅之勞，結壇作法，召來群龍，共十四條，均化作老人。翟天師讓它們夷平險灘，以利舟行。群龍領命而去，一夜之間，風雷震擊，十四險灘都變成平潭，惟獨剩一處依舊如故。翟天師一看便知是一條龍昨日未到，於是再次登壇作法，嚴敕神吏召牠前來。三日之後，方有一女子來到，原來是一條雌龍，女子申辯說："乘船過這條江的，都是富商大賈；給他們拉縴的，都是雲安的貧窮百姓，他們一向靠拉縴過活。倘若險灘沒了，舟船通行無阻，他們靠什麼吃穿呢？寧可要險灘以瞻縴夫，不願利舟楫以安富商。"翟天師聽後，又召諸龍將一切恢復原樣。[24]

當然龍也會帶來災害，那就是發洪施旱，稱為孽龍、惡龍、毒龍、歹龍、妖龍等。民間有不少傳說，講述龍作孽多端、危害一方，後被明君賢臣、英雄俊傑降服、斬殺。這反映了動物界和自然天象凶險無常，對人們的生活造成威脅的一面。對帶來災禍的龍，民眾持清理和淘汰的態度。

那麼，為什麼道教中操控降水的龍，會發展成有名有姓，分佈大江湖泊的龍王？成為社會下層龍文化的代表、保祐農民風調雨順的保護神？這跟唐朝開

---

24 劉利生：《影響世界的中國元素 —— 中國龍文化》，"道教與龍"（台北：元華文創股份有限公司，2015 年 7 月 1 日）。

通商路，佛教東傳有關，佛教中的"龍"令中國龍文化的形象拓展了，演變為我們所稱的龍王。原先中國的龍沒有地域性，被奉為通達於天地之間，遨行於宇宙與法界的神物，受到各地各民族的普遍崇拜；漢朝後龍的形象基本已建立。而印度文化封龍為王，給龍造宮，印度龍的地方神特性較明顯，龍王的種類繁多，各水域都有龍王、龍宮，說明龍只不過是某一水域的主宰神。從以上差異來看，印度特色的龍文化，傳入了中土，豐富了中國的龍文化，特別是民間的龍崇拜。

佛教經由絲綢之路傳入中國，並與原有的龍文化融合，從而使中國的龍文化豐富多彩。學術界一般認為，漢哀帝元壽元年，大月氏王使臣伊存口授《浮圖經》，當為佛教傳入國內之始。據《史記·大宛列傳》載：

> 大宛西可二三千里，居嬀水北，其南則大夏，西則安息，北則康居，行國也。隨畜移徙，與匈奴同俗，控弦者可一二萬。故時彊，輕匈奴，及冒頓立，攻破月氏，至匈奴老上單于，殺月氏王，以其頭為飲器，始月氏居敦煌、祁連間，及為匈奴所敗，乃遠去遇宛，西擊大夏而臣之，遂都嬀水北，為王庭其餘小眾，不能去者，保南山羌，號小月氏。[25]

大月氏原在甘肅敦煌、祁連山一帶遊牧。漢文帝時，為匈奴所迫，遷至今新疆伊黎河流域。約在公元前 130 年前後，越阿姆河，攻佔大夏，據有其國。因大夏當時已崇奉佛教，故亦改信佛教。漢武帝元朔元年，漢使張騫至其國。公元 1 世紀中葉，建貴霜王國。其後國力漸強，破安息，滅天竺等國，國勢鼎盛，佛教發達。

由於大月氏國與漢朝來往頻繁，他們在傳播佛教方面起到特殊的作用。

由中國輸出並經過印度而納入佛教體系的龍王崇拜，如佛經中的天龍八部之
"龍"，不過是普通的護法神，地位平平。隨着佛教的東傳又回饋到中國，在龍
王信仰傳入之前，中國本土只有海神、水神、河神或河伯信仰。先秦時期的神
仙家和早期道教，都不講龍王。佛教傳入中國之後經歷了一個中國化的過程。
龍王信仰也一樣，自傳入中國之後，經過再創造，後來中國的龍王已不同於印
度的，而成為中國化的龍王。在印度，龍王是佛的信徒、供養者或守護神，而
中國因受道教和儒教的影響，龍王信仰也發生了種種變化。在道教的影響下，
中國的龍王成為玉皇大帝的部下；在儒教的影響下，中國的龍王傳說強調仁、
信、義，強調夫婦、弟兄、父女之情，並有善惡之分。此外，各地的龍王一般
有姓、名和封號，這也是中國民間信仰所特有，所以民間才有各種不同的祭拜
龍的風俗。可見印度佛教對中國龍形象是有影響的。

　　從漢晉到唐宋，龍的形象在演變過程中，明顯地受到佛教藝術的影響。如
敦煌北魏壁畫上的龍，其動態是在奔騰，卻給人以一種安詳、寧靜的感覺，這
種造型顯然來源於同時代佛教中的飛天。印度佛教中的獅子對中國龍形象的演
變影響也很大。唐宋時期的龍吸收獅子的形象。頭圓而豐滿，腦後披蚤，鼻子
也近似獅鼻。江西江寧南唐要升墓中壁畫上的龍，不但頭部像獅子，就連整個
身體也有點近似於獅子。龍吸收獅子形象，主要是為了言其神威，增加牠的神
通。龍珠也是佛教東傳以後才有的。加上佛教中有一種寶珠，又叫摩尼珠、如
意珠。我國唐宋以後，龍戲珠的出現，都與佛教有着淵源關係。

4. 民間龍文化的傳播 —— 社會下層的龍文化

　　要研究民俗文化，包括民間保留的龍文化，文獻資料的佐證十分重要，其
研究的重點，是民間至今保留着的普通老百姓的口述歷史。當中最大規模的民

間龍文化禮儀，與原始的中國稻作文化儀式相關，[26] 包括請龍和斬龍；這與金角老龍的傳說有關，其舉行的時間又和農耕生產相配合，即使在當今華人社會，仍每每請龍和斬龍，只是以娛人為主，敬神的意味很淡了。

劃龍船與舞龍燈可說是請龍和斬龍的主要禮儀，作為幾千年農耕古國源遠流長的風俗，有一根內在的紐帶將它們緊緊聯繫在一起，那就是農業和水利，或者按傳說中的藝術形象說，是"穀神"與"水神"的關係。這些無不反映着稻作文化的原始生活風貌。水旱給人們的稻穀作物及生命財產帶來危害，使先民對它產生一種恐懼和敬畏，為求平安，人們崇拜"龍"。《廣物博志》卷九引《帝王五運歷年記》說："盤古之君，龍首蛇身，噓為風雨，吹為雷電，開目為晝，閉目為夜。"龍是神話中掌管雷屯風雨的神聖之物，早在農耕時代，它就成了人類命運的主宰，是稻作文化的核心內容之一。

古人要在春季開始之時插秧，在夏季到來的時候"雙搶"（搶收、搶插），而保證這兩個季節農事活動順利進行的關鍵是"水"——既不能乾，也不能澇。於是產生"請龍"及"斬龍"儀式。典籍載："操舍開塞，各有龍忌。"[27] 說明一年之中"祭龍"儀式還不止一次。請龍習俗，胡越相同。"歲正月，諸長小會單于庭，祠。五月，大會龍城（《漢書》索隱作"龍城"，亦龍字），祭其先、天地、鬼神。"[28] 這兩則史料證明正月、五月為大型祭龍活動時間。

而南方"龍祠"在宋代陸游詩中有記述："魚市人煙橫慘淡，龍祠簫鼓鬧

26　貞觀年間，長安大旱，赤地千里，有個叫鬼谷子的仙師算定第二天午時三刻有雨，城內三點，城外七點。掌管降雨的金角龍王不信，與仙師打賭，結果回去一查風雨簿，發現與仙師說的分毫不差，為了贏得賭局，私自更改雨簿，結果賭局雖然贏了，但是玉帝降罪，要魏徵將其斬首。金角老龍慌忙向李世民求情，李世民答應了，在斬首當天特約魏徵下棋，結果下棋之間，魏徵睡著，在夢中將金龍斬首。類似的橋段在《西遊記》裡也有體現，就不贅述了。

27　劉安撰，許慎注：《淮南鴻烈解》卷二一，〈要略篇〉，上海涵芬樓藏劉泖生影寫北宋本，《四部叢刊初編》。（查自中國哲學電子化計劃：https://ctext.org/library.pl?if=gb&file=77785&page=142，瀏覽於 2019 年 8 月），頁 2。

28　《史記·匈奴列傳》卷一百一十，頁 12。

黃昏。"[29] 正月、五月戊日既為祭龍日，實際意義是正月要在雨中插秧，五月要在龍口奪糧。"三之日於耜，四之日舉趾。"[30] 西周時，陝西彬縣以北一帶正月修農具，二月下田。上古時，中原氣候更溫和，農事活動更早，正月就下田，這時最怕春旱，無水犂田插秧。"五月初五過端陽，吃完粽子忙插秧"，正臨"雙搶"季節，最怕水澇。農諺說："端午晴乾，農人喜歡。" 以上種種都記載了社會下層的龍文化，主要表現為祈求風調雨順，防止災害發生。

　　綜上所述，中國龍的形象不斷發展，融合道佛文化，由氏族的圖騰象徵進入民族信仰，從單一形象發展成地域多元，但不論何時何地，龍的化身都是中華民族集體的精神寄託，這就是泛指的龍文化。在中華文化多元一體的構建下，官方與民間龍文化同時發展，官方的龍文化在封建皇朝結束後隨之消失；而民間龍文化獨立延續早期龍崇拜並逐步在社會上發展起來，這一支脈不斷發揚和演變，一定程度上繼承了早期的崇拜儀式，延續了傳統的信仰，主要體現在農事活動和節慶習俗中，以各式各樣的民間活動為載體，如舞龍、龍舟等，活躍在社會大眾的生活裡，在華夏文化中形成了較為穩定的共識。

29　陸游：〈雨中泊趙屯〉，轉引乾隆：《御選唐宋詩醇》卷四十至卷四十二，《摛藻堂四庫全書薈要》本。原書來源：浙江大學圖書館（查自中國哲學電子書化計劃：https://ctext.org/library.pl?if= gb&res=6394，瀏覽於 2019 年 8 月），頁 13。

30　阮元校勘，《十三經注疏附校勘記》，《毛詩正義》，〈詩·豳風·七月〉，頁 385。

三 當代龍文化發展的歷史承傳

1911 年 10 月 10 日（農曆八月十九）夜武昌起義，這是一場為推翻清朝，建立共和的革命。1912 年清宣統帝下詔退位，降下大清龍旗，代表兩千年的帝制結束；開啟民主共和新紀元，傳播了民主共和觀念。當代中國選擇以憲法為基礎的國家體系。自此中國再沒有皇帝，與其相依的社會上層龍文化，也就消去了存在的價值。這是中國歷史的大變革，也是龍文化的大轉折；過往上層社會禮制與下層節慶中龍文化並存的情況，變成只有民間的龍文化繼續傳遞，並按照生活的形態，不斷推陳出新，依然負起保祐信眾的角色。

近現代中國的變化主要體現在社會工業化和農村城鎮化，城市發展輕工業、旅遊業等新興產業，越發達的都市擴張越快，中國社會人口的組織結構也產生較大變化，這便形成城鄉結合，形成新的城鎮，使龍文化與城市文化結合，將原來鄉間的農業節慶習俗，帶入城市生活中，令都市人也可以感受原來活躍於農村的民間龍文化；而廣大的鄉鎮也發展科技農業，多元的經濟發展，令傳統單一農業的社會結構改變。當農民已肯定科技預知天氣及用溫室控制農作收成的做法，原本的信仰儀式轉變成節慶紀念傳統，祈求平安順遂，這些儀式保留至今，成為民族的依歸。但傳統文化仍在經濟模式的改變下不斷變更，鄉鎮城市化代表着龍崇拜信仰淡化，在新的城市結構下，民眾將龍文化的崇拜儀式保留，只是信仰的核心正在流失，緊張的都市生活侵蝕固有道德，分化各族群。原本禮儀有精神撫慰、精神淨化的功能，它使人置身於一個莊嚴神聖的環境，使所有參與禮儀的人感受到群體和自我的神聖與尊嚴。而現代城市，這種傳統信仰正在轉型，當代的龍文化融入百姓生活的方方面面，已經成為中華民族精神的符號，滲透在各項文化的深層，成為中國人品格、理想觀念的形象代表。我們可以透過幾個節慶習俗了解一二。

如正月的元宵節舞龍，許多傳統節慶都會耍龍燈或舞龍。它的起源可以追溯至上古時代。傳說早在黃帝時期，在一種《清角》的大型歌舞中，就出現過由人扮演的龍頭鳥身的形象，其後又編排了六條蛟龍互相穿插的舞蹈場面。據漢代張衡〈西京賦〉所描繪的舞龍：「正紫宮於未央，表嶢闕於閶闔。疏龍首以抗殿，狀巍峩以岌嶪。」

在《淮南子・覽冥訓》上：「殺黑龍以濟冀州」[31]，為斬「孽龍」的傳說。大禹治水，一龍錯行水道，遂斬之，故峽名錯開峽，台名斬龍台。至今很多地區正月玩龍後，還保留有斬龍的儀式，就是在舞過龍燈後，要把龍分開，每一龍把燒一堆。龍把熊熊燃燒時，還要點香，放鞭炮，以此祭龍。

整個過程，是紀念金角老龍的傳說，更是開春農業下種需要雨水的祭禮，至今舞龍求雨，並不限於正月十五日。宋吳自牧所著《夢粱錄》有元宵篇：

> 又以草縛成龍，用青幕遮草上，密置燈燭萬盞，望之蜿蜒，如雙龍飛走之狀。[32]

舞龍燈或舞龍流行於我國很多地方，多與節慶活動結合，依然是為了祈求風調雨順，可是現今教育普及、科技發達，舞龍被視為慶祝活動多於宗教禮儀，活動令參與者樂在其中而不是虔誠禮拜。信念肯定要受農業經驗的影響，而他們的神話傳說，也必然呈現出稻作文化的色彩。古代人民這種降龍的願望，以及戰勝龍王後又不得不向龍王爺祭奠獻媚的複雜情形，無不疊印在元宵的習俗之中。紀念金角老龍，以求雨或止雨，保證穀物豐收是兩俗同源的基本原因。

時至今日，舞龍經過不斷發展和改進，已經成為一種具有觀賞性的運動。

---

31 《淮南鴻烈解》，〈覽冥訓〉，頁 2。

32 吳自牧：《夢粱錄》，〈元宵篇〉。原書來源：《知不足齋叢書》本（查自中國哲學電子書化計劃：https://ctext.org/library.pl?if=gb&res=80254，瀏覽於 2019 年 8 月），頁 4。

舞龍的動作千變萬化：蛟龍漫遊、龍頭鑽檔子、頭尾齊鑽、龍擺尾和蛇蛻皮等。這些名字背後，都是中國人對美好生活的追求，祈求生活如祖先般平穩而順利，再配合龍珠及鼓樂襯托，成為一種集武術、鼓樂、戲曲與龍藝於一身的新藝術樣式，可以說當代舞龍是龍文化的傳承活動，而龍的標誌已經成為中華民族精神的符號，每一次的舞龍，都是一次民族凝聚的活動。

同樣是群眾活動，端午時節的賽龍舟，也是中國文化中民間極為重視的傳統節慶習俗，南朝梁宗懍《荊楚歲時記》已有記載："五月初五，是日競渡，採雜藥。"[33] 端午節習俗龍舟競渡，有學者指龍舟演變自百越的獨木舟，百越獨木舟是以蛟龍為圖騰的。對於龍舟和龍舟競渡的起源，今天仍在考究。張衡〈西京賦〉寫道：

> 於是命舟牧，為水嬉。（舟牧，主舟官。嬉，戲也。善曰："《禮記》曰：'舟牧覆舟。'《琴道》雍門周曰：'水嬉則艕龍舟。'"）浮鷁首，翳雲芝。（船頭象鷁鳥，厭水神，故天子乘之。翳，覆也。為畫芝草及雲氣以為船覆飾也。善曰："《淮南子》曰：'龍舟鷁首。'《甘泉賦》曰：'登夫鳳皇而翳華芝。'"）[34]

可見在漢代，"艕龍舟"已是一種"水嬉"。其實早期的端午時節，水鄉人民在這天舉行龍舟競渡，並且把糯米投到水中去祀龍。長沙一帶舞龍時，也是直接抓糯米打龍頭，以饗老龍。

---

[33]《夢梁錄》："有龍舟可觀，都人不論貧富，傾城而出，笙歌鼎沸，鼓吹喧天，雖東京金明池未必如此之佳。酒貪歡，不覺日晚。紅霞映水，月掛柳梢，歌韻清圓，樂聲嘹亮，此時尚猶未絕。男跨雕鞍，女乘花轎，次第入城。又使童僕挑著木魚、龍船、花籃、鬧竿等物歸家，以饋親朋鄰里。杭城風俗，侈靡相尚，大抵如此。"

[34] 蕭統著，李善注：《文選》，〈賦甲・西京賦〉。原書來源：有宋淳熙尤延之本（查自中國哲學電子書化計劃：https://ctext.org/library.pl?if=gb&res=81549，瀏覽於 2019 年 8 月），頁 20-21。

　　為什麼在元宵、端午祭龍時，非用糯米不可呢？糯米乃糯稻加工去殼而成，糯稻又稱“秫”，是遠古祭神時用的精米，稱為“粢”。《山海經》中祭龍的食品，便多次提到“粢”。後用竹葉、菰葉、楝葉等包裹成的粽子，也不是端午專有的食品，清代詩人王士禎在吟詠肇慶裹蒸（粽子）的詩中就有：“除夕濃煙照紫陌，家家塵甑裹蒸香”之句。粽子也是南方農家“夏至”的食品，究其原始意義，粽子的原料是糯米，這一點與元宵的湯圓相同，看來，基本上它是以水稻栽培為基礎的水神祭時供物，這樣解釋似較為妥當。[35]

　　據清代趙翼考證：今江浙間競賽，只是日期不同，史籍上記載的競渡時間還有春日、上巳等。各地有不同日期，包括二月二日、二月八日、三月三日、八月十五日等日子。[36] 因為在這些日子中，有“雙搶”季節，有危及年成，或乾旱、水災出現時，他們就競渡，以達到祭龍祈年的目的。已故民族學家凌純聲先生說：“龍船，以民族學眼光視之，即越人祭水神所駕之舟。”[37] 而龍舟競渡是在氏神面前，賽一賽平時鍛鍊的力氣，請氏神觀賞，同時根據勝負來占卜農業收穫的多少。因此，這是東南亞農耕諸民族共同的生產儀式。

　　再談龍文化的食俗。現在中國北方，民間仍保存吃龍食的習俗，二月二日龍抬頭那天的飲食多以龍為名，春餅名曰“龍鱗”，吃麵條則是“扶龍鬚”，吃米飯名曰“吃龍子”，吃餛飩名曰“吃龍眼”，而吃餃子則名曰“吃龍耳”。這一切都是民眾為了喚醒龍王，祈求龍王保祐一年風調雨順，獲得好收成。中國有“民以食為天”的說法，因為同一個原由，在特定時節吃特定的食物，這便是同根文化，以上習俗中的食龍文化已滲透在中華文化的深層，如民諺說“二月二，剃龍頭，一年都有精神頭”，似乎這便討了好彩頭，一年都可以順風順水。由以上習俗以及食俗可見，龍文化由社會上層統治禮儀的核心象徵，轉化

35　巫瑞書等主編：《巫風與神話》（長沙：湖南文藝出版社，1988 年），頁 156-159。

36　直江廣治：〈祭典與年節活動〉，載於《民間文學》（1981 年第 6 期）。

37　凌純聲：〈南洋土著與中國古代百越民族〉，載於《學術季刊》（1954 年第 2 卷第 3 期）。

成大眾追求美好生活的傳統。

　　當代的龍文化是華夏民族傳承下來的同源文化，是民眾由生至死都相連的共同認知。當代龍文化，依據的是民俗習慣，承傳着中華民族對生活追求的美好願望，即使社會結構及經濟生活發生了很大的改變，人們依然在傳統節慶活動中保存對龍的崇拜。這明顯說明龍文化已成為中華文化的核心結構，不論外部形式如何發展變化，中國人的內核都接受龍是中華的圖騰，大家不論身在何方，都用龍的傳人的身份參與同樂。當下四散在民間的龍形象，可以轉變成體育活動或商業慶典模式，一直傳承下去。這可能可以緩和中國的城市化進程、地域文化作用和宗教風俗等因素的衝擊。

　　中國經歷過漫長的以農業生產為主的社會時期，龍文化也經歷了相應的發展和變革，而當代世界，卻正在朝現代化的道路前進，所以龍文化在當代要承傳下去，就必須尋找新的社會條件為依托。在中國農業時代，廣大的社會階層是農民，他們以村落的形態居住和生活，以血緣家族為紐帶，有着比較穩固的生存基礎，這種穩定的社會結構使基層的龍文化的傳承形態趨於程式化。現代中國國土廣袤，在不同的自然環境、經濟發展程度、生活習俗、人口遷移等因素的作用下，龍在民間化為國泰民安、風調雨順的象徵，也形成多元化娛樂的活動主題；龍文化一直影響民間風俗，如舞龍、賽龍舟及放龍風箏等至今年年舉辦，世世代代人民的精神和信念，傳承着龍的精神，並體現其滲透性，這不僅是傳統龍文化的傳承部分，更是當今中國文化的根源。由此可見，當代中華民族自稱"龍的傳人"，更多的是一種同根同源的象徵意義，即傳承龍文化的人，暗含着愛我中華、巨龍騰飛的祝願。[38]

---

38 田村、章宏偉：《中國龍小百科》，頁 48。

小結

　　本章希望把中國龍文化發展歷史簡要概述，揭示龍文化從孕育開始，就以圖騰及圖騰崇拜的形式，與中國氏族社會結下了不解之緣。從史學發展來看，世上沒有一種圖騰可以與龍相比，它打破了民族及國家的界限，全世界都接受龍文化象徵中華文化，代表中華兒女，在眾多的人群中、久遠的年代裡，始終保持着強大的生命力。

　　隨着社會的發展，龍文化滲入社會的上層和下層，成為中華傳統文化的一部分。本章我們用了中華歷史去對應文獻記載，概括龍文化在不同歷史時代呈現在社會上層和下層的不同形態。社會上層用龍文化形成外顯的權威，如權貴的服飾、房屋、運輸工具、工藝美術品、寺廟、宗教聖物、偶像等，可摸着可見到，是一目了然的。如《周禮》記載：

> 坡謂以禮樂合天地之化，百物之產者，推言禮樂之功用也，人君建中和之極，萬民服中和之教……惟其可以合天地之化，故以事鬼神，則天神格，人鬼享，惟其可以教中和，故以諧萬民，則移風易俗，天下皆寧，惟其可以合百物之產，故以致百物，則麟鳳降，龜龍格，上文言治神人和，上下之禮詳矣。此二節推其關，極天地聖人，體之贊化育物，還以達於天地，故其志氣，天人交相感動，而其應如此，兼言樂者，禮樂一事也。[39]

39　李光坡：《周禮述註》卷十二，〈地官司徒〉，《欽定四庫全書》本。原書來源：浙江大學圖書館（查自中國哲學電子書化計劃：https://ctext.org/library.pl?if=gb&res=77428，瀏覽於 2019 年 8 月）。

社會的上層要達到《周禮》"中和"的境界，需要設禮樂之事，配合龍的形象，融入宗教觀念、價值觀念、家庭觀念、婚姻觀念、政治觀念、法律觀念、審美觀念及其他各種信仰；目的是吸收社會下層對龍的敬畏，深化到人的內心，令龍文化在無形的、內隱的、不易覺察的時候，蘊藏在人的思想中。[40]

所以龍文化與中國的禮樂制度融合，形成社會上層龍文化，制定出一套皇權的象徵圖騰。"長期形成的禮儀程式本身就是一種文化傳統，它反過來也會維護既定文化傳統的統一性。"[41] 但隨着清朝滅亡，依附在帝制統治階級的社會上層龍文化也因而瓦解，故龍文化發展的概述以清王朝的覆滅為下限。而龍圖騰，在社會文化層面，有不同的存在形態。比如表層的龍圖騰：包括皇宮、龍旗、龍船等，這些都是可見可觸的物品，表明人們信奉龍的物化形態；其表層文化是以物質或物化形態表現的對龍圖騰的認同和融合；而中層的龍文化雖然摸不着，但看得見：如舞龍、祭龍王等儀式，善信為了風調雨順而舞龍，這行為活動是可以看得見的，但因舞龍而豐收的信仰就是摸不着的了，往往要通過觀察儀式或他人介紹，才可以了解當中的意義；要完全了解一個民族或一個群體的深層文化，必須考察較長的時間，它雖摸不着又看不見，但它的各種觀念、信仰，反映在表層和中層文化中，比如華夏民族自稱龍的傳人，就是一種對龍圖騰崇拜的觀念，大家既未見過龍也摸不着活的龍，依然自然地用龍作為民族的圖騰，一代一代傳承，連異邦外族也用龍來代表中華文化及中國人，可見龍文化對中華文明的影響已深入骨髓。深層文化是以意識形態表現的崇龍的觀念、信仰等，如生死觀念、善惡觀念、禍福報應觀念等，它是摸不着又看不見的意識形態，要透過中層文化和與崇龍意識有關的各種儀式、活動、禁忌等，才可以感知當中的影響。

---

40 何星亮：《中國圖騰文化》（北京：中國社會科學出版社，1992 年），頁 5-7。

41 胡新生：〈禮制的特性與中國文化的禮制印記〉，載於《文史哲》（2014 年第 3 期；總第 342 期）。

　　龍文化在氏族結盟時期，擔負起宗教改革的任務，就是龍文化開始分流出官方及民間的形態。《國語・楚語》記載的"絕地天通"，以此改變過去"民神雜糅"的狀況。[42] 這是由龍圖騰崇拜走向國家制度的印記，更是社會上層龍文化的開端。社會下層的龍文化的影響力也在不斷整合，透過民間節慶，傳遞舞龍風俗、敬龍信仰，整合農業生產，同化生活習俗，共同祈求經濟收益，這些都加大了民間龍文化的根基。

　　中國歷史進入大一統後，皇帝追求長生，升天成仙。傳說上封泰山"則能仙登天矣"，[43] 秦皇、漢武深信此道。漢武帝想效黃帝騎龍升天，故打造仙台。長沙子彈庫戰國楚墓出土一幅乘龍升天帛畫，以及馬王堆漢墓 T 形帛畫，都表現了墓主渴望死後靈魂可以升天的心願。許多乘龍仙去的故事被民間龍文化吸收，大家對龍能幻化、通天地的能力深信不疑。這反映了上下層龍文化的相互影響，所謂"俗者，習也。上所化曰風，下所習曰俗"，社會上層教化推崇龍文化，社會下層自然順應吸收，納入生活習慣當中。所以說社會下層風俗的好壞與社會上層的權貴實有直接關係。[44]

　　中國帝皇文化延綿兩千餘年，由劉邦開始，帝皇將龍推上國家圖騰地位；劉邦出身社會下層，要自立為帝，必須編造神明故事，證明自己是"真命天子"。漢代民間受上古龍圖騰崇拜的影響，對乘龍仙去的神秘傳說深信不疑，加上周朝禮制以龍象徵王權的政治神學觀念的存在，有利於劉邦借社會上層及下層都接受的龍文化，將自己稱帝開國合理化，並用這套龍文化來控制人心。後朝不斷襲用，最終成為一套完善的社會上層龍文化。特別在唐宋以後，中國

42《龍的蹤跡》。

43《史記・封禪書》卷二八，頁 16。

44 張勃：《中國人的風俗觀與移風易俗實踐》，"風俗的價值分類"（北京：北京迪賽納圖書館有限公司，2016 年。）

基層社會的宗族得到完善和強化，[45] 農村中的崇龍活動，有比較共同的內在主導因素，那就是都在宗族、語言、地域、神靈的相互作用下，向社會下層拓展。所以自宋代開始，不論是上層或下層的龍形象都固定下來，一直傳遞到今天。

在傳統皇朝退出中國舞台時，官方的龍文化也隨之失去依附的禮制，但並不代表龍文化從此消失。由於中國民間一直保存着龍圖騰崇拜的儀式及節慶，當社會上層結構改變，上層龍文化出現斷層；但大眾生活形式不變，社會下層的龍文化仍然保留在大家的生活及認知中。龍文化與中國的農業文化已不可分割，成為中國文化一體多元中具代表性的一環。中國由農業社會向工業及服務型社會過渡，城鎮急劇發展和擴充，網絡傳播發達，今中國與世界文化交往及接觸日繁，龍文化在這個大歷史環境中不可能不受影響；對龍的保祐能力的信奉正在消失，但龍的象徵作用仍很好地保留着，補充了龍文化信仰及精神寄託，有維繫固有民族道德、凝聚族群的作用。

龍作為古老的神祇和崇拜對象，具有恆久的生命力。而龍文化的發展，因中國國家主體特有的歷史進程，曾經分為社會的上層及下層兩支，在不斷擴充和豐富龍的客觀形象及面貌的同時，還鞏固、滲透了宗族、語言、地域、神靈的信仰和精神力量。只有了解中國古代龍文化形成的過程，才可以了解今天中國的龍文化是中華傳統文化的延續部分。中華文化有多元一體的特點，而龍文化的發展也正好契合中華文化特點的組成部分。我們可以這樣理解，中華民族大融和，國家大一統，龍文化成為團結中華文化的象徵，在多元一體中呈現主體文化的精神，所以龍文化可以在當代中國傳承弘揚，並向世界傳播，是歷史發展的必然。

總的來說，凡喜愛中華文化的，就會喜愛龍文化；凡接受中華文化的，就

---

45 關於宋代中國宗族文化的重大變化、下層社會的 "平民宗族" 出現，參看鄭德華：〈廣東中路土客械鬥研究（1856-1867）〉（A Study of Armed Conflicts Between the Punti and the Hakka in Central Kwang Tung, 1856-1867），香港：香港大學博士論文，1990 年，未刊稿，頁 115-199。

圖 1-3　西安天主教堂

會接觸龍文化；凡認同中華文化的，就會考究龍文化。龍文化與中華文明同在，與華夏子女共生；只要家族來源與華夏相關，或嫁娶一位華人，龍文化自然地就進入他們的生活領域，不分種族，不分國家。

筆者在西安明朝建立的天主教堂中，竟然發現龍圍在上主的身邊，這個景象在宗教角度上看很不協調，但由龍文化的發展演變來看，民眾信上帝是求平安，崇拜龍也是求保祐，這是傳教士了解到中華民族的龍基因，所以就將兩者結合在一起了。而之後中華文化中的龍，在深層文化中，一直影響後人，只是在表層及中層文化上，會不斷加以改良，加入新的文化元素。因此，研究中國龍文化的傳統和現狀，尤其是在新時代如何發揚這種中國傳統文化的作用，就成為本書的主要目的。46

一種民俗活動的出現，必有其發展淵源，其中更需依賴人脈、地脈與時間的運轉，把一切元素慢慢累積，最後在一個點上集中、穩定、成熟，且浮現其承傳性。龍文化的承傳，需要從隱約至浮現層面上觀察，才能體現個中的精神所在，且需要中華民俗數千年的累積，存在於不同的中華民俗的載體上。本章希望借助探討澳門舞醉龍的源頭傳說，把舞醉龍的時人地因素的發展梳理清楚，並以當中的幾個變化，來看龍文化的意蘊所在。這些變化是：從不同傳說變成較趨同的說法；從一個縣市傳播至一個向外的小漁村；從一個縣市的習俗變成一個行業的節日；從一個小漁村的活動變成一個城市的節日；從民間自發至政府鼓勵的具規模的節慶活動。

第二章

澳門舞醉龍的源流與今昔

一 醉龍傳說與地緣發展方式

1. 醉龍的傳說

在民間的傳說中，醉龍的起源有多個不同的版本，摘錄如下：

（1）南粵古為蠻荒之地，山嵐瘴氣四時不散，毒蟲猛獸四處出沒。中原人到此大多不服水土，尤其在春夏之間，濕熱疾病之苦令人更為難受。傳說某一天，隨行一位和尚喝醉了酒，在山林亂闖，遇到一條大蟒蛇。和尚耍出醉拳將大蟒蛇杖斃，他意猶未盡，將蟒蛇截為三段，蛇血流入溪中，和尚繼而高擎死蟒揮舞。此時卻有奇跡出現：蛇血流滲所至，長出了一種小灌木欒樨樹，鄉民舀溪水配以欒樨葉飲用，竟然百病全消；用以煮飯，兒童健康，老少平安，疫病消除，鄉民得救，遂將大蟒喻為神龍。

爾後，每年屆此，珠江口一帶的族群都會慶祝，並舞三截龍以謝神恩。為仿傚和尚當日舞蟒之雄姿，舞龍者皆要灌酒至酩酊，方為虔誠。自此之後，每年皆有舞醉龍之習俗，並伴以煮龍船頭飯，以祈消除百病，老少平安。更以欒樨葉造成欒樨餅，作為應節小吃，以圖大吉大利。[1]

（2）相傳數百年前，某年的四月初八那天，有一個和尚來到了香山縣，在一條叫"龍塘仔樹坑"的小河邊洗澡，他剛脱衣服，就有一條大蟒蛇闖了出來，那和尚立馬拔出寶刀，將蛇斬成幾截，丟在河裡。這時正好有位老漁翁經過，他剛喝過酒，還帶着七分醉意，看見蛇頭和蛇尾覺得很有意思，便抓起胡亂舞起來。舞了一會兒，那條大蟒蛇居然死而復生，變成一條神龍，騰空飛去了，剩下的蛇身不久後長成了幾棵欒樨樹。正是那一年夏天，香山縣瘟疫流

1　參看《中華民俗大全（澳門卷）》編輯委員會：《中華民俗大全（澳門卷）》（澳門：《中華民俗大全·澳門卷》編輯委員會，2003 年），頁 634-635。

行，死了很多人，有一戶窮苦人家買不起藥，聞到岸邊的欒樨樹發出陣陣奇香，便去摘了一些樹葉，搗爛沖糖水喝，頓覺精神爽利，病也好了。於是鄉民紛紛採摘，之後每年的農曆四月初八，家家都拿欒樨葉做成餅食，參拜神佛，人們還模仿老漁翁那樣跳起醉龍舞，來紀念這件事情。[2]

（3）傳說幾百年前的一年，中山縣一帶發生瘟疫，鄉民認為是妖魔作祟，於是求助於佛祖，在"浴佛節"那天抬着佛像遊行。路經河邊時，忽從河中躍出一條大蛇，即遭鄉民砍斷，扔回河中，蛇血染紅河水。鄉民喝了這帶蛇血的水後，竟除疾病祛瘟疫，他們認為這條大蛇是仙龍降凡，為了紀念，創出"舞醉龍"，以示對龍神的崇敬。[3]

（4）相傳在明末清初，中山長洲、張溪一帶曾遇瘟疫。當時有漁民捕獲了一條口銜樹葉的青蛇。村民恐其有害，便將之砍成頭、身、尾扔進海中。但被砍的蛇卻頑強生存，並將口中的葉子送到村中。於是村民遂將葉子搗成藥服用，最後竟驅除瘟疫，並發現葉子其實是具清熱解毒功效的欒樨葉。村民認為青蛇是龍王派來消除瘟疫的小龍，遂建起侯王廟以紀念青蛇救命之恩，並製作龍頭、龍身和龍尾的木雕，於四月初八浴佛節當天，將木雕拿到河中清洗沐浴，並於酒席後醉舞木龍，以表驅疫之意。同時，村民在當天還會蒸製欒樨餅供奉祖先，並分給親友食用，以強身健體。[4]

（5）傳說在中山張溪，某年發生大瘟疫，奪去了無數生命。有一天，一位村民在海邊打魚，忽聞山上隆隆作響，只見一條大蟒蛇口銜靈芝，沿山坑流水而下，村民回過神後，壯起膽來猛然抽出刀把蛇斬成兩截。村民拿着靈芝回

---

2 葉春生：《嶺南風俗錄》（廣州：廣東旅遊出版社，1988 年），頁 211-212。本節部分傳說參看黃桂麗：〈澳門舞醉龍的源流和轉變〉，澳門：澳門大學學士學位論文，中國語言文學系，2015 年。

3 唐思：《澳門風物志》（澳門：澳門基金會，1994 年），頁 238。

4 林鳳群：《血脈傳承 —— 中國非物質文化遺產探究》（廣州：廣東人民出版社，2012 年），頁 3-4。

家，將靈芝熬湯分發給鄉親飲用，大家突然都病好了。為了紀念蟒蛇為村民治病驅除瘟疫，卻不幸被誤殺，村民請工匠雕刻了許多斬截的木龍，並在每年浴佛節舉行醉龍巡遊活動。[5]

（6）傳說中山長洲鄉原有兩艘龍船名叫"雞公龍"和"雞母龍"，此船極有靈性，在賽龍奪錦的關鍵時刻，總會從船底伸出雞爪協助划船，所以逢賽必勝。在一個風雨交加的端午節，兩艘船如離弦之箭神速前進，竟連同船上的划手一起沒入大海，一去不回。長洲人悲痛不已，自此該鄉不扒龍舟，村民找來雕刻師傅雕出一條條精巧的小木龍，供奉在村中的廟內，到了每年的四月初八，村中習武之人到廟裡上香酬神，然後將木龍抬出，舉行祭龍儀式和吃龍船頭飯，並將這習俗演化成舞醉龍。[6]

（7）傳說中山濠頭村有一位鄭姓的漁夫出海打魚，屢次撒網，網網落空。時至中午，發覺手中漁網有動靜，他用盡力氣將漁網拉上船，卻只撈得一個樹頭，漁夫將樹頭扔回海中，只見那樹頭像蛟龍般翻騰幾下才回到海中，漁夫之後多次撒網都是撈回那樹頭，漁夫這才發現樹頭頗像龍頭，於是便對着樹頭許願，"如能保祐我漁獲豐收，日後定必為你塑造金身，世世香燭不斷。"果然此後漁民網網豐收，於是他履行諾言，請人把樹頭雕成龍頭狀，送到廟中，歲歲供奉，並於每年農曆四月初八浴佛節隨街而舞。[7]

在前五個傳說之中，醉龍均與化身為蛇的龍（或將蛇喻為龍）及除疫有關。且傳說（1）、（2）及（4）都提及欒樨。據清道光七年（1827）的《香山縣志》，當代的《嶺南采藥錄》云：

> 鷺莝，樹叢生，高者七八尺。味甘溫，化痰軟堅。瘰癧初起，

5　吳競龍：《龍舞在天：中山醉龍舞》（廣州：廣東教育出版社，2009 年），頁 83。
6　《血脈傳承──中國非物質文化遺產探究》，頁 79-80。
7　同上，頁 81-82。

食之頓消。四月間，邑人和粉作餌。[8]

而廣州的習俗記載：

> 廣州俗例農曆四月初八浴佛節，是日常摘取欒樨葉搗爛和以米
> 粉及糖，製成粢粑，名為欒樨餅（煙西餅），市上素食店多有出售，
> 謂小孩食之有暖胃去癥之效云。[9]

香山位處嶺南，每逢春夏之際，天氣炎熱多雨，濕氣重。於是欒樨的藥用功能，尤有幫助。農曆四月初八舉行的醉龍活動，正值嶺南地區最為潮濕的季節，所以人們食用欒樨餅以祛風除濕。從傳說聯繫至合乎時今的民間地道食物，合乎農時倫理、人時倫理，利用節日聚集，祈福之外，更是對農業種植的一種感恩，以及對族群健康的祈求。

在這些傳說中，從其祭祀目的而言，醉龍最初是為了慶祝瘟疫得以驅除，遂舞動木龍，以紀念驅疫的和尚、漁翁或大蛇、青蛇（龍的化身）。至於在傳說（6）中所提及的端午節，其最初亦為一個驅疫的節慶（端午用菖蒲、雄黃酒）。是故從大多數的傳說而言，醉龍與驅除瘟疫有關，而醉龍的舞動，目的為慶祝、紀念而來。值得留意的是七種傳說中，都不離族群的參與，並非一人而為之。

若據傳說（7）所言，醉龍活動乃是漁民因豐收而酬謝龍王的慶典，而澳門的醉龍活動亦流傳於澳門的鮮魚業人士間，則兩者之間不無關係。在澳門的醉龍慶典中，鮮魚行人士除了有舞醉龍、派龍船頭飯、吃欒樨餅等習俗以外，

8　祝淮主修：《新修香山縣志》卷二，輿地下，物產，道光七年刊刻，黃培芳等輯：《中山文獻（第三冊）》（台北：台灣學生書局，1985 年），頁 223。

9　蕭步丹原著，關培生校勘及增訂：《嶺南采藥錄》（香港：萬里書店，2003 年），頁 122。

還會舉行"旺街市"的環節,即醒獅、醉龍進入街市,向各攤販獻瑞以及分別採納攤販所設之青以納吉,保祐其生意興旺。可見除了驅疫的性質外,澳門的醉龍活動更祈求風調雨順、生意興隆、團結魚行兄弟,以及緩解業內平日的紛爭等目的,而此亦與傳說(7)當中的祭祀目的相近。澳門的鮮魚行人士作為一個經商的團體,各個不同街市內從事市販的不同行友、工友等,每年四月初八日早上,必定聚首一堂,為醉龍慶典的開光點睛儀式在三街會館上香祈福,並為一整天的節慶活動作準備。

　　七個傳說的內容,顯現民俗文化從源頭至今天在形態上踵事增華的特質,而詳細的文字記載是傳說後期的事,使它變成正式的記載,也顯示其來有自,更顯示其成熟成形,且越往後的記載與說法越加仔細,已接近當世的社會形態。

2. 舞醉龍的地緣發展方式

　　中國以農立國,傳統節日均以歲時節氣和農事生產忙閒相配,從春節、元宵、社日、上巳、清明、端午、七夕、中元、中秋、重陽、冬至,幾乎一年當中每月均有節日,每個節日,人們參加活動,以方便農忙之下的情感交流,傳遞信息,因而與經濟、文化、生產、宗教等都有着息息相關的聯繫,存在着農時倫理的意識。不同地方有其區域性的節日,也因應不同宗教,形成各式風俗活動,各有獨特的內容和意蘊。就如中國西南少數民族獨龍族的新年,往往在臘月的某一天,視乎各個小聚落的決定,他們的新年叫"卡秋哇"或"農瓦德路"。他們會各家相互邀請,自攜食物,歡聚暢飲,並沿家挨戶歌舞而行,以祈來年收成順利,五穀豐收。[10] 可以說,中國節日活動的內容,與倫理、宗教息息相關。

10　參看范勇、張建世:《中國年節文化》,第二章〈節日的起源和變遷〉、第五章〈年節文化的內容〉(海口:三環出版社,1990年),頁19、109。

三月初三上巳節之後，四月八日（此處是指農曆）當然是浴佛節了。但需說明的是，這個節日是在東漢佛教傳入中國之後才發展起來的。四月八日非為純節氣之節日，而是與宗教信仰相關的節日。

湘西土家諺語：「四月八，牛歇架。」或是「四月八，莧菜稻，四鄉人家把秧插。」湘西、湘南有：「佛生四月八，毛蟲今日嫁」的歌謠。湘西、湘南的鬥牛節（阿妹節）歌謠：「插秧插到四月八，阿妹洗手做糍粑。芝麻織出十樣錦，鳥蛋上面繡茶花。」可見農曆四月八日南方有好些民族的不同節日，與農事、宗教信仰或民間娛樂相關。[11] 粵北的壯族在四月八日有一傳統節慶，載於《連山縣志》，農家以芒草裹糯米為糉子，約親族一起聚飲，當天人和牛都休息一天。這天叫「牛王誕」，還會以草葉汁煮成五色飯來餵牛，叫身體羸弱的孩子穿上簑衣、戴上斗笠，進牛棚跟牛一起吃五色飯，以祈孩子也跟牛一樣壯健。[12]

梁朝的《荊楚歲時記》記載：「荊楚以四月八日，諸寺各設會，香湯浴佛，共作龍華會，以為彌勒下生之徵也。」[13] 只言四月八日是佛誕，有浴佛儀式，未言該日有何特別。《禮記·月令》則言：

> 季春之月……是月也，生氣方盛，陽氣發泄……不可以內。天子布德行惠，命有司發倉廩，賜貧窮，振乏絕；開府庫，出幣帛，周天下。……命司空曰：「時雨將降，下水上騰。循行國邑，周視原

---

11 巫瑞書：《南方傳統節日與楚文化》，第七章〈湘鄂「四月八」〉（武漢：湖北教育出版社，1999 年），頁 126-142。

12 葉春生、凌遠清：《嶺南古代誕會習俗》（廣州：廣東人民出版社，2009 年），頁 18-19。

13 宗懍著，杜公瞻注的《荊楚歲時記》版本甚多，且因不同古籍補注，有些版本沒有四月初八的敘述。此為引自《歲華紀麗》卷二的引文。其更言：「荊楚人相承此日迎八字之佛於金城。設榻幢，歌鼓，以為法華會。」（《歲華紀麗》轉引余嘉錫撰，周祖謨、余淑宜整理《世說新語箋疏》，言語第二，九十七「范甯作豫章」條箋疏（北京：中華書局，1983 年），頁 149-150。）

野，修利隄防，道達溝瀆，開通道路，毋有障塞……"……孟夏之月……天子居明堂左个，乘朱路，駕赤駵，載赤斾，衣朱衣，服赤玉。食菽與雞。其器高以粗。是月也，以立夏。先立夏三日，……乃命樂師習合禮樂。……（農作物）繼長增高，毋有壞墮，毋起土功，毋發大眾，毋伐大樹。是月也，天子始絺。命野虞出行田原，為天子勞農勸民，毋或失時。……是月也，驅獸毋害五穀，毋大田獵。農乃登麥，天子乃以彘嘗麥，先薦寢廟。是月也，聚畜百藥。……蠶事〔既〕畢，后妃獻繭。乃收繭稅，以桑為均，貴賤長幼如一，以給郊廟之服。[14]

〈月令〉把三月該準備的、四月該做的農時事情，講得很清楚。因為陽氣方盛，農作物長養之時，也該對天下人民布德行惠，為將要到來的荒災、水災作準備，要人才與百工、百官都有所準備。這裡更須注意的是孟夏之月，屬赤，以樂師為祭祀準備，官員勸農，收集百藥，且開釋輕微犯罪者。這都看到《禮記・月令》對時與農的重視。而對人民的恩恤，消災解困，派發糧食，對陰陽氣之交的孟夏有一定的指引。這種以保育生民為目的，並作為注意農時的提醒，加上音樂祭祀等活動，經長期的積累而成為節日，是順理成章的。

對於四月屬赤的孟夏之月與龍的關係，《左傳》桓公五年（前 707），曾記載雩祭，"龍見而雩"[15]。因為孟夏時節，蒼龍星座在黃昏出現在東南方，表示夏季到來了。為了陰陽調和，不使陽氣過盛，而暑熱少雨，故而有雩祭的儀

---

14 參看朱彬撰，饒欽農點校：《禮記訓纂》卷六，月令第六（北京：中華書局，1996 年），頁233-243。在〈月令〉中更謂："（季春之月）天子居青陽右个，乘鸞路，駕倉龍，載青斾，衣青衣，服倉玉，食麥與羊，其器疏以達。"（頁 233）足見季春以青龍為主。與下文說的孟夏的土龍、赤龍截然不同。

15 左丘明：《左傳會箋》第二（台北：天工書局，1988 年），頁 142。這句下更注："龍見建巳之月（四月）也。蒼龍宿之體，昏見東方，萬物始盛，待雨而大，故祭天。遠為百穀，祈膏雨也。"

式，以祈農時時序與天象能相配合，達到穀物生長順利適時的目的。東漢甚而有雩禮求雨，"閉諸陽，衣皂，興土龍"之説。[16] 董仲舒《春秋繁露》載"祝齋三日，服赤衣，拜跪陳祝如春辭，以丙丁日為大赤龍一，長七丈，居中央。又為小龍六，各長三丈五尺，於南方……。"[17] 以此作祭祀求雨。要把陽氣壓下、扶持陰氣，以利農作物的生長。如此則四月祭龍的來源，放在四月八日，與天象農時關係甚明。其與佛教的浴佛相關，並非龍的天象，而是東漢之後的百姓，把陰陽五行的觀念，與灌佛的行為看作同樣的抑陽助陰作用，"而誕生禮與陰陽和合之間也有着潛在的關聯，因此傳統的雩祭習俗與外來佛教文化交融衍生出浴佛的節日來。"[18]

蕭放藉着對《荊楚歲時記》的研究，以及對《史記‧天官書》、《史記索引》與漢畫的天象圖的敘述等的考究，發現蒼龍與東方求生求子的觀念有關。所以浴佛節與求子嗣相關，甚至於四月八日成為求子和求婚姻的吉日。[19] 如此，浴佛節能流行於民間的其中一個重要因素，也與蒼龍生的意義聯繫上。北方的太谷縣、南方的泰州、廣東海南澄邁縣等都習慣於四月八日到佛寺拜禱，[20] 祈求子嗣和姻緣。這樣四月八日與土龍、赤龍的關係，正因時令天象而使民生時節相連了。

整體來看，四月八日不單是佛教浴佛日，也是民間信仰藉着這一天，來祈求吉利、子嗣、姻緣、風調雨順等願望的日子。其中求雨及風調雨順，正是中

---

16 范曄撰，李賢等注：《後漢書（第十一冊）》，志第五〈禮儀中〉："其旱也，公卿官長以次行雩禮求雨。閉諸陽，衣皂，興土龍。"（北京：中華書局，1982 年），頁 3117。

17 蘇輿撰，鍾哲點校：《春秋繁露義證》卷第十六，求雨第七十四（北京：中華書局，1992年），頁 432。

18 蕭放：《荊楚歲時記研究 —— 兼論傳統中國人生活中的時間觀念》，第五章〈荊楚歲時記 —— 中國民俗史上的珍貴文獻〉（台北：秀威資訊出版社，2018 年），頁 161-162。

19 同上，頁 162-163。

20 參看陳夢雷編纂：《古今圖書集成‧曆象彙編（019 冊）》卷四十五，歲功典，孟夏部（上海：中華書局，1934 年），頁一九。

華民族農耕社會、農時倫理所必要祈求的，及時施雨的龍神，更是民間社會所盼望的；而不按時序出現的祭祀與活動，就違反人、時、地的法則。所以，四月八日與祭祀龍神的關係，實際自古皆然，沒有間斷，目的是體現人、時、地的倫理法則。這也是舞醉龍的日子在四月八日的農時意義、人倫意義。

二　明清兩代的舞醉龍

1. 府縣記載中的舞醉龍

關於舞醉龍起源的文獻記載，今天能找到的文獻資料，首見於明嘉靖二十七年（1548）成書的黃佐《香山縣志》風俗條："四月八日，僧家浴佛，俗各祭其祠神，曰轉龍頭。"[21] 這段文字顯示的時間、龍頭、祭祀方式等跟今天澳門舞醉龍的形態相近。關於舞醉龍的記錄，這段資料可以說是濫觴。廣東中山，古稱香山，唐代至德二年（757）立香山鎮，南宋紹興二十二年（1152）改升為縣，以唐代的東莞、南海、番禺、新會四縣的海濱之地，且延至澳門，劃建而成，即今天中山珠海一帶。香山縣隸屬廣州府，澳門的管治當時也歸於香山縣長安鄉延福里恭字圍。[22] 由於黃佐在《香山縣志》中提及的轉龍頭的習俗，相比今天舞醉龍的形式較為簡單 —— 只有龍首轉動，與舞醉龍的動作還有距離，故只能視為濫觴，它是否確實為舞醉龍的源頭，仍須再細考究。曾有學者以為舞醉龍的起源該有更早的民間傳說[23]，這類傳說以舞醉龍為舞蹈藝術，但先民在習俗與舞蹈之間，孰先孰後，實際看前面傳說的傳遞，就可想而知，在此不作評述。

黃佐在這個最早關於醉龍儀式的記載，主要着眼於祭祀的功能。他在明嘉靖三十九年（1560）所纂的《廣東通志》卷二十〈民物志一〉風俗部分，就羅

---

21 鄧遷主修，黃佐纂：《香山縣志》卷一風土志，第一風俗條，日本京都大學影印本，頁十。

22 參看《香山縣志》卷一風土志，第一建置條，頁一；邢榮發編著：《澳門歷史十五講》（香港：華夏文化藝術出版社，2007 年），頁 16。

23 據《中國民族報》〈非遺——醉龍舞〉（2016 年 2 月 25 日）的說法，醉龍起源於宋代，是一種古代中山民間特有的舞蹈。這些推論只能是參考，而且它是以舞蹈為主，在醉舞及整體性上，與今天的舞醉龍有重點性的距離。

列了不同州府的風俗，當時廣東劃分出的各行政省府，有廣州、韶州、南雄、潮州、肇慶、高州、廉州、雷州、瓊州等九個府，茲把卷內有關四月八日的習俗資料整理如下：

（廣州府）四月八日，浮屠氏作青精飯，浴佛。愚民爭赴齋會，今已漸革。[24]

（韶州府）四月八日，浮屠浴佛。[25]

（南雄府）沒有。（雖沒有四月八日的訊息，但在清明一則中，提到各家祭祖，會因列祖之墓遠近，來依次舉行祭祀，到四月八日才停止。[26]）

（潮州府）四月八日浴佛。[27]

（肇慶府）沒有。（有清明、端午的敘述，沒有四月八日）

（高州府）時序與廣肇大同小異。[28]

（廉州府）時序頗同中土。[29]（其後只細敘中秋跳嶺的習俗。）

（雷州府）四月八日祭掃用齋蔬。[30]

（瓊州府）四月八日浮屠氏習荊楚歲時，以五香和蜜水浴佛，謂龍華會。善婦女集尼庵飲浴水，餘分送檀越未至者。鄉落以木刻龍首尾，祀境廟中，唱龍歌迎之。拋雞入洗溪水，謂之洗龍，加繪餙以俟端陽食會。[31]

---

24 黃佐撰：《廣東通志》卷二十，民物志一（香港：大東圖書公司，1977 年），頁 532。
25 同上，頁 536。
26 同上，頁 539。
27 同上，頁 540。
28 同上，頁 544。
29 同上，頁 545。
30 同上，頁 547。
31 同上，頁 550。

　　這裡看到對四月八日節日的敘述，以廣州府和瓊州府最多。廣州府強調浴佛、青精飯及齋會；瓊州府則比廣州府和其他府為繁，共分五部分：浴佛、善信聚集、鄉落中木龍的準備、唱龍歌、洗龍。瓊州府這條資料，比起明嘉靖二十七年（1548）《香山縣志》又詳細許多，而且有重複的部分，如浴佛、善信祭祀、龍。粗略地看，有一半部分相同，也就是說其中對這個與龍相關的四月八日的習俗，較香山多了一半篇幅的記載。

　　黃佐《廣東通志》風俗志的起首部分，首先說了粵人的來源："漢粵人之俗好相攻擊，秦徙中縣之民使與百粵雜處。" 且在同卷的香山縣條下說："土地卑濕，人多躄屐。至別有製，以辨良賤。婚娶必論閥閱。病不求醫，而信巫覡。勤於農圃，而不學工商，故斥鹵（鹹鹼性質的土地）盡成畎畝，而貿易每為人所欺。惟別男女，恥爭訟，頗有古風。"[32] 指出明代香山人民風淳樸，對男女之防甚嚴，擬古之風甚濃。黃佐自己也是香山人（石岐仁厚里），祖籍江西，而在他眼下，香山人似較迷信、不大精明，以耕作鹹田（沙田）為務。既然他是香山縣人，則其寫的香山縣的轉龍頭（明嘉靖二十七年）習俗當最真切。而寫到廣州府大範圍的四月八日浴佛活動與齋會等，也是最靠近當時（明嘉靖三十九年）的狀況。畢竟香山縣只是廣州府的一個縣，廣州府幅員廣闊，黃佐實不能以香山的習俗概言。粵人從秦開始已處南疆之地，保留習俗崇拜，四月八日的龍神崇拜自是必然，何況香山是縣級，不若廣州大府大州的等級，保留有本地既有文化，未被外來影響，該是必然的，所以黃佐《香山縣志》所述詳，《廣東通志》對廣州府的四月八日所述略，是因為敘述編排的主次問題，並非其時沒有此習俗。不然，清代的各種《香山縣志》中不會有與四月八日及醉龍相關的記載。如清乾隆十五年（1750），香山知縣暴煜編撰的《香山縣志》卷三〈風俗〉記載：

---

32 《廣東通志》，頁 525、534。

四月八日僧家浴佛，里社祭神於廟，曰轉龍頭。是日里人奉祠
神，鑼鼓旗幟，歌唱過城，市曰迎神。家以錢米施之，或裝為神
龍，歌舞數日而罷，今其俗亦少革。[33]

清道光七年（1827）祝淮主修《新修香山縣志》，卷二〈輿地下‧風俗〉記載：

四月八日，浮屠浴佛。諸神廟雕飾木龍，細民金鼓旗幟，醉舞
中衢，以逐疫曰轉龍。[34]

而清光緒五年（1879）刊刻，陳澧等纂《重修香山縣志》，卷五〈輿地下‧風俗〉
亦記載：

四月八日，浮屠浴佛。諸神廟雕飾木龍，細民金鼓旗幟，醉舞
中衢，以逐疫。曰轉龍。（祝志）首插金花操木龍而舞，舁酒隨之，
有醉至死者。舊惟八日有之，十年間輾轉至半月不息，踵事增華，
近益靡麗。（採訪冊）[35]

這三個有關四月八日的敘述，正是踵事增華的模式。比《廣東通志》的廣州府
記載複雜，較瓊州府的五個部分也多，乾隆年間多了裝龍遊城、活動日子的
長度、各家施米、鑼鼓旗幟等描述。道光年間的描述雖較短，但多了"醉舞中
衢"的形態，以及"逐疫"的目的。而光緒年間的敘述更記述了一些形態細節

---

33 暴煜主修：《香山縣志》卷三，乾隆十五年（1750）刊刻，《中山文獻（第一冊）》（台北：
台灣學生書局，1985 年），頁 334。

34 《新修香山縣志》，頁 201。

35 田明曜主修，陳澧等纂：《重修香山縣志》卷五，清光緒五年（1879）刊刻，《中山文獻（第
五冊）》，頁 227。

或發展，像頭"插金花操木龍而舞，异酒隨之，有醉至死者"；更補充轉龍的日子可至半月不息。

　　考查清代光緒年間的資料：仍是四月八日的浴佛與祈福，而製龍的材質，裝飾龍的細緻，以及細說舞弄者其神態，酒、木龍等道具的運用，時間的長短，都一一在列，表明這個時期的舞醉龍已經與今天澳門的舞醉龍形態有 80% 相近了。至於民國十二年（1923）刻的《香山縣志續編》，則至清宣統二年（1910）就沒有記載這類時令風俗，只談及放足及禁戒溺女兩件惡習。[36]

　　再查閱清代各廣州府內的縣志，像《番禺縣志》（乾隆）、《東莞縣志》（嘉慶）、《三水縣志》（嘉慶）、《永安縣次志》（康熙）、《清遠縣志》（同治）、《順德縣志》（咸豐）等，對四月八日的風俗記載，都只是與浴佛有關，有些縣志甚至沒有記錄，另外像《清遠縣志》則言："四月八日採艾為虎，作龍舟。"[37]其中以《番禺縣志》談到的四月八日習俗最為詳細：

　　　　四月八日，寺觀香湯浴佛，以清水分送人家。採麵苴椰，擣百花葉為餅。是日江競陳龍舟，曰出水龍。潮田始作，買花果於龍女艇。[38]

在清代看到的對四月八日風俗的記載，除了前述幾部《香山縣志》外，廣州府內各縣，都將四月八日的重點放在浴佛上，而《番禺縣志》的記載，實因番禺為故都，所以風俗承自既有的習俗。清初屈大均《廣東新語》卷九，"廣州時

36　厲式金主修，汪文炳等纂：《香山縣志續編》卷二，輿地風俗條，1923 年刊刻，《中山文獻（第七冊）》，頁 2028。

37　（同治）《清遠縣志》卷十二，風土條，故宮珍本叢刊，第 171 冊（廣東府州縣志第 6 冊）（海口：海南出版社，2001 年），頁 2。

38　（乾隆）《番禺縣志》卷十七，風俗時令條，故宮珍本叢刊，第 168 冊（廣東府州縣志第 3 冊），頁 399。

序"條説:

> 四月八日浴佛，采麪菰榔，擣百花葉為餅，是日江上陳龍舟，
> 曰出水龍，潮田始作。[39]

所説的是清初至康熙年間廣東的四月八日習俗，以及與龍相關的節日慶祝舉措。這個與《番禺縣志》，以及前節傳説部分的廣州府四月八日習俗食品相呼應，是其他地方先開始的習俗，後流行於廣州府。從而使我們看到，清代香山縣對醉龍活動的承傳部分，較廣州其他府、縣都相對穩定，把風俗中四月八日浴佛，與舞醉龍的習俗定於同一天舉行。不過風俗的延續方式，有時是隱約而又放射式地在不同地域留下種子，這些存在的因素，需要時機才能把已根植的、潛在的風俗形態顯現出來 —— 龍文化的表現就是屬於這一類。

2. 明清的舞醉龍與傳播

在前述黃佐的《廣東通志》中，除了對廣州府在四月八日習俗的敘述外，瓊州府在四月八日的習俗也有較豐富的記載；瓊州府的形式，可説是對穩定存在的香山舞醉龍風俗的補充。且先看清初的屈大均《廣東新語》卷十八，龍船條中最後説到瓊州人：

> 瓊人重龍船，四月八日，雕木為龍置于廟，唱龍歌迎之，而投
> 白雞水中以洗龍。五月之朔至四日，乃以次迎龍。主人先為龍歌，
> 包以繡帕置龍前，其歌辭不可見，止歌末一字可見，諸客度韻湊
> 歌。……其諺曰：未鬭龍船，先鬭龍歌。[40]

---

39 屈大均：《廣東新語（上冊）》卷九（北京：中華書局，2006 年），頁 299。
40 《廣東新語（下冊）》卷十八，頁 489。

屈大均對瓊人龍船的敘述，與明嘉靖年間的四月八日相近，都有唱龍歌、洗龍等動作。但整個清代，瓊州府的縣志對四月八日的記載，則與嘉靖年間的《廣東通志》有所不同。先看看清雍正九年（1731）《廣東通志》卷五十一，〈月令〉下只寫 "四月八日浮屠浴佛" [41] 一句。而試看清代的《瓊州府志》和其他相關的地方縣志，可以發現一些端倪。乾隆三十九年（1774）蕭應植《瓊州府志》，卷一上風俗：

> 四月八日浮屠氏以五香和蜜水，浴釋迦太子，佛謂之龍華會，浴水餘分送檀越。鄉落以木刻龍，祀本境廟中，競唱龍歌，拋雞入溪水洗之，謂之洗龍，加以繪飾。候端陽節。[42]

這與同是乾隆年間修的、瓊州府中的于霈撰的《瓊山縣志》僅有些不同：

> 四月八日浮屠氏以五香和蜜水，浴釋迦太子，佛謂之龍華會，以浴佛水分送檀越。鄉落以木刻龍，祀本境廟中，競唱龍歌，拋雞入溪水洗之，謂之洗龍，加以繪飾。[43]

這個乾隆十二年（1747）修的縣志，與府志的差別僅是數字。明嘉靖的舞醉龍風俗，在清乾隆初年還存在於瓊州的大縣和州府記載之中，在官方記錄中延續下來。細查瓊州其他縣志，四月八日的慶祝模式、日子、方式等皆有所區別。

---

41 郝玉麟、詹曾煜等纂修：《廣東通志》，雍正九年（1731），文淵閣四庫全書電子版。卷五十一，頁五。
42 蕭應植撰：《瓊州府志》，乾隆三十九年（1774），故宮珍本叢刊，第189冊，頁53-54。
43 于霈撰：《重修瓊山縣志》卷一，疆域節序，乾隆十二年（1747），故宮珍本叢刊，第191冊，頁334。

康熙五十七年（1718）增訂的文昌縣志，只有"四月八日建浴佛會"一句。[44] 康乾年間的另外八個瓊州地方志中，均沒有説到四月八日浴佛或刻龍、洗龍、飾龍之事。儋州、會同、樂會等均在其節序記載三月清明日上墳，培塚壘土登壟掃祭，至四月八日乃止，沒有言四月八日有什麼特別安排。[45] 最特別的是《安定縣志》的記載："四月各家各姓，設醮酧恩，名曰允雷公齋。"[46] 四月八日沒有浴佛，但跟雷州半島祭祀雷神的習俗相近。此則，到了康熙年間，整個瓊州，對四月八日的慶祝，不一定是如主流的瓊府志中的浴佛及洗龍，而是各個縣裡已有自己的不同做法。

明代嘉靖瓊州府有相似舞醉龍活動的洗龍、飾龍儀式，在四月八日出現，到了清代乾隆年間還可以在瓊州府志、大的縣志中看到這類記載，但是在大部分的小縣縣志，從康熙年間起已經不再在四月八日作這類活動，甚至沒有慶祝浴佛，也沒有龍的形象的東西出現。可見在龍文化傳播上，舞醉龍風俗確實在瓊州存在過，而清中葉以前又已經漂移走了。這恐怕與明朝之後，清朝對瓊州政策的改變有關。

明代的確是瓊州府的盛世，瓊州從東漢時已有"錫光為交趾，任延守九真。於是教其耕稼，制為冠履，初設媒娉，始知姻娶，建立學校，導之禮

---

44 馬日炳纂修，沈彭修：《增訂文昌縣志》卷一，疆域風俗，康熙五十七年（1718），故宮珍本叢刊，191 冊，頁 228。

45 韓祐重修：《續修儋州志》，康熙四十三年（1704），卷一風俗中節序沒有言四月八日，只載三月清明日"先則漆墓土，除草萊。至期，男婦載酒餚上墓，張掛紙錢，婦女簪榴花，謂不害眼。初三日慶真武誕，念三日，慶天妃誕。"（故宮珍本叢刊，第 193 冊，頁 185-186）。于煌纂修：《會同縣志》乾隆三十八年（1773），卷一天文，沒有四月八日的佛誕，只載"清明前三日，培塚壘土登壟掃祭，至四月八日乃止。端陽放風箏。"（故宮珍本叢刊，第 192 冊，頁 174）。程秉慥修：《樂會縣志》康熙二十六年（1687），卷一地理志，不言四月初八。風俗條："清明前三日培塚壘土，陸續墓祭，至四月初八乃止，端午採香草懸艾虎……"（故宮珍本叢刊，第 192 冊，頁 322）。

46 董興祚、張文豹纂修：《安定縣志》卷一，風俗，康熙二十九年（1690），故宮珍本叢刊，第 192 冊，頁 23。

儀。"[47] 可見其時瓊州府的漢人開始增多，有教育的需要，是本土的少數民族漢化的開始。自明成祖朱棣起，為了確立自己的地位，對東南沿海各地實行武力擴張，希望成為天下一統者，對於不尊重明朝的東南亞諸國，成祖是不放過的，曾出兵討伐對明朝不敬的安南胡氏，迫使其恢復明朝所認可的陳氏皇朝。[48] 甚至鄭和七次下西洋，從永樂三年（1405）至宣德八年（1433）之間，相關係或朝貢的國家包括印度洋、阿拉伯、東非各國，南至爪哇，北至麥加，西至非洲東岸。船隊所到之處，一定宣揚大明皇帝的教化、敕諭。成祖在位二十二年，與鄭和下西洋有關的亞洲、非洲國家使節來華共 318 次，最多一次有十幾個國家一同朝貢來華。[49] 明朝從初期太祖的恢復文教，講學之風起，至成祖編纂《永樂大典》，都是重視文治的一種表現，加上仁、宣二帝真正改變成祖的治國風氣，重視文官、文教，使得大明對不同地方的官員政策不同，[50] 到處派駐文官。瓊州既然是與東南諸國最靠近的國土，派駐文官甚至教化，加以把廣東州府的習俗帶進去，實在是無可厚非的。明代嘉靖年間瓊州府的人口比其他各個廣東州府都多，高達二十六萬多，多於肇慶府，次於廣州府，[51] 可見當時人口之盛，且都集中在不同的大縣。加上瓊州自宋以來就一直為不少文人貶謫之地，蘇軾、李德裕等名臣都曾到這裡來，中原、廣東的習俗必曾在這裡開過花。所以在明代，經過一些大儒，像丘濬、唐冑、王佐、海瑞等在瓊州的經營，瓊州內屬於廣東的、中土的文化，祭祀舞龍、龍舟、洗龍等，怎會不存在呢？

---

47 《後漢書》卷八十六，南蠻傳，頁 2836。據明唐冑《正德瓊台志》卷十五學校，也是以漢錫光建學，導之禮儀。但有指錫光是去交趾而有沒有渡海去海南，還未能作實。

48 明人威德兼施的政策，可參看陳梧桐、彭勇：《明史十講》，第七講（上海：上海古籍出版社，2007 年），頁 121-130。

49 統計數字參看劉觀其：《一口氣讀完大明史》（台北：海雁文化，2014 年），頁 98。

50 參看孟森：《明史講義》，第二章〈靖難〉（長沙：岳麓書社，2009 年），頁 108-120。

51 參看《廣東通志》，戶口條，頁 561-565。廣州府有人 607, 268 口，瓊州府次之，有 261, 630 口。

這個州府開始有漢人駐守，漢人在此開枝散葉居住下來，在兩宋時瓊州島上的佛寺和佛堂共有 15 座，分別在瓊山、澄邁、文昌、儋州、萬州幾個縣。到明代更多，一共 17 座，且部分是大型的寺廟，非佛堂一類，並且 8 座建有塔，並分佈在瓊州本島的南部、西部崖州、感恩、昌化一帶。[52] 所以四月八日，清代有不少瓊州府內的小縣還會作浴佛。根據張朔人《明代海南文化研究》的考究，在島上除了佛教之外，在明代還有像媽祖、關公等道教民間信仰，以及伊斯蘭教、天主教等存在，立廟或教堂，可見明代在瓊州的宗教是多元的。[53] 不管其宗教是本島土著還是漢人所信奉，都說明了時代、地勢阻隔等因素會使得各縣各有信仰，外來商船的進入亦會令不同縣有不同的信仰立足，如伊斯蘭教在元代就因占城（越南）的番人而傳入儋州、崖州。這都見出瓊州島的包容性。

到了清代，雖然各國還會依靠瓊州這個地方作為航運、貨物運輸的中轉地，但因為清人重軍事而不重人文教化，派駐以軍事官員為主，而使得這個地方的人文教化沒落，不注重漢族的習俗，致使清代從瓊州起家的文人，其語言變化也不大。乾隆年間的《瓊州府志》卷一上，風俗方言條：

> 瓊人語有數種，有官語，即中州正音，縉紳士大夫及居城廂者類言之，以郡城流寓者多，故語近正，鄉落莫曉。有東語，略似閩音。有西江語，似廣西梧州等處土音。又崖州有邁語，與廣州相似，要皆商賈遺允也。故謂之客語。又有土軍語，地黎語，乃本地土音。大率音語以郡城瓊山為近正，使鄉落州邑轉相傳習，則成為

52 關於瓊州府中佛教寺廟的建造，參看張朔人：《明代海南文化研究》，第四章 "宗教傳播及流變"（北京：社會科學文獻出版社，2013 年），頁 230-240。
53 同上，頁 253-277。

正音，不難矣。[54]

似乎官府覺得只需要把中州正音推廣，就可以使得瓊州全島都用正音。但從這裡看到當時島上各縣都有自己使用語言的傾向，這都以聚集的人士及與商賈來往的人士所使用語言作依歸。明代萬曆年間主要中原本土的語言"正語"（中州正音）分佈在城市，是來自中原，甚至守軍使用的語言；[55] 閩語在文昌、會同、樂會——島的東海岸一帶流行，那些縣多人聚集；而多種方言區在島的西邊，尤其感恩、崖州港口一帶。而瓊州府的少數民族有黎、岐、苗、侾等族，當中黎族人數最多，這些少數民族至今仍存在。[56] 乾隆時期說的土軍語、地黎語以及西江黎語佔有大部分，且西江黎語在臨高、儋州交界最多，是語言混雜區。實際從明代已經見到島上還有疍、番、苗等不同語言，而地黎語及少數民族語多集中在島的中心和山區裡面。中州正語從明開始便在城市、州府大縣流行，而其他不同的語言區域，則可從其語言觀察該地主要的交流對象。如瓊州府的西南部，與交趾諸國交流方便，據各縣志提及的番語當中就有印度尼西亞語。清乾隆年間縣志所強調的閩語流傳，以及商賈在島上的出現，這些現象實際上在明代就已經出現了，閩人經過瓊州而往東南亞經商，更是從唐五代就

---

54 蕭應植：《瓊州府志》乾隆三十九年（1774），故宮珍本叢刊，第 189 冊，53 頁。唐胄《正德瓊台志》卷七風俗："州城為正語。村落鄉音有數種：一曰東語，又名客語，似閩音；一曰西江黎語，即廣西梧、潯等處音；一曰土軍語、一曰地黎語，乃本土音也。其儋、崖及生黎與疍、猺、番等人語又各不同。"（上海：上海古籍出版社，1964 年）。又李璜：《崖州志》卷八，風土志乾隆二十年（1755），都如此言瓊州的方言情況，並認為官語即中原正音，說明由住宦商賈傳入，至康熙二十六年仍存在，故宮珍本叢刊，第 194 冊，頁 136。

55 《明代海南文化研究》，頁 282-287。又頁 282 有一明代海南方言分佈示意圖。

56 少數民族的統計，在 1931 年和 1932 年德人 Hans Stübel 到海南調查後撰寫的《海南島民族志》中有詳細記載（德文版 1937 年在柏林出版，1943 年由平野義太郎、清水三男翻譯成日文，漢語譯本由中國科學院廣東民族研究所翻譯。）參看 Hans Stübel：《海南島民族志（Die Li - Stämme der Insel Hainan）》（廣州：中國科學院廣東民族研究所，1964 年），2001 年內部參考影印本。

有的事。[57] 語言的使用能凸顯文化的認同感，清代瓊州府自身的改變，加上不同的民族在這裡流轉帶來的影響，整體上已經把黃佐所說的源自中原的文化，稀釋了不少。

清初瓊州府對四月八日習俗的記載，跟明嘉靖年間差不多，有浴佛、洗龍、飾龍、龍歌。可惜當文人、過客或士人開始不繼，遷海政策及禁止外來番船的停泊種種，清政府漠視的表現，致使海南的人文環境沒落。

如此對於本來漢族重視的文化習俗，四月八日的浴佛，細民的刻龍、繪龍、洗龍等習俗，瓊州府內大的縣志，照本宣科地把舊志延續，像《廣東通志》、《瓊州府志》、《瓊山縣志》的寫法就很接近。可發現在歷史上，這僅是與舞醉龍活動相關的兩三則記載，不一定能起能很大的作用，但這個偶然存在於瓊州的四月八日活動，後來在瓊州沒有延展、持續下去，在清康熙年間開始已經漸漸消失，並沒有像廣東香山般傳承下來，但它可以作為龍文化流播的一個側影，向我們展示了文化延續的特徵，它跟一個地域的人脈、時間、地理、經濟、政治脈絡等各種因素都有密切的關係。

自清雍正後，沒有了像王佐、唐冑一類的人才，瓊州是清人希望保護作權力範圍之地，要保護天然資源，以防海盜、黎亂、倭寇等，並防範西南方國民往國外去。但當地人已經少有回瓊島建設，甚至漢化區域的大縣，都是外來駐紮的廣東官員，這從暴煜志書提及的由朝廷委派的知府就知道。這與瓊州本身在清代的發展轉為防備，少了文化建設有關，人才輸出到外地，又沒有紮根的教育，及自我的發展，本身明代既有文化沒有保留，更而湮滅，所以對於各縣志的四月八日時序的記載，從嘉慶起便不見於縣志中，反而四月八日的龍文化的傳承，在乾隆後轉到另一些地方去了。甚至到 1935 年前後，法國人、德國人到瓊州（當時已叫海南島）做田野調查時，島上的少數民族仍以黎族為主，

57 參看徐曉望：《閩國史》（台北：中華發展基金管理委員會與五南圖書出版社聯合出版，1997年），頁 264-266。

還有侾、美孚、岐、峒等族，而且他們實際還未全部漢化，可見清代後期對海南的文化甚至教育，沒有發生多大的影響。[58] 但可以肯定的是，瓊州到了 20 世紀初，她的海運商貿還是很發達，常有船運來往廣東甚至香港，[59] 在文化傳播或輸送上，不能低估她對於舞醉龍的形式保留與輸送回廣東的可能性，雖然今天還未能有切實的文字證明這種可能性，但不能忽略其存在。

對於龍文化的保存，醉龍文化的跡象的延續，瓊州這一條對於洗龍、飾龍五個部分的記載，實是可以說明在明代，中華文化在瓊州傳播過，只是時代遷移，政策改變，這種文化在清代不能在瓊州好好延續下去，但它的生命軌跡經過商貿、民族遷移，十分可能經由渡船、商船，從瓊州傳回廣州、香山，再往南遷移，把龍文化、舞龍的模式，傳入東南亞諸國。民俗文化有開始、存在和遷移，惟其對人類生命、生活、生存的尊重卻是它不變的特徵。

---

58 參看《海南島民族志》，1932 年時的調查報告；薩維納著，辛世彪譯注：《海南島志》，1928 年左右的調查（桂林：灕江出版社，2012 年）。

59 《海南島志》，頁 13。薩維納記載：20 世紀 20 年代定安縣有舢板向海口運送各種牲畜和周邊地區的農產、土產，然後把山區送來的大量牲畜，一起經海口運往香港。

二　清代香山的醉龍

　　在上一節提及在黃佐的《廣東通志》中從來沒有提及轉龍或轉龍頭的名稱，只言四月八日浴佛，而瓊州府的敘述以飾龍、洗龍等為端午習俗。但在幾個不同時期修的《香山縣志》中的風俗條，均言在四月八日浴佛，然後細民轉龍、洗龍、飾龍，但全沒有提到與端午有關，且屢屢說明有驅疫的目的。可見《香山縣志》的說法與《廣東通志》的廣州府敘述，具時間、目的的穩定性和一致性。香山縣屬廣州府，其記載的依據，一定是以黃佐為基礎，到清代還有這種習俗的話，就必定會據此而有所補充的。陳澧在《重修香山縣志》曾有按語說明風俗志的寫法：

> 謹案：風俗不能有厚而無薄，自古而然，即天下莫不然。其厚者可嘉，其薄者不必諱也。舊志所載風俗，詳於厚，而略於薄。茲即採訪所登，概為增入，人心升降，氣運盛衰，所關綦重庶。使操轉移風俗之權者，知其弊而磨揉邊革，使之共趨於厚，而躬蹈其弊者，或亦思所返也。[60]

陳澧不以風俗薄而不載，亦不以其厚而忽略。故此，陳澧記得醉龍規格是廣東從明廣州府到清香山縣的一致的活動，且踵事增華，四月八日裝飾木龍，醉舞中衢，首插金花舞龍而醉行，還不僅是一天的活動。陳澧的記載，在清光緒年間已甚具體，有今天澳門舞醉龍的格局。而可以肯定的是，香山的四月八日，在清代的幾個《香山縣志》中，是沒有刻龍首尾、拋雞入溪洗龍、等待端陽等部分的。而瓊州府的浴佛、洗龍等習俗，在明嘉靖時仍保留着，但正如前述，

---

60 《重修香山縣志》，頁 223-224。

瓊州的四月八日在清代之後，已經漸漸消失了醉龍的跡象，部分縣志中（如昌
化、崖州）在清末，只剩下四月八日浴佛的記述，部分縣志（會同、樂會）也
不再提起四月八日，只談到端午節龍舟。明嘉靖年間瓊州府四月八日中佛教的
浴佛元素在清代雖仍存在，但醉龍的痕跡，已不可復見了。而明嘉靖年間的刻
龍首尾、洗龍的形式，瓊州有沒有可能回傳到香山呢？今天實不得而知。而若
就時間、民族、貿易的遷移來看，香山的習俗中，清乾隆以後才開始有刻龍首
尾、洗龍、唱龍歌的習俗流傳。

　　人口、人事的浮動，可以使民俗發生改變，使原有的民俗從存在而漸次消
失，一如瓊州的醉龍習俗；另一方面而言，亦可以由一個地方流播到另一個地
方。當中疍民、閩地的人民的遷移，使得四月八日的浴佛，四月八日洗龍的習
慣傳入香山。當中軌跡可能首與貿易相關。

　　前述瓊州府在清代縣志中，有不少航運的津渡資料。縣志中也有不少瓊人
相對於中原州府的人不善經營的記載，所以即使有豐富的天然資源沉香及各種
香料、大海的漁業資源，往往是靠外來人所轉運，讓番夷取去所需，加上盜寇
問題，使瓊州不得安寧。[61] 這種情況下，瓊人每遇見兵備、外來的疍民、番國商
人、外寇後，更不可能斷絕與外人的聯繫，何況前面提過的宗教傳播，在清代
天主教、基督教、伊斯蘭教等在島上仍有傳教活動。清乾隆二十年（1755）《崖
州志》記載疍民世居保平港、大疍港、望樓里，瀕海諸處，且崖州的男子罕事
農桑，惟輯網罟，以漁為生，子孫世代守其業，歲辦魚課。[62] 又或往往：

> 蛋人居海濱沙洲茅舍，男子少事農圃，惟緝麻為網罟，以捕
> 魚為生，子孫世守其業，歲辦魚課，婦女專事取螺蛤之屬，紡織

---

61 高魁標纂：《重修澄邁縣志》康熙四十九年（1710），卷一，疆域風俗，頁 19-20。其所說的
　　與瓊州的其他縣志如陵水、儋州、瓊山……等說的民風習慣都很相近。

62 李璜：《崖州志》卷八，乾隆二十年（1755），故宮珍本叢刊，第 194 冊，頁 136。

者少。[63]

除了疍民，自宋明起有漢人或番人在南中國海游弋，瓊州島上的變化並沒有停止過。瓊州天氣炎熱之極，氣候與郡城稍異，四時開花，三冬無雪，一歲中暑熱的日子佔了半年，四時似夏，適合植物生長。該志同卷的邊海外番條，還説琉球國在東洋大海中、福建泉州的正東，順風從陵水五天可至，更有琉球、日本、黃支、韓國、安南等國的路線；去安南的驩州、唐林州、古羅江一兩天就到；又從環王國（今越南中部古國）之檀洞江，四天就可至珠崖。[64] 清乾隆時，瓊州可以向東海、西海走，沒有阻礙地與外交流。而當地的少數民族以自給自足為主，流動性不及漢民族大，閩族往南海諸國，而操中土正音之人回本土經商、落戶，再加上疍戶的來往交流，或建舍成農疍、佃疍，實都推動了南海一帶的文化交流。

從明清瓊州的語言發展及前述的船航班次，可見明清的人民流動，在瓊州的各個港口有很多對外交往。漁業及疍戶的繁盛，加上佛朗哥（葡萄牙）在明代已經在爪哇有她的殖民地，商船往來，不同的香料轉運貿易，生產沉香及不同香料的瓊州島，面對這些從南西海而來、進入南中國廣東領域的商船，[65] 瓊州與番夷商業接觸的機會絕對不少。在黃佐《廣東通志》卷六十八，外志提到雜蠻常來儋州、崖州；番商來舶，更至廣州市舶交易；甚至疍戶往瓊雷附籍與良民同編，又或有疍戶立里長屬河泊，到增城、東莞、新會的也有。這些在黃佐

63 韓祐重修：《續修儋州志》卷一，康熙四十三年（1704），故宮珍本叢刊，第 193 冊，頁 187。
64 許祖京：《重修陵水縣志》卷一，氣候條，乾隆五十七年（1792），故宮珍本叢刊，第 194 冊，頁 222-223；卷八，防海邊海外番條，頁 268。
65 據黃佐《廣東通志》，時 1548 年，葡萄牙人還在找適合自己落腳的南中國海，常在浪白澳附近找適合自己駐紮貿易之地。參看黃啟臣：《澳門歷史》（澳門：澳門歷史學會，1995 年），頁 39-41。又參看金國平翻譯〈廣州葡囚信〉第 31、32、34 條，葡人在未進澳門前已經分析清楚澳門與南中國的形勢。金國平：《西力東漸——中葡早期接觸追昔》（澳門：澳門基金會，2000 年），頁 184-185。

著書時的明嘉靖年間都在發生着。[66]

本來瓊州似乎脫離了四月八日的浴佛、舞醉龍發展的基因。不過經由貿易的轉運，四月八日民俗上的傳遞，仍留下了它的影響因素。相增益相近似，舞醉龍後來仍然在廣東發展，有它歷史的原因。且看屈大均《廣東新語》卷七，人語，真粵人條：

> 自秦始皇發諸嘗逋亡人、贅壻、賈人略取揚越，以謫徙民與越雜處。又適治獄吏不直者，築南方越地。又以一軍處番禺之都，一軍戍台山之塞，而任囂、尉佗所將率樓船士十餘萬，其後皆家於越，生長子孫。……今粵人大抵皆中國種，自秦漢以來，日滋月盛，不失中州清淑之氣。其真鬝髮文身越人，則今之傜、僮、平鬃、狼、黎、岐、蜑諸族是也。夫以中國之人實方外，變其蠻俗。此始皇之大功也。……中國之人，得蒙富教於茲土，以至今日，其可以不知所自乎哉。[67]

如此，廣東本身也是多種種族共處的州府，難以摒除瓊州的族群在廣東做買賣的機會，流寓當時清人予以開放的港口從而定居，或為逆流而上內河而往，舶來沉香，也未可知。如此則醉龍文化的痕跡、軌跡、形式也不一定會斷掉，雖不留在瓊州，反經這些族群，往廣東傳回來。而寄居海上的蜑民、從商流寓的閩人，幫助流傳沉香或其他商品，同時也帶上孕育舞醉龍活動的元素，亦是順理成章的事。而正是因為廣州、廣東在海域貿易上的重要性，清初屈大均對龍的傳說，風調雨順的記載特多，還以風雨至，必有龍起，且不同的龍有不同的屬性、顏色：

---

66 《廣東通志（第十四冊）》卷六十八，外志五，雜蠻條，頁 1851-1855。
67 《廣東新語》卷七，人語，真粵人條，頁 232。

新安有龍穴洲，每風雨即有龍起，去地不數丈，朱鬣金麟，兩
　　　　目燁燁如電。……（龍涎）從番舶來者，出大秦、波斯，於雨中焚
　　　　之，焰爆有聲則真。……又龍屬木，木之氣得太陽多者必香，……
　　　　龍以水為用，見水則精入焉。蓋龍用精則為雨，用氣則為雲。68

清代廣東廣州有這樣的傳說，與雨、香、生命、生活有關。屈大均筆下還有一
條關於龍舟的記載，正與船運、歷史相關，並與祈福有密切關聯：

　　　　番禺大洲，有宣和龍舟遺製，是曰大洲龍船。洲有神曰梁太保
　　　　公。蓋以將作大匠，從宋幼帝航海而南者也。公將營宮殿於大洲，
　　　　未成而沒，村民感其忠，祠祀之，每歲旦請舉龍舟。……船長十餘
　　　　丈，廣僅八尺，龍首尾刻畫奮迅如生……69

即使在這些與番禺龍舟相關的傳說中，亦不難發現民俗文化融合的軌跡。外來
的人與事，與當地習俗相結合，而產生了繪畫有龍首、龍尾的龍舟。另外，
在屈大均筆下所記的廣東龍舟或龍物，還有順德龍江的龍船，沙亭如鯉魚的龍
船，還有前述的瓊人的龍船、龍歌。70

　　廣東香山在明代有轉龍頭，瓊州也有洗龍、飾龍，因為貿易發展，清代貿
易以中國南海為中心點，與南方的諸國及其他外國殖民者，仍有着不少貿易上
的關係，像馬匹對占城、真臘國的買賣；在廣州的十三行有所謂瓊貨的運輸；

68 《廣東新語》卷二十二，鱗語，龍條，頁 545。
69 同上，卷十八，舟語，大洲龍船條，頁 487。
70 同上，頁 487-489。

又或清同治年間英國人把瓊州作為鴉片的中轉站。[71] 所以其四月八日的五個部分，不難斷掉它與廣州、香山、澳門相互的影響。

黃佐在《廣東通志》風俗的記載，開始在香山留下舞醉龍的端倪，其他縣志中多只言四月八日這天浴佛，所以要尋找後來四月八日在香山與澳門舞醉龍的習俗，就需要進一步看看香山、澳門之間的關係，特別是要了解生活在這一帶的"龍民"，即疍民的生活狀況。

《香山縣鄉土志》卷五，人類，指雍正七年（1729）：

> 詔令蜑民有能蓋屋棲身者，許其在近水村庄居住，力田務本，以示一視同仁，自是泛宅浮家之輩，且有更易姓氏，以自附於大族。……（蜑人條）以舟為宅，業捕魚或編篷瀕水而居，謂之水欄，見水色則知有龍，故又曰龍戶。齊民則曰蜑家。[72]

疍民在香山被指為龍民，以其能觀天象、水色，實際也是因為疍民能入水與魚龍相處，水和魚，居住與出售，能把沙田與人與民俗聯繫，從海上到陸上而來沙田。沙洲的開發，除了靠早期這些從順德、南海、東莞而來的人外，還有福建人。他們先後開發了屬沙洲地區的西海十八沙與東海十六沙，從而使香山縣不斷擴大。所以從歷史上看，今天整個中山族群的骨幹成分，主要是由明清開墾沙田的本地及外來（閩地）的農戶及疍民組成的。如前所說的順德等地要開墾沙洲，因沙田而成村。前文曾說雍正七年（1729）下詔准許疍民上岸務農，

---

71 《廣東通志》卷十七，輿地志，載瓊州共有渡口 61 個，其中有 4 個在萬州的是私人的渡口，頁 455。對於明清在瓊州的交通與經濟，參看王興瑞著〈海南島古代交通史略〉，載於廣東省文史研究館：《廣東文物》卷六，史地交通門（上海：上海書店，1990 年），頁 395-407。

72 中山市地方志編纂委員會：《香山縣鄉土志》卷五，1910 年手抄本（中山：中山市地方志編纂委員會辦公室，1988 年），頁 2-3。

因為珠三角開墾沙田需要大量人力作為佃農或造沙。[73] 清道光年間的《南海縣志》還說明當時聘用貧戶、疍戶、佃戶開發沙田，而這些人的起居飲食一概在船上，出入以船。[74] 如此這些在香山開墾沙田又最終落戶的人，有順德遷來的農民，有窮戶，有為沙田開發而定居的疍戶。本來沙未成田時，就是茫茫一片的水域，生活是艱難的，陸民認為是苦事，只有熟悉水性的疍戶才容易駕馭。於是大家搭起棚寮而作聚落，慢慢圍、區、田就清楚浮現了。澳門最初也屬於恭字“圍”，正因應開發沙田得出的土地而劃分。

除疍民之外，我們還應該清楚，閩粵地區的移民，以閩地較早，宋元時已經確實有部分來了香山，他們並非在沙田作業，而是靠近早已發展的鄉鎮或山地，像石岐、五桂山旁，因為有水道，易於出海與遷移。看今天中山沙田話的分佈圖，可以看出閩語區的人早在香山，靠近山區、石岐或河流而生活，這與廣東的內河流域的生活、商業、經濟作業有關，後來甚而遷移去澳門。[75] 而中山今天大片的沙田話語區，方音與順德話靠近，多與疍民的遷入相關。自清代中葉以後，香山與澳門的地緣關係，因為政局、經濟、社會的動蕩，香山人開始逐步從內河西江而下，來澳門生活者越來越多。而今天看中山方言區的分佈圖，香山石岐的區域，語言改變較少，其語言區的保持還很穩定。

明代黃佐《廣東通志》與《香山縣志》中較為接近的對醉龍濫觴的敘述，到清代幾個不同時期的《香山縣志》的寫法，從前一節的敘述中已看到有了很多不同的改變。民俗的變遷，與時、地、人的變遷息息相關。如何去把一種民俗文化傳遞下去，而且同一節日，在不同地方所呈現的訊息，累積的形式或表現的模式，都有不同的因素、來源，不會是單一化的。如果是單一化的話，就

---

73 《廣東新語》卷二，地語沙田條：二月下旬，“偕出沙田上結墩……至五月而舉，名曰田了，始相率還家……七八月時耕者復往沙田塞水，或塞洪落”，頁 51。
74 鄭夢玉等主修：(道光)《南海縣志》卷七，江防略 (台北：成文，1967 年)，頁 6-8。
75 澳門早期的族群，由閩遷移過來的說法，有不少學者支持，像黃鴻釗、黃啟臣、湯開建、邢榮發等。

原生性的保留，外來的因素或入侵性的因素，都影響不了它的民俗走向，但這只可能出現在原始社會，即是從來沒有往外傳播，或與外界接觸的情況，但今天已沒有全未開發或與世隔絕的地方了。可以肯定今天看到的舞醉龍或絕大部分的非物質文化遺產，在發展過程中，一定有它的原生性、兼容性、創造性，才會變成今天有生命的面貌。這正是民俗文化在流傳過程中生命力的表現。

㊃ 從香山至澳門的中山人

1. 香山與澳門的連結

香山縣於宋紹興二十二年（1152）立縣，把澳門也歸為香山縣長安鄉延福里恭字圍。暴煜《香山縣志》卷一疆域言：

> 縣治踰石岐海而西，曰龍眼都。龍眼之西，曰象角口。自象角口入近縣治，曰獅子澳。出象角而南曰竹仔林。自象角口西北彌望，原田錯繡，曰大欖都，地近順德。自竹仔林而西北，曰古鎮。自竹仔林而南，曰黃梁都，地近新會。又南曰三灶（竈），又南為高瀾，接連大洋番船往來，帆檣相望。又南為大橫琴，為小橫琴，為北山，為濠鏡澳，立關柵，山寨迤東曰老萬山，外接大洋。[76]

這是乾隆年間對香山地域加上澳門的敘述。早在明代初年（洪武十四年，1381）把鄉改稱坊都，那時設了十一個坊都，有龍眼、大欖、仁良、黃梁、恭常、隆都等。通常都由原長安鄉更名而來，它包括了今山場村、珠海前山、澳門、萬山、唐家、下柵一帶。而且，乾隆時的香山縣人，暴志謂其習詩書、事藝植，不務工商。那裡地廣人稀，農圃漁樵，貧者佃農，富人為田主，後有遷入的佃戶，主要從事紡織和貿販者，多為東莞人；而主耕田地者，則多為新會人。但這些到了後期，前述的西海十八沙，東海十六沙耕好後，道光七年（1827），香山縣十一個坊都合併為九個都，恭常都沿用舊稱。而到《香山縣志續編》記載：光緒初年（約 1880 年）改都為鎮，仍設置九個都鎮，把恭常都

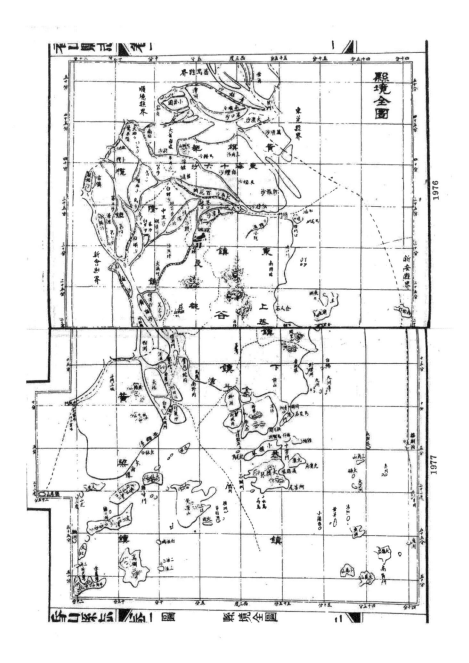

圖 2-1　香山縣全境圖，1921 年前繪（清晰看到東海十六沙與星羅棋布的內河河道）

於該年分為上恭鎮和下恭鎮。

香山縣的縣城石岐，清乾隆時暴煜《香山縣志》卷八津渡已經載有澳門至石岐、高瀾三竈至石岐、澳門往新會江門的渡船。[77] 而發展至光緒五年（1879）開始修的《香山縣志》，卷二航路："由石岐水出港口汛，沿瀝尾沙水越大洲、二洲、三洲山（屬得能都）；至東洲門，出海南折涌口門（屬四大都）；金星門共九十八里；又南行二十七里，為野狸洲，其北即新闢之香洲埠，又十里為九洲洋，十五里為吉大汛，又十五里為澳門。此為海程東路。（由澳門西南行約六十里可至三灶鄉之大環山。）"另一航路，也是從石岐出發往南經深灣海往東南去磨刀門，過南野角、秋風角到澳門（共七十里）之後，再北往前山寨。[78]

在同一卷中附錄各都水道支派，共古鎮海、沙灣水、板沙海、木頭海、瀝尾沙水、坡頭水、雲步海、石岐水、石特沙水、西江、灣口水、斗門涌水、三竈大口涌水、茅灣涌水、東岸涌水、上涌水、小隱港口、石門溪源、桃花水源、元壇橋涌源等。這裡有十多條水道通大海，可走大船。珠三角洲水道星羅棋布，尤其石岐所在，可上至新會，下至崖門、澳門、十字門。當然也可上溯廣州。[79] 所以，石岐的位置，一直是重要縣城，自不必往外去跟沙田及周邊競爭。故此，也可印證前述的其語言對自我地區的緊守，不一定需要跟其他城鄉爭拚。最重要的是把自己的縣府工作做好，維繫一定的經濟、管理權力。反而別的縣市需要向石岐學習，因為"縣屬商業除澳門外，以城南石岐為總匯，各鄉墟市亦有號稱暢旺者，如四都之欖邊墟，大都之南蓢墟，谷鎮之烏石墟，闤闠頗盛，欖鎮繭市，歲入百餘萬兩，黃圃繭市獲利亦豐，香洲埠已自闢商埠……"。[80] 香山的河船班次自清已見頻密，當中對於澳門所需的糧食實有大力支持。而且發展到清光緒年間更說明輸入品與輸入地，及其歲值約計：

77 《香山縣志》，頁 915-920。
78 《香山縣志續編》卷二，航路條，光緒五年（1879），頁 2027-2028。
79 同上，頁 2013-2022。
80 同上，卷二，商業附條，頁 2029。

鹹魚	從港澳輸入	七八十萬兩
煙葉	江門澳門等處	三萬兩
煤油	省港澳	二十萬兩

另香山的生果（烏欖、大蕉、荔枝、龍眼等居多），主以香港、澳門為輸出地，合計三十餘萬兩。其他從香山輸出的像穀類、蠔蜊蝦醬、鹹魚、蠔油、蠔豉等，共約一千萬兩。[81] 可見香山對廣東地區供應的，主要是食品類的農副產品、布匹絲綢等手工業品；與此同時，商賈市販，也有大量的人力需求，包括在內河船運的操作及搬運方面的勞工。在清宣統二年（1910），縣城（石岐）人口已達 10,451 戶，68,126 人；[82] 而城外各區各段各鄉共二十三段，住戶有一百多至四千多戶不等。從上述數據可看到香山縣的人口、種植的繁榮，及其與澳門的民生的關係。不管是經濟、運輸，還是在內河上人口的流動，都是密切相關的。如此，有經濟推動族群流動的外因，足以帶動文化的發展或變化。但是其中推動族群留下，經濟不一定是主因。

明嘉靖三十六年（1557）葡萄牙人開始固定停泊船在澳門，並建房舍。是年至清道光二十七年（1847）是澳門的雙權管治期。香山縣內設一高級管理蠔鏡澳的機關，明朝設立了提調、備倭、巡緝三個官方機構，為最高行政管理、港口巡查保衛、城內治安軍事最高官員海道副使。而清代設立的兩廣總督是最高的管理廣東、廣西政務的官員。明萬曆四十一年（1613）俞安性的《海道禁約》，在經濟政治上規限葡人在澳門的活動。但明天啟二年（1622）荷蘭人與葡人在澳門的葡荷之戰，明政府確實對葡人作出糧食的直接支援，從香山運來米酒，使得葡人獲勝。[83] 雖然，明朝政府對澳門的供需有所支持，但往往在社會轉移中，兩方都在拉鋸。在萬曆二年雖然設立關閘，防禦洋人，但到"嘉慶

---

81 《香山縣志續編》，頁 2029-2031。
82 同上，卷二，輿地，戶口表，頁 2033。表中第八段長洲，有 1,888 戶，頁 2035。
83 參看林發欽：《澳門史稿》，〈一六二二年荷蘭攻奪澳門始末〉，中國以物資支持葡人對抗荷蘭人的研究（澳門：澳門近代文學學會，2005 年），頁 111-112。

十四年（1809），立遊擊專營為前山營添關閘汛，以把總一員駐防。後改都司專營歸香山協管轄。道光二十一年（1841），新建拉塔石礮台，將把總移駐礮台，仍兼管關閘汛務。道光二十九年（1849），將該把總及礮位防兵，退遷望廈村山後。其關閘汛牆，於同治十三（1874）年被洋人毀拆，改建祿衣館，並設大閘門。竟將三巴門以北至關閘地方稱為葡界，澳門對面地名灣仔，公共一海……"。[84] 本來關閘設防就只為防洋人，把控陸地的供給、經濟、政治，規限洋人。到清代道光末，葡人以攻佔關閘陸地為主權的控制，葡人一直只能在附近島嶼游弋，未能佔據內河船道。青洲、氹仔、路環都是在清光緒十六年（1890）才正式佔據。[85] 所以民生所需，即使在陸地設立關口，內河船道卻一直未受影響。在清康熙二十三年（1684）已經設立粵海關澳門總口，在關口設了四個口岸點，徵收關稅。清政府對華人的徵稅，至清道光二十七年（1847）前實未被影響。

關稅的徵收不單是因為葡人的問題，加設到四個，就是因為澳門的人口數量已有不少，外內供需，需要監控。早期清順治七年（1650）在前山寨駐軍人數從明末的 500 人，增加至 1,000 人。澳門本來地小人也少，13 世紀以前，僅有幾百人。南宋末抗元的軍隊還是逃避元人的南來民眾，在元朝成立（1276）前後留下來，成為澳門人。16 世紀，葡萄牙人進入澳門。17 世紀 50 年代，順治初年，因為政治交替，澳門人口增加至 40,000 人，當中中國人佔 20,000，葡人及外國人佔 6,000 左右。這個人口數字，到了康熙三十九年（1700）銳減至 4,900 人，中國人佔 4,000 人，葡人佔 900 人，這是加徵葡人關稅及倭寇猖獗所致。清乾隆十五年（1750）至清道光五年（1825），澳門人口一直維持在 20,000 至 22,000 左右，中國人約佔 19,000 左右。這個數字一直有所增長，至道光十五年（1835）增至逾 30,000 人，但鴉片戰爭爆發，影響經濟民生，道光十九年

84 《香山縣志續編》卷六，海防，頁 2246。

85 同上，卷十六，紀事，頁 2539。

（1839）曾一度跌至 13,000 人，中國人只佔 7,033 人，葡人佔 5,612 人，外國人佔 355 人。但從道光二十年（1840）鴉片戰爭爆發後才增長至 78,000 人，雖然這時五口通商，可能商貿利益不會只靠南方的港口，然北方在與英法爆發第二次鴉片戰爭，南方的港口則相對較為平靜。即使道光二十七年（1847），澳門正式被葡人佔領，惟商貿事物、民生補給，靠香山供應，除了抽稅須依據葡人外，某些內河、陸路的買賣，還算是可以的，生活更比廣州或北方的大港穩定，所以當鴉片戰爭後，至清光緒四年（1878），澳門有 59,959 人，而在清宣統三年（1910）更有 83,894 人。從 20 世紀初至 50 年代，澳門的人口因為清末的政權更迭、內戰、抗日戰爭等原因而大幅度增加，1940 年增加至 400,000 人。如此看來，要從一小漁村變成能容納超過 200,000 人的地方，除了靠本來西江沖積成的蓮莖，把澳門與前山連成一個半島之外，更需要填海造地，澳門的第一次填海是在 1866 年至 1910 年的半島北灣和淺灣工程，這為期 44 年的填海工程增加了 3.35 平方公里，基本奠定澳門半島今天的形貌 —— 半島的西側從望廈山蓮峯廟至媽閣廟的沿岸，築起寬闊的大道及路堤，更將青洲島連起來；更把澳門的東南沿海築成寬闊平坦的榕樹大道。這已經把今天澳門半島的狀貌奠定了，使得澳門能於抗日時期容納 400,000 人。[86] 從 1840 年後遷移到澳門的中國人，多集中在關閘青洲以南，沿望廈山、內河一直而下媽閣廟下環街一帶，可以說從大三巴至三街會館畫一條線，再由三街會館到媽閣廟畫一條線，在線的左邊，即澳門的西南、西北邊，當時都是中國人集中聚居的地方。

　　雖說，清代關閘初期規定一星期開放一次以供所需，但實際是與葡人做買賣，葡人沒有能力對內河船作出大量的干預。石岐與澳門的河道政商關係，自明末已經清晰開始：清代乾隆、道光、光緒年間的《香山縣志》對澳門的記載，在清乾隆朝暴煜《香山縣志》卷八壇廟條上記了有 "新廟，祀天后諸神，

86 所有澳門人口數字，均參考自黃啟臣：《澳門歷史（自遠古—1840 年）》（澳門：澳門歷史學會，1995 年），頁 8-13。

在澳門蓮峯山，土人建"之外，同卷中津渡條還有澳門至石岐、高瀾三竈至石岐、澳門往新會江門的記載。清道光年間的《香山縣志》梁津條下還注明"新橋舊橋在澳門西北"，又說：

> 長行渡：石岐往省城五……往澳門大馬頭順搭沙尾前山三竈一 往澳門沙環仔一……往沙梨頭澳門唐家海門一 往澳門前山竈貝一……往前山翠微蚸洲孖洲沙尾北山澳門一……往澳門沙梨頭大涌赤坎一 往澳門菓欄馬頭一 往三竈大涌牛婆塱運塘澳門一 往茅灣平嵐雍陌石塘烏石順搭澳門蚸洲孖洲坦洲一……澳門往新會江門二……雍陌往澳門順搭涌尾古鶴石塘外埔前壠大埔一……北山灣仔過澳門一……前山過澳門馬頭一 [87]

道光年間澳門水路在未填海前，內港碼頭實有不少，像沙欄仔、大碼頭、沙梨頭等。清光緒《香山縣志》宣統二年（1910）記中，卷四梁津，記長行渡："小欖往省城（筆者按：廣州）渡二，曰恆記，曰德記。一辰刻往省，一午刻返欖。用一輪船往返拖帶。總名曰恆德公司，由商人合股而成（採訪冊）。按小欖居香山之上游，其石岐渡之往省城、佛山、陳村、官山、大良、龍由、龍江、九江、容奇、桂洲、黃圃、黃連、勒樓、甘竹等處者，路所必經，都（筆者按：縣鄉）人順搭，上落日十百人，甚為利便，其灣泊處，有馬頭二：一為成美堂馬頭，一為麥氏學校馬頭，地址相去不遠，各占權利建築之費不貲，規模宏敞，上蓋木屋，下駕波濤，為一邑馬頭之鉅觀。"[88] 可見清宣統年間石岐航運的規模甚大，乘搭人數之眾，以及香山各都的繁榮。加上商販聚集，更另有

87《香山縣志》卷八，廟壇，頁 907；卷八，津渡到石岐，頁 915-920。祝淮修：《新修香山縣志》（道光七年）卷二，梁津條下，對新橋的記載，頁 314；對渡輪的記載，頁 316-321。
88《香山縣志續編》，頁 2219。

16 條長行渡船到省縣各地，每週有較為固定的開船時間。這些渡輪既用以運輸茶葉、貨物，也用來載人。其中有："鴉岡餉渡往來鴉岡澳門……由小濠涌往來澳門輪拖渡一"。[89] 這個清宣統年間補記的部分，還有談橫水渡的資料，但這些都少有涉及澳門的渡船，橫水渡的甚至沒有與澳門相關的，正因為澳門這時已由葡人管理了。而其中有一個航線，據 1950 年 5 月 24 日的《市民日報》曾報導 "港瓊海運復通，澳門尚無朕兆"。原來澳門在民國年間還保持着瓊澳的航運，到了抗日戰爭後才停運。這就可以肯定，在海線航行上，澳門跟海南島（清代的瓊州府）該在清代與民國年間有一定的聯繫。澳門對中山的依靠一直至抗日戰爭後，1960 年以前的報紙，每天都有報導石岐的價格與航運狀況，可見在主權與供輸上，澳門對石岐還是很依靠的。

因為船運、經濟的原因，不少香山人到澳門來經營生活，甚至因為政局的變遷，在澳門第一次增加人口的鴉片戰爭的前後，就已經開始遷至澳門。這個通商的事實在清道光年間的縣志裡已經看得很清楚。而光緒年間開始續修的香山縣志中多記載林姓、鄭姓等的買賣，更加知道澳門與香山的海舶、稅收、媽祖文化的聯繫，[90] 加上縣志中對不少官員的記載，像龐尚鵬、趙允菁等在香山（筆者按：1925 年 "香山" 才改稱 "中山"）、前山或澳門的落戶，[91] 盡顯中山族群與澳門今天的族群及民俗的建構，是一脈相承的。

2．香山人在澳門的情況

從上節我們知道，廣東人遷移後多做小販、買賣、耕作從商，前述清宣統年間澳門輸入的鮮鹹魚達數十萬兩算，魚獲買賣是一種大型的必需的買賣。況

89《香山縣志續編》，頁 2220。

90 參看黃鴻釗：〈澳門與香山的歷史文化淵源〉，載於黃鴻釗編著：《鏡海濤聲》（中山：政協廣東省中山市委員會中山文史編輯部出版，1999 年），頁 1-25。

91 印光任等著：《澳門記畧·澳門志畧》，其下冊《澳門志畧》實為 "下恭常都" 地區為祝淮主修《香山縣志》所做的採訪冊（北京：國家圖書館出版社，2010 年）。

且從鴉片戰爭後，當時澳門的居民日增，澳門又是一個魚獲豐富的港口，魚販賣鮮鹹魚是當時人口密集的地區的大生意。香山人本身因為沙田地貌，多少與魚獲、鹽業有其淵源。當他們遷移往外，選擇工作或經營時，從事魚販、魚工或經營魚欄的職業，販賣、銷售或轉售魚獲，不無可能。從蓮峯廟在光緒二年（1876）重建的碑上，分門別類記載了捐助的不同行業的公司行號，其中魚行有 78 家商號之多。[92]1920 年，澳門人口有 83,894（中國人佔 79,807），[93]據統計當時（1921）登記的漁民有 60,000，佔全澳的 71%。當然魚獲豐富，能便於進行魚獲買賣，才會聚集漁民的來往，所以當時在澳門內港僅是下環街一帶，就有魚欄達 60 家之多。由於澳門漁業有相當一部分出口外銷，以海鮮、魚乾、鹹魚來出口。魚類的出口總值在 1930 年達 250 萬葡幣，佔當時出口總值 945 萬葡幣的 26%。[94]可見陸上的魚業及海上漁業的配合，是澳門當時社會的一大經濟支柱，更為內陸居民供給了一種必要食品。看 1940 年 5 月 17 日《華僑報》，當時抗日戰爭已經爆發，標題為 "本澳鹹魚業　一落千丈　來貨缺乏去貨亦不易"：

> （本報專訪）自華南各地戰事未發生以前，交通異常便利。本澳銷貨於內地者，更為大宗。查其唯一之貨物及鄉民所必需者，首推鹹魚與生鹽等，其餘麵粉及糖油火水則次之，而鹹魚業前此甚為暢旺，業此者多至三四十間。惟自戰事發生地後，水道交通，險阻重生，各漁船以出海捕魚，多有遭遇不幸者，遂裹足不前。最近本澳鹽魚欄受環境之影響，故多數停業，雖有掉住門面，而日中皮費，亦多虧蝕。大有一落千丈之景況。記者昨據魚業中人稱，本澳

---

92 譚世寶：《金石銘刻的澳門史：明清澳門廟宇碑刻鐘銘集錄研究》中〈乙亥年重修蓮峯廟碑記〉有 78 家魚行具名捐款。廣州：廣東人民出版社，2006 年，頁 200-201。

93 《澳門歷史（自遠古—1840 年）》，頁 9。

94 參看芮立平：〈民國時期澳門的社會經濟〉，黃鴻釗編著《鏡海濤聲》，頁 253-254。

鹹魚，向銷於三埠中山，及順德之容奇、陳村等鄉為大宗，來貨則
靠出海漁船及香港方面供給，每欄每日到貨數百担至千餘担，生意
異常蓬勃，前後設立者亦有十餘間。乃近自河道不通，三埠中山等
地，無法去貨。故鹹魚一業，現存澳各鹹魚欄，每日來貨及銷貨，
不及以前一間之數，相差甚遠。真有今昔之感云。（民）

這可見在抗日戰爭以前，澳門的魚業販賣轉口的盛況，以及與中山的密切關
係。而且石岐縣城的作用，一直都影響着澳門，因為從查到的 1937 年 11 月
刊行的《華僑報》，每隔天都會匯報石岐的銷情、米鹽價格、供需詳請，甚至
石岐招募義勇壯丁 [95] 的消息，後來抗日時期，更是每天都有報導。中山與澳門
息息相關，從清末甲午之後，澳門人口轉多，人與事、物、商業都有莫大的
關聯。

　　中山人與澳門的魚業的發展，與澳門的民生緊緊地扣在一起該有一百多
年。[96] 近世紀著名的澳門的中山人，有鄭文瑞、鄭觀應、曹有和、曹善業（民初
的慈善家）、黃漢興（佛笑樓的老闆）、劉衡仲（何賢的得力助手）、蔡繼有等。

　　澳門的鮮鹹魚行業，自清末以來，主以中山族群做經營，一直保有愛國與
團結精神，可能因為旅居他鄉，故常常以國家的盛衰為念，所以對於一切救國
救災的活動，都主動參與。且希望能透過團結精誠的日子 —— 四月八日，來
凸顯中山族群的團結，維繫農業倫理與時間倫理，尤其在 20 世紀魚業興盛的
日子，當中的意義重大，必須祈福與慶祝。所以，舞醉龍這個日子，是最能代

95《華僑報》（1937 年 11 月 20 日第二版）。

96《華僑報》（1975 年 5 月 7 日第 6 版）。黃衫客 "濠江舊話" 專欄〈浴佛節舞醉龍〉，談到中
山人多從事鮮魚行業，而舞醉龍是源自中山石岐的習俗。

表他們族群、行業團結的日子。[97]

3. 澳門舞醉龍的傳入

　　舞醉龍的形式如何？在澳門又是何時開始呢？舞醉龍的方式，從清光緒五年（1879）陳澧《重修香山縣志》，卷五〈輿地下〉風俗可見，前節已經列了出來。陳澧本着不要讓風俗分其厚薄的精神，對四月八日習俗有詳細的記載。第一句仍是寫浴佛節慶的活動，日期四月初八，後面大部分是村中的刻龍、金鼓驅疫、舞者首插金花，操龍而舞且醉的記載；並指出這種轉龍會做上八天到半月不等。這是清光緒年間的形式。[98] 光緒年間沒有談到唱龍歌、洗龍和把龍加繪待端午節的部分，這有些出現在瓊州府之中，對木龍的處理，瓊州的記載只是在明嘉靖時多於《香山縣志》的記載。而這類民間民俗的記載，不離後出轉精、踵事增華的處理。往後與舞醉龍的源頭相關的記載，陸續有清乾隆、道光、同治年間的《香山縣志》，以同治年間的條目最豐富：往後究竟如何"磨揉遷革，使之共趨於厚，而躬蹈其弊者，或亦思所返也"（清宣統二年〔陳澧〕《香山縣志續編》）則不得而知，當中沒有轉龍頭的記載，沒有時序條，而風

97　澳門魚行的愛國、愛鄉、愛族群、結義的行為，從 1937 年 11 月歡迎巴波沙總督第二次來澳履職的巡遊照片可見。參看陳浩星主編，黃德鴻等著：《永不回來的風景：澳門昔日生活照片》（澳門：澳門藝術博物館，2001 年），頁 128-129。澳門魚行並在抗日戰爭時長期捐款，1946 年 5 月 9 日即農曆四月八日，《華僑報》第 3 版刊登澳門魚業聯合會成立時，請中央黨支部的委員、專員與會，請港九澳漁業勞工福利會的代表參與。50 年代的《華僑報》亦常於四月八日刊登魚行把醉龍的籌備款項捐到鏡湖醫院或創辦鮮魚子弟學校的消息。1968 年 5 月 3 日，《華僑報》第 4 版，魚行團結節日定出慶祝辦法，以宣傳毛澤東思想文藝演出。這些資料，在在看出澳門魚行對自己業界與國家、人民的團結精神。

98　《重修香山縣志》："四月八日浮屠浴佛。諸神廟雕飾木龍，細民金鼓旗幟，醉舞中衢，以逐疫。曰轉龍。（祝志）首插金花操木龍而舞，舁酒隨之，有醉至死者。舊惟八日有之，十年間輾轉至半月不息，踵事增華，近益靡麗。（採訪冊）"（《中山文獻（第五冊）》，頁 227）陳澧在記風俗前有一按語："謹案：風俗不能有厚而無薄，自古而然，即天下莫不然。其厚者可嘉，其薄者不必諱也。舊志所載風俗，詳於厚，而略於薄。茲即採訪所登，概為增入人心升降，氣運盛衰，所關至重庶。使操轉移風俗之權者，知其弊而磨揉遷革，使之共趨於厚，而躬蹈其弊者，或亦思所返也。" 頁 223-224。

俗條亦只談及當時社會惡習，這可能因為續編目的為補充前者不足，加上時代更迭，希望表現新思維，以達革新習俗的目的。

　　清光緒年間陳澧記載的舞醉龍，對時間、木龍（有金花插龍首為飾）、醉舞、街中轉龍、帶酒隨行等的記敘，完全看到今天澳門舞醉龍部分的形態。其他的形態如瓊州的刻龍首尾，澳門還可看到端倪；而屈大均說的花餅就變為欒樨餅，作驅疫之用，而洗龍的形式，澳門的舞醉龍則已沒有了（澳門沒有溪流作洗龍之用）。可見一種習俗或民間的節日活動，會隨時間、地域、地勢及族群的遷移而有不同的轉變，這種轉變會因應族群的記憶、地方的習慣、活動的目的與所需的範圍，而有所修改。澳門的舞醉龍，如果需要洗龍，則需要聚集族群到海邊，這個跟社會的發展，魚欄商號的經營，葡人的城市管理等有關，或因此導致洗龍的儀式的消失，實未可知。《香山縣志》記載清代舞醉龍活動的盛況可持續半月長，甚至有因醉致死者。而當清亡新中國成立後，這種盛況在中山，好像已不再現，但 20 世紀上半葉，中山曾有民謠流傳：「四月八，轉龍頭，人愁鬼亦愁，人愁無米煮，鬼愁無竇躝。」可見中山在上世紀初中葉，仍有人在四月初八以舞醉龍為樂。[99]

　　中山舞醉龍與澳門舞醉龍的關係，該開始於 19 世紀末到 20 世紀中葉之間。除了因為人口增多，有商業經濟需求而聚集族群，還有政治的原因，與中山相連。根據〈石岐的歷史沿革〉[100] 的敘述，從元代開始，石岐已是香山縣縣政府機構的所在地，到了民國元年（1911）石岐還是縣城，但自民國十九年（1930）起，石岐往往處於政治動盪中，曾兩度把縣政府遷出，1940 年更淪陷於日軍之手，自建國後的 1952 年起，石岐中山縣行政區域的地位才穩定下來。這在在印證了 19 世紀末至 20 世紀 50 年代這個時段的時局動盪，戰爭頻

99　陳紹錦，〈四月八拜菩薩〉，《中山日報》（2012 年 6 月 17 日第 3 版）。

100　中山市人民政府石岐區辦事處 —— 石岐的歷史沿革，http://www.shiqi.gov.cn/DocHtml/1/Article_20141183735.html。

繁，導致中山有不少鄉民到澳門來避難或移居，澳門地理上與石岐或中山區域的內河相連，更立體地看到澳門與中山的關係。而且，如果説澳門舞醉龍早於1840年鴉片戰爭出現，從側面的記載推測，相信應該沒有可能。因為翻查一些法國、德國及英國來澳門從商、畫畫與傳教的外國人的寫作，都幾乎沒有對舞醉龍有記載。其中如夏爾勒·德·貢斯當（Charles de Constant），他在中國逗留了13年（1779-1792），在中國經商，三次來到澳門度假。他寫了多篇關於中國經濟的評論，以及對中國人的觀察，但沒有提及澳門舞醉龍之事。而著名法國畫家奧古斯特·博爾傑（Auguste Borget），1838年10月至1839年6月在澳門度過，他畫了那幅著名的媽閣廟看神功戲棚的畫，但沒有看到澳門有舞醉龍。另外，于勒·埃及爾（Jules Itier）從1844年至1846年，常在澳門及廣州流轉，同樣沒有相關的記載。至於傳教士馬禮遜（Robert Morrison），他寫了《華英字典》，當中沒有對這個習俗作出片字隻語的描述，在解釋龍字時，也沒有與醉相關的詞語舉例。而查上述這些外國人，他們逗留澳門期間，一定有經過四月八日這一天，而舞醉龍在營地街市三街會館舉行，一個華洋雜處的生活經濟區域，他們或多或少該聽到這種習俗的舉行。所以，從內從外看，舞醉龍在澳門的舞動，該是在鴉片戰爭後，19世紀末左右開始的。

文化發展往往會有一種反求諸野的方式，正如瓊島的四月八日舞醉龍的痕跡沒有了，但它原本是來自廣東或中原，雖然後來因為國人的遷移、官員的調動，使得這種醉龍的形式不復存在，但它的某些形式又傳回到廣東地區及澳門。如此，反求諸野的形式，像1980年從澳門回傳中山的交流，使曾經中斷過的醉龍習俗，又在中山恢復，只是後來形式有所不同。1991年5月20日江古路在《華僑報》第20版"舞醉龍的傳説"中説：

> 本澳因鄰近中山縣，這種四月初八舞醉龍的習俗亦流行了很久，……當然中山、珠海一帶亦有舞醉龍習俗，不過經"文革"洗禮的一段時間，這種民俗已漸被人遺忘了。可幸改革開放，舞醉龍

活動逐漸又回復。一九八零年四月初八，本澳魚行工友，特地組織
了一支醉龍隊回鄉探親表演。當天，中山縣城萬人空巷，人們興高
采烈地觀賞了本澳魚行工友的舞醉龍的精彩表演，讚不絕口，古老
的舞醉龍活動，在其故鄉 —— 中山縣更蓬勃開展，顯現出民俗美的
新姿。[101]

中山舞醉龍因文革而一度完全消失。到 70 年代改革開放之始，當時中山市文
化部門曾組團訪問澳門魚行及觀摩四月初八的醉龍出巡。80 年代，澳門醉龍
隊亦開始回訪中山，為中山醉龍留下薪傳之火。而中山醉龍在 1996 年開始進
入搶救和整理工作。不過，透過重新組隊、培育新人、添置新龍、編排套路培
育出來的舞醉龍，卻被歸為 "民間舞蹈藝術類"。中山的醉龍現在是一種舞蹈
的表達形式，跟澳門舞醉龍的形式與舞動的龍姿均有所不同，下節將有詳細的
比較。

依據以上的梳理，舞醉龍在澳門的出現，不離鴉片戰爭的關係，政治經濟
的原因使當時在省府及縣內生活的香山人，需要另覓出路，藉助內河船渡的力
量，藉着同鄉的聯繫，從香山遷移到澳門，目的是躲避戰火亂世，求生計、求
出路。鴉片戰爭後的澳門人口聚集，需要大量的勞動人口及商賈買賣運輸，對
善於在河道上生活的香山人來說，不管是販賣，還是作為經營者，香山人自
古的靠水為生的習性、生活智慧的靈活性、以前經營沙田而固有的基因、面對
風浪的能耐，以及族群團結的驅使，都成為其在澳門駐足生活的原動力。而能
夠體現他們地方的族群力量的，在精神上就是藉着舞醉龍來表現，在形式上把
不同的個體以似斷非斷、似醉非醉的個體連在一起，在實體上以醉龍的舞動，
把整個族群甚至澳門與中山的人們聯繫起來、團結起來。舞醉龍從陳澧的《香

---

101 按《華僑報》的電子資料庫中，這條報導原文用 "漁行" 一詞，該為 "魚行"。另原文用 "維
織"，今改 "組織"。

山縣志》後，再沒有寫在縣志上，但利用人脈的、鄉誼的傳播，四月八日的起舞，從香山舞動到澳門，雖然沒有正式官方的痕跡，但在人們的行為與血液上，真正表現出從香山到澳門的民俗相連，從社群的團結上看出民俗的倫理智慧和時間的動能，把地方、族群與精神力量連成一線。中山、醉龍與澳門的聯繫，確確實實出現在澳門自 20 世紀開始的不同記載中，而族群亦能夠連成一線地把團結的人倫倫理，體現在四月八日的時間倫理、農時倫理，以及對生活與經濟的祈願上。[102]

五　澳門舞醉龍的發展

1. 澳門魚行與澳門舞醉龍

　　民間文化之傳遞發展往往與地區的經濟情況息息相關，澳門的舞醉龍亦如此。正如前述，在鴉片戰爭以前，中山人口遷移，經濟發展，澳門雖為明、清兩代與西方各國貿易交往的中轉站，但成熟的經濟制度在澳門的華人社圈尚未形成。鴉片戰爭以後，隨着各個時期人口的大量遷入，華人聚合形成一股強大力量，他們組織經商，且積極參與澳門的各種活動，影響力遍及政界和商界，這就是推動澳門文化發展的動力泉源。

　　自鴉片戰爭後，香港的開埠令原本已走下坡的澳門經濟更受重創，葡萄牙人藉當時清政府國力之衰退，借機擴張在澳門的勢力範圍，最終奪取整個澳門的控制權和統治權，澳門由是進入葡治時期。此後澳葡政府在經濟上曾實行多項措施，其中比較重要的為單方面宣告澳門為自由港，並推行自由經濟政策，[103] 鼓勵自由競爭。緊隨其後的是承充制之實施，讓某人或某團體通過競投方式，取得某一商業領域的壟斷控制，並附有嚴格的條文規定予以監管，投得者須定期向政府繳交定額款項，以換取該行業或服務的專營權和受到澳葡政府的保護。這種專營制度配合自由經濟體政策，直接改變了當時澳門的經濟結構，成為晚清經濟中一個特殊現象。另一方面，在香港開埠之初，澳門便失去原有的地位，大量外商轉移到香港發展，令澳門人口銳減、經濟嚴重受挫："……葡國既無商船來往，澳門別無地利可圖，市面蕭條，人情渙散，其坐困

---

103 當時的自由經濟政策實質上不論商人的出身或背景，他們可利用自身的資源，更可組織合攏營商，獲取利益。

情形，可立而待。"[104] 同一時期，鴉片戰爭後的中華大地接連遭受戰火摧殘，社會動盪不安，大量原本居住在內地的華人遷到澳門生活，當中有些是逃避戰火的平民百姓，但也不乏名紳貴胄。他們的到來不但為澳門帶來了大量的勞動力和財富，更重要的是補充了澳門流失至外地的人口，而且剛好與澳葡政府推行的"自由經濟"及承充制度相互契合，許多行業均由華商專營："承充制度甫一開始，一些有經濟實力的華商就對此投入極大的熱情，並最終獲取博彩、鴉片、魚鹽、牛肉、豬肉、火水、火藥等商品專賣權⋯⋯，絕大多數年度的專營權被華商競得。"[105] 華商通過這種專營制度獲得某行業的壟斷地位而獲取豐厚利潤，由此累積財富，為日後華人之結社及發展打下基礎。

踏入 20 世紀，華商一躍成為澳門的富裕階層。在以澳葡政府於鴉片戰爭後所實行的經濟政策為大前提下，澳門華商雖可通過壟斷澳門的各種行業而致富，但同時亦受到澳葡政府的諸多打壓和限制，因此他們必須凝聚團結起來，其根本目的是為了保護自身的利益和維持華商在澳門的地位，這是華商發展過程中的重要特徵，因此各行各業均出現具有工商性質的社群，而社群凝聚的結果便是社團的成立。這就是把前述的各大小自由經濟體，以其行業、族群的團結、集社為依歸，而澳門魚行是當時唯一 —— 至今天或者仍是唯一的，一個以行業為主體並具有族群核心的團體組織。[106] 除此之外，由澳門漁業的發展角度來看，其社團之成立還受到了當時澳葡政府的驅使：

鑑於自由買賣章程不宜於澳門地區生意，亦無益於政府國課，

---

[104] 王彥威、王亮：《清季外交史料》卷七十三，頁 18。轉引吳志良、金國平、湯開建編著：《澳門史新編（第一冊）》（澳門：澳門基金會，2008 年），頁 224。

[105] 《澳門史新編（第一冊）》，頁 227。

[106] 澳門的中山同鄉會在 20 世紀 50 年代已經成立，主為中山的商人，來自不同大小縣市。另外，澳門 80 年代起有三鄉同鄉會、珠海同鄉會、隆都同鄉會等紛紛成立，這些都僅僅以鄉誼聯繫，並非如澳門魚行以行業，而又有大部分相同籍貫的結社性質。當然，當初並非全因中山的地緣，但當他們結社後，就發現這種地緣關係的情誼可以與職業掛鈎起來。

即澳門漁業生意既不可歸一人承充，又不便任各人自由貿易，兩者
均屬不宜，故澳門政府遵照葡國律例，設立澳門魚商行，歸其承
辦，並規定澳門所有漁業商人均可入行。[107]

從上面的報導可看出澳門魚行的成立是由於澳葡政府欲改變以往的承充制度，
實行統一管理。據現時搜集到的資料顯示，澳門最早關於漁業的社團是聯群益
魚業工會。[108] 在抗日戰爭時期，澳門魚行一直積極參與捐款活動，並於 1932 年
2 月 28 日舉行的會議中，除將募集的七千餘元匯滬之外，還公決三條辦法以集
資金，直至戰爭停息為止。[109] 除了顯示魚行的愛國熱心，魚行內部是以設立公
約的形式來進行籌款，證明當時的魚行已是一個有相當組織性的社團，並活躍
於澳門商界。

後來於 1946 年成立的 "魚業聯合會" [110] 將魚行更作分類：

該會會址在營地大街九十四號二樓，另分三組，甲組（即原日
鮮鹹魚欄行）辦事處在下環如意巷五號三樓，乙組（即原日鮮魚市
販行）辦事處新馬路四十九號三樓，丙組（即原日鹹魚買手振興行）
辦事處海邊新街一百七十一號二樓……[111]

---

107 《澳門政府憲報》（1991 年 7 月 1 日第 1 號），轉引吳志良、湯開建、金國平：《澳門編年史
（第四卷）》（廣州：廣東人民出版社），頁 2193。

108 婁勝華：《轉型時期澳門社團研究 —— 多元社會中法團主義體制解析》（廣州：廣東人民出
版社，2004 年），頁 351〈附錄〉的表格中。這裡要指出的是，聯群益魚業工會是在 1922 年
澳門的罷工風潮中被列入澳葡政府暫定運作名單的社團之一，由此可見，在 20 世紀 20 年代
或之前，澳門魚業已出現具有一定規模的社團。

109 陳樹榮：《籌賑兵災》（澳門：君亮堂出版社，2012 年），頁 23。

110 《華僑報》（1946 年 5 月 9 日）。同樣根據《華僑報》於 1957 年 5 月 8 日的一份報導所得，
當時有 "鮮魚職工聯合會" 十一週年會慶，這與魚業聯合會成立的時間吻合，因此相信 "魚
業聯合會" 已在 1957 年或更早之前就更名為 "鮮魚職工聯合會"。

111 《市民日報》（1946 年 5 月 9 日）。

從上面的記錄可知當時的魚業聯合會已包括魚欄和市販在內，雖然社團架構尚未成熟，涵蓋範圍和職能分佈仍未清晰明確，但已顯示出魚行內部集中人員的趨勢。與此同時，魚行內的一些福利性社團也相繼出現，如於 1956 年成立的澳門新橋市鮮魚福利會（即現在的紅街市鮮魚福利會）、1960 年的營地街市鮮魚福利會等，[112] 都標誌着澳門陸續有與魚業周邊有關的社區，亦即以街市為中心的工人社團出現。據澳門鮮魚行總會的記錄，1960 年澳門鮮魚市販職工聯合會的會員中，以籍貫中山的會員數量最多，加上今日的澳門鮮魚行總會副會長張國柱先生的口述印證，他家祖籍中山石岐，從祖父輩起已在營地街市賣魚，也見證營地街市（20 世紀澳門主要的最大的街市）的魚販主為中山人。

又以新橋市鮮魚福利會為例，當時只要在澳門新橋街市從業鮮魚的市販及職工，都能申請入會，而福利內容可體現在日常開支、重要時節的禮品、人員離世之慰問金，甚至平常的早餐、宵夜或晚飯等等，皆能説明在這段時期內，魚行內部已有更細化的社團組織出現，其職能也漸趨具體及有針對性，也體現了魚行內部的擴大與連結，具有團結該社區從業工人的意義。至 1963 年的浴佛節中，魚行醉龍醒獅大會就是由 "本澳魚欄商，市販，職工業等聯合組成之籌委會籌備"。[113] 這裡可以看出此時推動魚行舞醉龍的人員已包括街市內的職工（即為在街市中其他工作者），範圍更加廣大，他們聯合起來組成籌委會共同舉辦，令舞醉龍變成一種民俗活動（具有具體的儀式、活動及目標），此為魚行中的人員團結凝聚的最好證明。及後此會又更名為 "鮮魚市販職工聯合會"，將批發和零售範疇的不同人士進一步集中起來。且看魚行在不同時期對於舞醉龍的活動的稱謂，也可看到發展、變遷的端倪。據《華僑報》上的記載，1966年及以前都把四月初八日叫 "醉龍醒獅大會"，1967 年至 1980 年多以魚行 "團

---

112 根據營地街市的張國柱先生口述，營地街市鮮魚福利會於 1960 年正式成立，會址就在當今三街會館旁邊的小屋，此地亦即昔日的 "閩澳公所" 之所在地。據 2017 年 12 月 2 日筆者團隊訪問張國柱先生於澳門營地街市鮮魚福利會。

113〈今日浴佛節　魚行舞醉龍　港九行友來澳參加敍餐〉，《華僑報》（1963 年 5 月 1 日）。

圖 2-2 1960 年營地街市鮮魚福利會於閩澳公所成立
（由今營地街市鮮魚福利會會長張國柱先生提供）

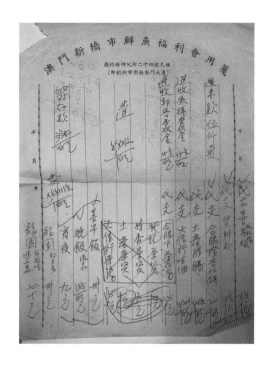

圖 2-3 新橋市鮮魚福利會的開支賬目

結日"來稱呼，1981 年則開始用"醉龍醒獅大會"的稱謂，持續至今。

　　1991 年，鮮魚市販職工聯合會與海產魚商總會合併，稱為鮮魚行總會。這次合併是集中澳門整個漁民行業力量的結果，這與時代之改變令漁業受到衝擊而逐漸衰落有關，卻也代表了在受到衝擊時，華人商會自然地凝聚起來共同面對的特質，同時鮮魚行總會的成立，致今澳門漁業財力和人力資源高度集中起來，是澳門醉龍民俗活動得以延續及產生成為醉龍節的關鍵因素。

2. 20 世紀中葉以前的澳門舞醉龍

　　地域相連、中山人到澳門定居之盛，以及族群與澳門魚行團體的形成，已如前述，反映地緣、人緣與習俗信仰的活動，是聯繫起來的。而澳門舞醉龍的文字記載，以及關於澳門魚行的舞醉龍活動，可以找到的最早的資料記載，則出現在不同的口述資料中。根據澳門鮮魚行的劉惠洪師傅（1926- ）所憶述：在他十多歲時，魚行已經有辦醉龍活動，而他在不足 10 歲時已在南京街市（河邊新街附近，已結業）看醉龍表演。[114] 在戰前所舞的醉龍是三節的，包括龍頭、龍身、龍尾；魚行子弟更手持各式各樣的魚燈，於四月八日在全澳巡遊，祈求風調雨順，國泰民安，財源廣進。[115] 另根據黃德鴻的回憶，他在小時候跟着家人參加舞醉龍行列去"旺街市"，記得 30 年代有龍船頭飯。[116] 不過，這類

---

[114] 黎東敏：〈醉龍遊鏡海 翩躚舞百年〉，載於《澳門雜誌》（2010 年 8 月第 76 期），頁 32。

[115] 陳棟：〈四月八舞醉龍 展現圖騰色彩〉，載於《澳門雜誌》（1997 年 7 月第 1 期），頁 59。

[116] 黃德鴻生年不詳，但據其《澳門掌故》書中的回憶，他在太平洋戰爭期間（1941-1945）尚是少年；書中他也談到浴佛節魚行舞醉龍："筆者童時吃過不少龍船頭飯，也隨着家人參加舞醉龍的行列去'旺街市'，這個有如出會景的行列是非常壯觀的……領頭而行都是魚行的頭面人物。飄色的飾演小童，亦大都是魚行的子弟，而各種各樣的燈飾，也是魚形的紮作。當然，最為威風是舞醉龍的勇士，他們頭纏神紅、簪花，在灌飲酒水之後，分別舞着龍頭、龍身和龍尾而起舞。"參看黃德鴻：《澳門掌故》（北京：中國文聯出版公司，1999 年），頁 58、282。此見黃先生在 40 年代初是少年，他童年去旺街市時，該是 30 年代時候，其所說的跟劉惠洪所說的一致。

魚燈巡遊的習俗，據張國柱先生所説，已經於上世紀 60 年代開始失傳。[117]

　　據 1940 年 5 月 15 日（四月初九）的《華僑報》第 5 版，標題〈鮮魚行停止舉行轉龍大會〉的記載，因抗戰關係，澳門停止了舞醉龍的活動。這從側面説明舞醉龍在二次大戰前已成為澳門的民間習俗，而組織者就是鮮魚行。

　　戰後，1947 年 5 月 25 日《華僑報》第 3 版上刊登了浴佛節醉龍巡行的消息：

　　　　抗戰多年未見，今年漁行舉辦。農曆四月初八日。乃浴佛節。在曩年例必舉行木龍巡遊會。各該舞龍人則飽餐醉飲後。□街舞弄。本澳該行向例年必一舉。惟抗戰期間。停止舉行已數年。聞今年照常舉行。並有鼓樂。魚燈。夜景。獅子等助慶。想屆時當有一番熱鬧也。[118]

抗戰後的澳門，面臨經濟困難，人口急劇下降的嚴重問題。據 1950 年的統計顯示，澳門人口曾因民眾移回原居地而減少 23%，相信舞醉龍這類自發的民俗活動，無疑亦受到很大的衝擊，致使戰後的 50 年代又停辦了數年，到 1959 年才重新恢復。而根據澳門鮮魚行總會常務理事何智新先生在千禧年間接受《中華民俗大全》訪問時所説，這年重舞醉龍的意義重大，為了彰顯魚行團結，對抗外來惡霸，免其欺凌街市魚欄、魚販、魚工，所以在這一年開始搞團結同行的醉龍巡遊，以幾天的時間籌備，魚行內外同心協力，增強魚販同行的凝聚力，最後把舞醉龍辦好。這一年由鮮魚市販職工聯合會來辦舞醉龍活動，在澳門龍文化傳承和發展中具有特殊的意義，它使舞醉龍成為澳門魚行

---

117 參看澳門博物館：《澳門魚行醉龍節》（澳門：澳門特別行政區政府文化局，2012 年），頁 21。

118《華僑報》歷史資料庫（1947 年 5 月 25 日）。

團結的象徵 [119]。

正如前述，在上世紀 60 年代，舞醉龍是在"醉龍醒獅大會"的名義下進行的。這個可以說是魚行對於舞醉龍自覺舞動的延伸。舞醉龍成為具明確目的性、號召性的團結活動。

1966 年香港的《碩果社》詩刊第九集，刊了醉龍詩，作者鄭春霆（1906-1990，祖籍中山）在詩前有一篇〈醉龍歌〉序：

> 澳門四月八日鮮魚行有舞醉龍之會，蓋循古香山（今中山縣）農村舞木龍而曰轉龍頭之俗也。是日也，日將暮矣，盛筵陳席於營地街三街會館前，席地而坐，大碗酒，大塊肉，盡情痛飲，有覷其貪杯而強健者，益勸之飲，但使酩酊。然後以壯夫兩人左右挾持之，授以木龍高舉而舞。龍為堅木所製，長約三尺，分龍頭龍身龍尾三截，雕鏤龍鱗，漆以金硃，頻舞頻呼"生簡來"，彼其意寓祝魚蝦蟹之生動鮮活也。中有龍王飾鹿角，掛白鬚為群龍之首，必須年逾花甲者，始有資格舞之。於是導以鼓樂、魚燈、飄色等，遍遊全埠街市。途中有略醒者，又強之飲，若不肯飲，則含酒噴之，務令大醉為止。而醉人性必好勝，彼此不肯相讓，期所舞者生動過人，醉態百出，往往使人絕倒，而觀者亦群呼"生簡來"。斯時也，龍鼓大鳴，以助聲勢，舞益烈。轟動一時，蔚為奇觀，深宵始散。[120]

在鄭春霆的筆下，除舉辦的時間 —— 自傍晚至深宵、具魚燈飄色、舞的木龍

119《中華民俗大全（澳門卷）》編輯委員會：《中華民俗大全（澳門卷）》（澳門：《中華民俗大全·澳門卷》編輯委員會，2003 年），頁 634。

120 黃坤堯：〈香港碩果社詩人群的澳門描述〉，載於田豐、呂傑華、沈慧聲：《城市文化形象的塑造 —— 第八屆粵台港澳文化交流研討會論文集》（澳門：澳門基金會，2007 年），頁 84。據黃坤堯教授的資料蒐集，碩果社共有五首醉龍詩的記錄，而鄭春霆是畫家，對澳門當時較純樸的風俗，記錄得真切而富動態；而寫醉龍曲的吳肇鍾，是久居澳門的白鶴派武術的傳人，吳氏的曲寫舞醉龍的動作利落可觀。

為三節和由別人噴酒於舞者身上等與今天不同外，60 年代舞龍過程的其他部分，與今天澳門舞醉龍的形態狀貌，已是基本一致的了。

1968 年鮮魚行業還是很興盛的。即使經過 1966 年的"一二三事件"後的澳門，鮮魚行中的不同街市的鮮魚福利會，如呬嗊街市（呬嗊街即今十月初五街）、內港的興利魚欄、寬利魚欄、通順欄等在 1968 年的國慶綵排比起其他行業都更大、更寬，而且有更多彩圖。[121] 這足見當時鮮魚行在愛國意識以及財政力量上，都很豐厚，行業內也很團結。

但要說明的是，"魚行醉龍醒獅大會"之名在 60 年代曾有改變。這個名稱一直沿用至 1966 年的四月初八；1967 年 5 月 15 日《華僑報》第 4 版上就開始把那天叫做"魚行團結日"。報導是這樣表述的："魚行團結日聯歡大會……在三街會館前舉行，並由鮮魚行友及家屬演出遊藝、武術等節目，計有：造型唱：為人民服務、革命造反歌、毛澤東思想照全球……武術計有：對拆及單人表演等多項……"可見，這是帶有愛國意識的醉龍舞動。

但是，從 1967 年的四月初八這一天往後至 1979 年的四月初八，在《華僑報》中顯示，除了武術、文藝活動，魚行行友還會去路環、中山、灣仔等地外遊，而他們在該日的活動，是用"魚行團結日"去作報導的，沒有明確地交代該年有沒有進行舞醉龍活動，（雖然報紙上沒有報導，但據筆者綜合訪問所得，行內有行友在文革之後，仍私下在這天舞醉龍，沒有中斷這個活動。）但他們並沒有忘記龍文化曾賦予他們的團結精神。澳門魚行沿用這種方式的報導直到 1981 年的四月初八為止，但到 1982 年就改變了。

3. 20 世紀 80 年代以後澳門舞醉龍的發展

從 1982 年的四月初七日（4 月 30 日）開始，《華僑報》又記以"醉龍醒獅大會"的稱號，且說明是澳門魚行的"傳統節目"；1983 年 5 月 19 日第 3 版

---

121 陳樹榮編著：《一九六八年澳門國慶風采》（澳門：君亮堂出版社，2012 年），頁 75-82。

的《華僑報》更開始稱之為"傳統節日",有籌備會的成立,有比以前更詳細的人名表和分工細部。從報導中,我們完全可以感覺到魚行及屬下的民眾"不忘初心",強調團結的重要性,利用舞醉龍的日子,讓大家放下手上的工作、平日買賣上的紛爭不悅,和諧團結,為醉龍、為祈福、為和諧辦好這個舞醉龍活動。[122]

關於舞醉龍活動的隊伍,據 1959 年 5 月 14 日《華僑報》記載,有武術健身班成立參與,"教練是林(繼)昌"。隨後的年份除了舞醉龍,還有不同的拳棍表演記載在當天的活動項目中,也有大頭佛(佛公佛婆)的表演。1973 年開始有記載舞醉龍由謝傑雄、何華添負責籌備醒獅、武術、文藝演出,但 1974 年至 1979 年大多都只言是魚行團結日休息。

1991 年澳門鮮魚行總會成立,把鮮魚市販職工聯合會與海產魚商總會合併,目的在於把分散各街市的商販職工聯合起來,讓與澳門的賣魚業相關的不同層面人士集中為業界做事,擴大團結融合的力量。澳門鮮魚行總會在每年四月八日所舉行的活動,就繼續沿用"醉龍醒獅大會"之名至澳門回歸。

澳門的舞醉龍活動自上世紀 60 年代起至今,還有一項與市民共甘苦、祐平安的活動 —— 派發"龍船頭飯",也叫"龍船頭長壽飯"。從上述鄭春霆的詩序可知,鮮魚行眾人會在三街會館前的盛筵陳席,體現其與澳門其他民眾分甘同味,有福同享的精神,後來終漸變成派龍船頭飯的習俗。澳門居民多流傳說:吃過了龍船頭飯的孩子"精乖伶俐快高長大",[123] 大人好身好運。[124] 如今派龍船頭飯已成為深受市民歡迎的民間習俗,每到四月初八這天,領取龍船頭飯

122《市民日報》(1946 年 5 月 9 日)。

123《華僑報》1940 年 5 月 16 日第 5 版、1995 年 5 月 8 日第 1 版,均如此說。又 1947 年 5 月 28 日第 3 版〈浴佛節即景〉談鮮魚行同志晚飯後大舞木龍外,還記"富家太太,手犁幼童,到魚欄吃飯,據謂:'細佬哥食過聽教聽話'云。"

124《澳門掌故》,頁 59。以及《華僑報》(1940 年 5 月 16 日第 5 版)本埠新聞中,范樂天〈浴佛節〉一文,以芫荽餅稱為佛教的寓意食物,與歲時相關,並謂與添丁之意相合。又參看黎東敏:〈醉龍遊鏡海 翩韆舞百年〉,載於《澳門雜誌》(2010 年 8 月第 76 期),頁 36。

的人群，一早已擠得派發地點水洩不通。據 1995 年《華僑報》5 月 8 日第 1 版所記，營地街市所派發的龍船頭飯多達二萬餘盒。

澳門最早只有營地街市派龍船頭飯，一直至今，只是曾有兩段時間因為街市重建而停止了一兩年。[125] 至 1985 年紅街市也開始派龍船頭飯。1988 年紅街市更開始自行煮飯來派發。[126]1999 年後，水上街市也有派飯（近年因改建的問題，停了派飯）。2013 年開始，祐漢街市也有派龍船頭飯了。2019 年，台山街市也有派發。關於派飯方面的財政安排，是各個街市獨立分開處理的。而據張國柱先生所言，營地街市在上世紀文革期間也沒有停止過派飯，是商販為祈福、福報、平安而施贈，且一直是用十三種東西來煮成的。這個舞醉龍的習俗，從族群至社會，從個體行為至族群、經濟，從一個部分增加至信仰、集體精神，從農業倫理、農時倫理至人時倫理，甚至從個體經濟發展至整體經濟倫理，到 20 世紀 80 年代，舞醉龍在澳門已經變成一種民俗活動。

中山縣舞醉龍因文革而一度完全消失，澳門舞醉龍於 80 年代開始回訪中山，為中山醉龍留下薪傳之火。而中山醉龍在 1996 年開始進入搶救和整理工作。不過，透過重新組隊、培育新人、添置新龍、編排套路而培育出來的舞醉龍，卻被歸入"民間舞蹈藝術類"[127]，與澳門作為民俗活動有所不同。

澳門的舞醉龍從 80 年代至 1999 年回歸前，一直沒有間斷，每年四月初八，以首尾兩節的龍來舞動，比起 70 年代及以前的三段式的龍身有所改變，把當中抽象的中間部分抽離，使頭尾的體位表演更加突出，在表演形式上更具觀賞性。當中，用酒的形式，原目的為逐疫祈福。正如張國柱先生解釋：60 年代醉龍的形態，來自民間對龍的形態的演繹，喝土酒、白酒，求醉態與形似，

125〈魚欄行浴佛節不舞醉龍〉，《華僑報》（1949 年 5 月 5 日第 4 版）、〈魚行醉龍醒獅大巡遊〉，《華僑報》（1997 年 5 月 15 日第 5 版），兩個日期的報導都說明營地街市受重建影響而沒有派飯活動。

126 據古洪先生所說，澳門電視廣播有限公司：〈傳承醉龍文化〉，《澳門人‧澳門事》第 1753 集（2018 年 5 月 29 日）。

127 劉居上：〈澳門中山民間藝術淵源〉，載於《澳門雜誌》（2007 年 10 月第 60 期），頁 76。

噴酒是旁人噴的，以求維持醉的意態。而今天的舞醉龍，為了衛生，為了拍攝的美感，由舞者自噴，舞者自狀醉態，故而與以往不同。[128] 這種改變也顯示了醉龍的舞動，踏上自覺表演的層次，進入更具程式化的階段，對觀眾的號召力也有所提升。

在回歸前，舞醉龍的經費，由澳門鮮魚行自行募捐款項和贊助，是屬民間組織自發的活動，以體現民眾團結的力量。這些贊助，是在當時社會物資貧乏的情況下獲得的，特別是還曾經有香港魚欄商的參與，更顯澳門舞醉龍在民間的影響力。[129] 而舞醉龍亦會出席節慶儀式，1974 年嘉樂庇大橋開幕以及橋開通後的四月初七就去了路環、氹仔的魚欄舞賀，但後來路氹街市式微，便沒有去演示舞賀了。又參與過千禧年的慶祝回歸慶典，甚至百萬行的慈善活動。

中山醉龍舞與澳門舞醉龍的形式比較表

地方	澳門	中山
龍型：構造	龍頭（長 3 尺），龍尾（長 2 尺）[130]	一整條木龍（長 4 尺至 5 尺）。
顏色	金色，或銀色為主。	紅色為主。
形態	較為圓潤、流線型，有描畫龍身的鱗片。龍首有尖的開叉的鹿角，下頜有白絲的鬚。	較修長而扁，龍背有立體的鰭，全身紅色，沒有繪花紋。龍首的角呈小圓枝狀，下頜沒有鬚。
舞動形態：人數	兩人一組，一人持龍頭，一人持龍尾，相互配合。	一人手持一條龍來舞動。

128《市民日報》（1946 年 5 月 9 日）。

129 其實，從澳門魚業聯合會成立開始，香港的魚行同業都有一直參與澳門同仁聚餐及大會活動。《華僑報》（1946 年 5 月 9 日第 3 版）。

130 澳門醉龍的尺寸，尤其頭部，其長度約 3 尺，長短往往會因龍角（鹿角）的長短及舞動者的年齡來擬定。

地方	澳門	中山
握法	1. 龍頭：以一手的大拇指扣住龍角，手腕從底部托起龍頭，龍頭及龍頭後部的身體以手臂來承載。另一手作輔助，因應舞動的方向、姿勢，適當時把龍頭換手。 有時候，龍頭向中間時，以雙手握龍角向前。舞動時，跟龍尾動作相呼應。 2. 龍尾：以一手握龍尾的中間部分，以尾部的前端向前，以畫圓的形式舞動。跟龍頭相呼應。[131]	龍是完整一條的，以雙手一前一後地托舉、擺動，上下翻動地舞。前面的手托着龍頭下巴後部，後面的手托着尾部。把龍從下往上往側托舉，多需要兩手一起舉動或揮動。
動作	具備舞龍的功夫動作套路，先致意（上香、點睛或向主辦台合作向前叩首）後舞動，以醉意為先帶動舞步。噴酒次數較多。可以少至二人的首尾醉龍的舞動，也可以多至七、八條龍首尾舞動，但仍是二人一組相互關顧地舞動。	以舞蹈為主體，先致意後舞動，以舞蹈動作為主，醉為次。噴酒次數較少。舞動時，酒罈也是舞動的花式之一，是屬於多人的花式群舞。
音樂	以鼓及鑼作出節拍與舞動的音樂，即場配合舞者動作。	鑼鼓及現代的音樂，音樂以錄音為主。
輔助	燒酒（白酒或米酒），啤酒。	米酒。

---

131 根據 Lao, Tong I, "When the dragon was drunken : the change and development of Macao Drunken Dragon Festival in 1947-2010", M.A. thesis, University of Macau, 2015。作者於 2008 年 11 月 28 日訪問劉惠洪師傅，劉師傅表示舞醉龍時，在首尾呼應中舞動尾部較難，並認為尾部才是整條龍的重點，參看論文頁 90-104。另外，整個澳門舞醉龍的形態，從 20 世紀 60 年代前後，實際沒有改變，從 60 年代何直孟的"澳門人舞醉龍歌"可以印證："上不騎龍下舞龍，澳門壯士何邙邙。白髯耆者彌健勁，鱗甲飛動配顏容。讓呼蹈鬧一市，銅鉦鼉鼓響丁冬。縱缺佛頭先導引，變化不愁橫直衝。人龍色彩相映醉，蹲蹲善舞如雲從。十步噴酒忙矯首，神技非關用賞釀。……屢舞傞傞寧畏壘。見首見尾亦稱神，起伏屈伸翔四至。安得奔騰上九天，噓成雲雨生民庇。……"轉引黃坤堯：〈香港碩果社詩人群的澳門描述〉，載於：《城市文化形象的塑造——第八屆粵台港澳文化交流研討會論文集》，頁 85。

六　澳門舞醉龍的祭祀儀式

舞醉龍需要經過一段時間的積累與發展，才能演變成一種民俗活動與節慶，從而形成今天的面貌。在談到今天的狀況之前，必須看看它的流傳情況，才能認識它今天面貌的所以然。（由於舞醉龍發展到今天已經變成民俗活動，故此下文開始，對舞醉龍的敘述，是以一種民俗活動來稱之。前面所述，它的發展概況，則大部分是整個民俗活動未成形之前。）

1. 三街會館與澳門醉龍之關係

三街會館是一整天節慶活動的起點，代表了澳門鮮魚行的不忘根本。而當中舞醉龍前的祭祀儀式，更是代表了歷代以來行業中人的精神累積，是一種存在的牢固的表現，更是文化薈萃的表現。四月初八日，在三街會館前的時間、空間、儀式，都代表着澳門鮮魚行的精神，不可忽視。

關於三街會館的建立時間，至目前為止尚未有確鑿的證據。而據現今文獻所載最早的碑記，則為清乾隆五十七年（1792）的〈重修三街會舘碑記〉：

> 市鎮之有公舘，由來尚矣。蓋所以會眾議，平交易，上體國憲，而下杜奸究也。澳之有蓮峯山，前明嘉靖年間，夷人稅其地，以為晒（曬）貯貨物之所，自是建室廬，築市宅，四方商賈，輻輳咸集，遂成一都市焉。前于蓮峯之西，建一媽閣；于蓮峯之東，建一新廟。雖客商聚會，議事有所，然徃徃（往往）苦其遠，而不與會者有之。以故前眾度街市　官地旁，建一公舘，凡有議者，胥于此舘是集，而市籍以安焉。奈經世遠歲增，墻（牆）壁傾圮，棟桷崩頹，凡客若商入而睹斯舘者，莫不以風雨漂搖為憾。爰集澳中董事高義，群相踴躍，樂為捐貲。一時用鳩工人，少變其局而改創之。高

其垣墉，廣其坐次，越數月而工告竣。雖不必侈鞏飛鳥革之華，而登斯館者，曠如洒如，將《詩》所謂"攸寧攸躋"者，有同美焉。夫古人紀事，勝地有書，喜事有書。岳陽樓，紀于范文正；喜雨亭，紀于蘇子瞻；黃岡竹樓，紀于王禹偁，其大較也，今當斯館落成，擇地既得其勝；而會眾議，平交易者，又得其便。將所謂上體國憲，而杜奸宄于永久，其喜可知也。遂為之敘厥前後，紀以數言，並錄高義芳名，勒諸石以誌不朽，使後之覽者，知斯館之有所自而成。[132]

從碑文內容可知，三街會館之所以立於營地大街、草堆街和關前街之中，乃因此處為商賈聚集的地方。

正如前節所言，在時間上，自明代嘉靖年間葡人寓居澳門開始，洋人已於澳門經商。但是在空間上，一直以來，華人的經濟活動卻沒有得到澳門地方政府完整的法律保障及管理。這使華商在與葡人進行商貿之時往往受到不平等的對待。由是，為了保障自身的利益，華人選擇了一方面位處澳門最繁榮處，一方面相近於議事亭，有與葡人聯繫之便的三街會館作為議事之處，以平息商業上的紛爭。[133]

除了議論商業事務以外，碑文中的"會眾議，平交易，上體國憲，而下杜奸宄"亦顯示了會館具有維護國家主權、法律等的功能。[134] 而三街會館於清乾

---

132 譚世寶：《金石銘刻的澳門史 —— 明清澳門廟宇碑刻鐘銘集錄研究》，頁 249-250。按：譚先生所載之碑文，均按原碑文格式分行，而本節均依原文轉錄，並以括號標示異體字。又按：據碑文所載，其推溯三街會館乃建於明嘉靖年間（1522-1566），但據葡萄牙人於 1554 年登陸時，澳門僅為一落後的小漁村，難有建設公館之可能，故不能以此為據。

133 陸美賢：〈澳門三街會館在清代的社會功能〉，澳門：澳門大學學士學位論文，中國語言文學系，2019 年。

134 譚世寶：《金石銘刻的澳門史 —— 明清澳門廟宇碑刻鐘銘集錄研究》，頁 248。

隆五十七年（1792）的重修，更是經香山縣政府的批示。[135] 這顯示了三街會館於清乾隆年間已在澳門具有相當的地位。而在三年前的乾隆五十四年（1789），營地街新建了墟亭，並分有豬肉、鮮魚、雞鴨和蔬菜四行擺賣。[136] 即三街會館此時所"平"之交易，包含了鮮魚販之事於其中。

及後，三街會館曾於 19 世紀進行過三次重修或擴建。在明嘉靖年間，會館"風墜其簷，雨零其桷，鼠穴其墉"，殘破不堪，遂於清嘉慶九年（1804）進行重修。至清道光十五年（1836），三街會館在一眾商戶的募捐下進行重建，並買得附近一房產進行擴充，在會館旁另設一闊澳公所進行議事[137]。而據當時的重修碑記，會館已有神誕慶典的舉行。[138]

至 19 世紀中葉，因為清朝紛亂的政局，大批的華人湧進了澳門。而葡萄牙在宣告澳門成為殖民地以後，其港口貿易卻由於香港的開埠而面臨經濟的危機。於是澳葡政府遂推行自由經濟政策，實施專營制度（又稱承充制），即由政府公開競標某一項貿易、服務的專營權，並從中收取承充金增補政府收入，從而解決澳葡政府當時的困局。[139] 在當時，競得各項專營權的主要為華商，他們掌握了澳門的鴉片、賭博、走私貿易等大部分業務，從中獲得了大量的資

---

135 據同年的《香山縣丞賈奕曾為營地街起建公館事下理事官諭》有"查澳門營地一段，原係官地，預備辦公之所……"之言，又云："今本分縣因見該會館日久壞爛，是以修葺，從傍并建廂房一間，以為通事臨澳稍駐辦公之便……"可見三街會館在當時不僅只屬於華商，還曾為官方所借用。參看劉芳輯，章文欽校：《清代澳門中文檔案彙編（上冊）》（澳門：澳門基金會，1999 年），頁 396-397。

136 葉農：《澳門街市》（澳門：澳門基金會，2016 年），頁 27-28。

137 譚世寶：《金石銘刻的澳門史 —— 明清澳門廟宇碑刻鐘銘集錄研究》有"鼎建闊澳公所碑記"已亡缺的記錄，並言其立於清道光十五年（1836），頁 265。

138〈重建三街會館碑記〉有"一支 列聖彌月（各坊龍獅進香銀俾待茶 燈彩棚樂寶燭祭品食用）等費共銀五拾二兩四錢二分八厘"、"其銀留後安碑及賀 列聖寶誕司工銀……"等記錄，即證會館在當時已有神誕慶典的舉行。

139 魚販即為其中一個專營項目，華人及葡人在當時均有競投。而當時的魚欄承充商有鄭子亭、鮑文光、盧合、葉瑞卿、黃錦等人。參看《金石銘刻的澳門史 —— 明清澳門廟宇碑刻鐘銘集錄研究》，頁 223-261。

本，並由此提升了華人的勢力與地位。

在這樣的背景下，三街會館於清同治二年（1863）再度重建，並增添三處物業擴展闔澳公所，擴充了華商議事的場所。但至踏入 20 世紀前後，隨着華商勢力及地位的提升，華人的機構逐漸建立起來，如 1874 年鏡湖醫院的建立，以及 1912 年澳門的商會（中華總商會）的成立等，澳門的華商機構從漁農社會走向了近代社會的發展。[140] 於是三街會館原有的議事功能遂轉移至其他地方，逐漸剩下供奉關帝的祭祀性質，是故到後來又被稱作關帝廟。

與此同時，華人人口的增加同樣帶來了魚販的增加。於 1883 年，澳葡議事局就因魚販隨街擺賣的情況嚴重而興辦了公局街市，並於 1901 年經華商盧九、王帝以官價購得米糙街及營地街各處屋宇一同改建，設立營地街市，及後成為澳門 20 世紀最大的街市。於是營地街市逐漸聚集了從事鮮魚行業的人，而位於旁側的三街會館，遂自然成為醉龍慶典舉行開光點睛儀式的地方。

三街會館之開始祀奉關帝，從現存文物考察，可追溯至清道光六年（1826）。[141] 關帝即關羽，為漢末名將，為人持忠秉公，極守信義，於歷代曾獲 16 位皇帝加封諸候。在明萬曆三十三年（1605），被追封為 "三界伏魔大帝神威遠鎮三尊關聖帝君"。至清雍正三年（1725），朝廷命天下直省郡邑皆設立關帝廟，並敕封三代爵公。而到了清道光八年（1828），更獲 "忠義神武靈祐仁勇威顯關聖大帝" 的追封，並與孔子並列為聖。可見關帝在明清期間享有極高的地位。而據蓮峯廟在清乾隆四年（1739）的重修蓮峯廟關聖帝君殿的 "題金芳名碑" 云："帝君其聲靈赫濯，振古如斯。國土賴以奠安，商民借以默

---

140 學界普遍將澳門華商組織的發展按其性質分為神緣、業緣、慈善、聯誼、政商五個階段。而三街會館即業緣性的代表，即選擇地方建立屬於本行業的組織。

141 立於 1826 年的楹聯為："義膽忠肝一生志在春秋全欲匡扶兩漢，丹心赤面萬古光懸日月咸欽降伏群魔"，而陳煒恆於《澳門廟宇叢考》中則記作 "兩漢室"，由 "漢室"、"丹心赤面"、"伏魔" 之詞可推斷此所言及的乃關帝。

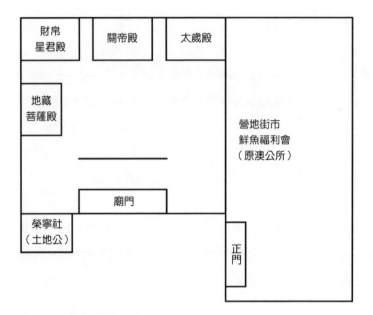

圖 2-4　三街會館的神祇（2019）

庇……"[142] 可知，澳門祀奉關帝有保祐國土安定與庇護商人經營之目的。此正與三街會館最初的功能相符，是故會館主祀關帝。除此之外，現今的三街會館還設有太歲殿、財帛星君殿及地藏菩薩殿，所奉財帛星君、伏虎玄壇趙公元帥、貴人祿馬、地藏菩薩及太歲皆與商業有關。可見三街會館的祭祀，實與商業有密切的關聯。而從三街會館所祭祀之神明大多歸屬道教的情況可知，舉辦於佛誕的醉龍活動並非為一個佛教的節慶，其開光點睛儀式亦由俗稱喃嘸師傅的火居道士主持，是一個包含道教祭祀儀式的民俗活動。

　　三街會館對於澳門醉龍的重要性，由以前華商的落腳地，像會館形式的照顧不同的族群，到後來為鮮魚行、各方社團所奉祀，以至今天在醉龍節上舉行的上香、祈福、派發龍船頭飯等各項活動或儀式，皆代表了族群的作用，有凝

聚力量的意義，以族群的上一輩的精神為念；也代表了一個重要的空間，能夠讓魚行中人摒棄個人觀念，為族群、社會做事。

2. 醉龍的祭祀儀式

儀式代表了一種實體的存在的作用，能號召精神，對於所強調的信仰、習俗能作出現實的體會與共鳴，而不僅是道聽途說。

（1）開光點睛儀式

醉龍活動最主要的祭祀儀式為舞醉龍。人們執龍起舞，以酬謝神明庇祐。而在澳門，傳統的木龍道具每節長約 3 尺，分頭、身、尾三節，後至 70 年代改為頭、尾兩節。製作木龍的材料為樟木或柚木。龍頭在精雕後彩繪出黑眼、紅嘴、白牙、綠鰭和金鱗，並配以鹿角。而龍身則以赤色為常見，另有紫、白、金、青四種。

形式上，澳門的舞醉龍起初乃由舞者即興演出，並無固定的表現。至上世紀 70 年代，澳門的武術界人士對其作出改良，遂形成了一套固定的形式。[143] 舞龍頭、龍尾者需在半醉的狀態下，依據鑼鼓音樂，兩者互相配合作舞。而在以往，魚行人士均飲白酒作舞，至今已演變成飲啤酒。甚至在年輕人舞龍之時，更以水代酒，從傳統的依醉意舞動，變成依據步法套路起舞。所以舞醉龍的形式由表現酒醉的神態，逐漸趨向固定的舞蹈形式。

傳統上，舞醉龍者均須為男性，要在舞醉龍的前一天進行齋戒，禁通房事，忌食牛、狗、鯉魚以淨潔身心，並於農曆四月初八開光點睛後方可開始舞動木龍。但隨着當代的演變，一些街市於四月初七之時已開始舞醉龍，所以會提前祈福並為當天的慶祝宴會作表演。在以往的農曆四月初八，澳門的醉龍慶

---

143 在上世紀，魚行人士由於需要於沿岸游上漁船取貨，需要一定的體力，故不少魚行人士均有習武。而鮮魚行於上世紀 50 年代已開設武術班（現稱為鮮魚行總會武術班），邀請澳門各武術名宿開班授武。

典一直以來都是以三街會館作為其舉行開光點睛儀式的地方。至 2009 年，當澳門的醉龍成為了澳門的非物質文化遺產，並正申報成為中國的非物質文化遺產 —— 魚行醉龍節，其儀式除舉行於三街會館外，還會在議事亭前地設舞台以作祭典。[144] 先於三關會館進行開光及灑淨儀式，而後再轉至議事亭再次進行道教開啟科儀、開光點睛及各項表演活動。由於現今在每年的魚行醉龍節上，其所舉行的活動及祭祀儀式之細節各有不同，茲以 2019 年 5 月 12 日的 "魚行醉龍節" 為例，略述其當天所包含的儀式。

早上七時三十分，魚行人士穿着印有魚行醉龍節的衣服，[145] 聚集於營地街市，於三街會館門前設壇準備。祭壇為一張長方形圓邊鐵桌，上置有祭品香爐一尊、燒全豬二隻、三牲（全雞一隻、魚二條、豬舌數塊）、營地街市之龍船頭飯配料。[146] 至八時，魚行內最有輩份者（劉惠洪）首先正對三街會館門前三拜上長香，並燃點紅燭一對，而喃嘸師傅會逐一為木龍貼上符籙，以作儀式準備。然後喃嘸師傅穿上紅袍，敲打鑼、鼓，並唸宣詞云：

> 魚行建酬於香山縣澳門三街會館。澳門工會舉行萬佛浴佛節，龍獅盛會。祝賀全體人員龍馬精神。又祝賀澳門繁榮興盛、國泰民安。全體市民生意興隆、工作順利、身體健康、步步高昇、龍馬精神。

此時，鮮魚行總會會長率先三拜上香，而其餘魚行人士則緊隨其後。接着，喃

---

144 澳門的醉龍慶典於 2009 年延伸至議事亭前地，參看〈魚行今醉龍醒獅巡遊　分於兩街市派發龍船頭飯〉，《澳門日報》（2009 年 5 月 2 日）。

145 醉龍、醒獅的舞者及樂隊的衣服為白色，派發龍魚頭飯及相關工作人員的衣服為粉色，而後者每年的顏色均有不同。

146 蔬菜一袋，包含節瓜、紅蘿蔔、芹菜；另有一鐵盤，置粉絲、冬菇、枝竹、雲耳、眉豆、白果、豬皮。

圖 2-5　農曆四月初八三街會館的木龍開光儀式（2019）

喃師父持柚葉沾向十三條木龍及向五具醒獅潑灑聖水，以除淨污垢，並唸"天裡還天，地裡還地，神水降穢，萬穢消滅"云云，是為灑淨開光，為木龍注以神力。及後，巡遊隊伍敲響舞獅及醉龍的鑼鼓，舞醉龍隊先執木龍移步至議事亭前地，以準備進行道教太上開啟科儀及掛紅點睛。而五頭醒獅則原地起舞，同向三街會館廟門拜首，後隨醉龍隊離去。至此，三街會館的祭儀基本完成。待人流散去後，留下的魚行人士會進行化寶，而喃嘸師傅則繼續敲打鑼鼓唱唸，又再次頌讀宣詞並云"禮成"，最後繼續唱唸，為儀式作結。

澳門道教之太上開啟科儀是為神誕酬建祈福功德的儀式。當天，議事亭前地會置一大型的場地，一邊設有舞台置嘉賓席位，另處有道教三清的畫像作為祭祀對象，前置神壇，放有水果祭品數盤、燭台兩座、鮮花、酒杯酒舫三副、香爐一尊及磬一個。在開始之前，道教人士會略敲鑼鼓，由高功（主持祭祀者）持焚燒的經符於木龍前唸咒，以注神力。其後，儀式先由司儀揭幕，邀請十二位穿着紅袍的道教經生進場，正對神壇分立兩側。隨後，高功將邀請鮮魚行總會會長、政府部門代表、總會榮譽會長及各街市負責人參拜上香，以啟請師聖。隨後，高功持笏板啟請師聖，以五雷令牌宣召各功曹官將，再執柚葉沾灑聖水以淨壇場，最後向三清發送表文，言明澳門道教弟子於此祈福。及後，鮮魚行總會會長及政府部門代表至神壇前敬奉祭品，再由高功向各神明告稟澳門鮮魚行於今祈福。最後分別由高功、魚行長輩（劉惠洪）奉寶參拜，並由人代轉至三街會館焚化。然後道教人士退場，科儀完成。

儀式結束後，眾嘉賓將為木龍、龍獅進行點睛及簪花掛紅的儀式。然後進行各項的表演活動，先有女子團員表現旗舞，繼而為醉龍表演、醒獅表演、武術演示（螳螂拳、長棍對打及長鬚劍）及魚旗舞動。最後，一眾嘉賓將與各表演者合照並結束在議事亭前地的祭典。

期間，一眾市民遊客、攝影愛好者及傳媒人士聚集於三街會館及議事亭前地欣賞表演並進行拍攝及錄影。其中，人們對魚行的舞醉龍，在其噴酒瞬間的畫面尤為喜好，皆爭相拍攝。而由於三街會館場地較為狹窄，逗留者多以攝影愛好者為主；議事亭前地遂設有一處空地，予傳媒人士及攝影愛好者拍照，市民遊客則立於場地外圍觀，人群佈滿場地四周。

及後，魚行的隊伍會移步至營地街市進行"旺街市"。醉龍隊、醒獅隊及旗隊由一人執澳門鮮魚行的祭旗引領，依次進入街市繞行一圈。期間，樂隊將敲鑼打鼓，以期各攤販生意興旺。但是由於營地街市當天為表示對慶典的隆重，並無商販開業或設青待採，是故其"旺街市"僅以隊伍繞行一圈作結。然後，醉龍醒獅隊將分別乘貨車巡遊澳門各區街市進行祭拜及"旺街市"。在此中，醉龍醒獅隊伍將視乎各街市的攤檔是否設青迎獅，由醒獅進行相應的採青納吉。整體流程乃視乎各街市的情況，如在紅街市，總會隊伍僅會敲鑼打鼓駛經街市；但在祐漢街市，其街市門口將設青迎獅，而部分攤販亦有設青以待醒獅採納。

（2）魚行醉龍節各街市的情況

在魚行醉龍節當天，各區街市會擺設祭祀以奉木龍，並於鮮魚行總會醉龍隊到來之時，進行祭祀儀式。而每個街市的祭壇及祭祀流程略有不同，以下以紅街市、祐漢街市、營地街市為例，列表述之：

地點	祭壇物品	祭祀流程
紅街市	香爐一個，木龍首、木龍尾數具，金、銀龍首各一，燒全豬、全雞各一隻，小盤菜一碗，蘋果、橙、煎堆數個，蔥一紮。	燃放炮仗以示祭祀開始。先由主持紅街市魚行的總會理事長（關偉銘）奉大長香（上午10點半），魚行內前輩奉長香及香燭，然後一眾年輕舞龍者奉香。眾人戴上頭紅及手紅，執龍拜壇，而後起醉龍舞。最後燃放長炮仗，並開始派發龍船頭飯（上午11點）。
祐漢街市	香爐一個（獨立置於壇前），木龍首、木龍尾數具，燒全豬四隻，各類鮮花、佛祖像，水果、壽包一盤。*祭壇旁尚有音響播放佛經。	喃嘸師傅到場唸經。然後鮮魚行總會會長（蘇中興）及其他行內主要人士到場，待總會舞龍隊到達後開始祭拜（中午12點半）。眾人執龍拜壇，並開始醉龍舞。而舞獅隊及部分舞醉龍者則進入街市內進行"旺街市"及採青。事畢後，燃放長炮仗，並開始派發龍船頭飯（下午1點）。

圖 2-6 紅街市在農曆四月初八供奉木龍的祭祀（2019）

地點	祭壇物品	祭祀流程
營地街市	祭拜儀式於三街會館內進行，而三街會館中並無特別添置祭品。 ＊早上開光用的祭壇已撤，營地街市此時並無設立祭壇。	梁安琪（營地街市魚行醉龍節最熱心支持者）到場（下午2點半），與鮮魚行總會會長（蘇中興）進廟向關帝上香，並以何宅名義（其丈夫為何鴻燊先生）添香油。然後燃放長炮杖，開始派發龍船頭飯（下午3點）。

　　從上表可見，除營地街市以外，各街市均有自設祭壇，並置有燒全豬及水果作祭品。而各個街市在流程上均先由鮮魚行總會領導或嘉賓上香，繼由舞龍者執龍拜壇、起舞。[147] 最後則燃放炮仗，以向街坊市民示意派龍船頭飯開始。

　　現今澳門魚行醉龍節的龍船頭飯派發，按食材主要分為素、葷兩種。營地街市主為葷食，其餘則為素食。其主要原因是營地街市乃最早派發龍船頭飯的地方，人們最初據街坊鄰里、社會人士捐來的食物製作龍船頭飯，以分享食物為主，故並無主素食之分。而其餘街市的派發乃後來興起，遂因應佛誕而派發素飯，以祐平安，從中可見醉龍文化受佛誕一定的影響。另外，祐漢街市為新的派發龍船頭飯之地點，始於 2013 年。其供奉佛祖的形式，或是為了在同為佛誕的當天，吸引一眾佛教徒的祭拜。

　　除此之外，各街市的龍船頭飯派發還體現了其獨立的表現。如由於紅街市魚行有較多的舞醉龍者，且近年又培訓了舞醉龍之青年。其祭祀流程，均完成於紅街市內的舞醉龍者，而總會龍隊並未到場，僅於經過紅街市附近時敲鑼打鼓。而祐漢街市則為新參與派發龍船頭飯的街市，市內魚販並無舞醉龍者，故需待總會到達時方能開始祭祀儀式。

　　從現今的魚行醉龍節看來，其祭祀儀式主要分為三街會館、議事亭前地的開光點睛儀式及各街市的祭祀儀式兩個部分。在前者中，三街會館為最初澳門醉龍活動的開光點睛場地。至 2009 年後，由於魚行醉龍節成為了澳門的非物

---

147 營地街市因在早上進行開光點睛儀式後已進行過 "旺街市"，故下午的祭祀不復舞醉龍。

質文化遺產，[148] 且頗受遊客及攝影愛好者的青睞，[149] 遂將其祭典儀式遷至較廣闊且為人流中心的議事亭前地舉行。相較兩者，前者更能承繼醉龍的民俗傳統，故選擇繼續於此進行開光。而後者則因攝影愛好者及遊客市民對醉龍活動的關注，[150] 加上魚行醉龍節與澳門道教科儀音樂，在同一年成功申請成為非物質文化遺產，故此往往多在醉龍節舉行時，聯同澳門道教協會進行太上開啟科儀，以示相互支持。[151] 而比較兩處祭祀儀式的性質，前者偏向依據傳統，而主要舉行於魚行人士間；後者則增有嘉賓席，並由澳門道教協會主持，且設有專門的拍攝場地，又在祭祀後有各項表演，更趨近為一個向大眾市民遊客展現的活動。

另一方面，當代的魚行醉龍節祭祀儀式亦存在儀式感被削弱的情況。如在議事亭前地的祭典，加入各項表演元素，遂使其偏向於表演性質。在舉行儀式的時間方面，各項儀式並非嚴格按時舉行，乃是適時作臨場的調整。如祐漢街市在燃放炮仗以前，已開始派發龍船頭飯。另外，在舞醉龍方面，舞醉龍者均傾向執持木龍首舞動，有時也會打破以首、尾共舞的形式，獨舞龍首。這是由於舞龍首者更能吸引人們的目光，讓人對之進行拍攝。於是舞醉龍在傳統上首、尾呼應的舞蹈形式及其當中所存在的儀式感，開始被人們所忽略。可見屬於鮮魚行的醉龍民俗活動在當代的發展中，其儀式感有一定程度上的削弱。

---

148 魚行醉龍節申請非物質文化遺產的過程詳見於下節。

149 澳門的醉龍慶典於 2009 年延伸至議事亭前地，參看〈魚行今醉龍醒獅巡遊　分於兩街市派發龍船頭飯〉，《澳門日報》（2009 年 5 月 2 日）。

150 在 2007 年，即有遊客及攝影者提出，把醉龍慶典活動地點從三街會館改作議事亭的建議，參看：〈傳統節慶推動旅遊〉，《澳門日報》（2007 年 5 月 29 日）。

151 道教科儀音樂於同期被列入澳門的非物質文化遺產，並於 2011 年列入國家的非物質文化遺產。據知情人士透露，道教的太上開啟科儀之加入，主要原因是其與魚行醉龍節皆為非物質文化遺產。

㈦　澳門魚行醉龍節的產生及其意義

　　魚行醉龍節昔日又名"魚行醉龍醒獅大會"，最初是流傳在澳門魚行內部的活動，藉此團結魚行業內部人士。魚行醉龍節的產生，與澳門魚行業的發展有着密不可分之關係。前面的章節經已詳細記敘和描述澳門醉龍的起源及其歷史發展，本節主要談澳門醉龍如何由一種民間行業活動，逐步形成一個屬於澳門的節慶——魚行醉龍節，並以 2019 年澳門魚行醉龍節為個案，把當下澳門醉龍節的情況記錄下來。

1. 澳門魚行醉龍節的出現

　　上世紀 80 年代至 2008 年期間，舞醉龍的民眾進一步凝聚起來，由最初的三個職業群分別組成商會，最後結合成為澳門鮮魚行總會。由於人員的凝聚，醉龍活動亦因而得到強化。這除了體現在內部成員對活動自覺性的提高以外，亦因其作為中華傳統文化之一而漸獲重視。到了 90 年代，澳門正準備回歸祖國。在此歷史階段，葡人對中華文化亦漸有改觀，舞醉龍亦由此而受到更廣泛的歡迎。按 2000 年在《澳門日報》上刊登的〈澳門醉龍獨樹一幟〉有言："以前的葡國節日活動曾經邀請過舞龍助慶"，又說"在巡遊之日，甚至有葡籍人士，要求客串"，更導致"有一位德國攝影師，拍醉龍上了癮，連續三年專程由德國來澳，每次巡遊跟足全程，為的是拍攝醉龍，其作品後來在歐洲一些刊物上登於封面，大受好評。"[152] 澳門醉龍的信息開始向海外流播。

　　在 2000 年後《澳門日報》對四月初八的醉龍活動所作的報導，雖每年略有不同，但大體名為"醉龍醒獅大會"，而舉辦期間除了有鮮魚行總會人員的參與，更會邀請社會名士出席開光點睛的儀式。如在 2000 年的"醉龍醒獅大

---

[152] 胡國年：〈澳門醉龍獨樹一幟〉，《澳門日報》（2000 年 12 月 3 日）。

會"中，即有多位政府官員、社團委員及社會名紳出席醉龍的開光點睛儀式：

> 鮮魚行總會在營地街市三街會館前地為醉龍醒獅開光點睛，崔
> 世安、麥健智、陳啟明、韓澤生、潘漢榮、吳仕明、唐堅謀、何華
> 添、蘇中興、林樹棠、黃樹森、溫泉、龔樹根、胡家儀、黃榜、陳
> 金才，以及各街市鮮魚福利會代表主持點睛儀式。[153]

而在 2004 年時，鮮魚行總會邀請了馬有信和崔世昌兩位社會知名人士，作為"二零零四（甲申）年醉龍醒獅祈福大會"的榮譽主席。[154] 由此可見，此時的四月初八舞醉龍已不再是僅屬於鮮魚行總會自身的信仰和活動，而漸漸演變成屬於澳門華人社群的民族活動。

另一方面，舞醉龍在 2000 年便首次巡遊於公益金百萬行當中。[155] 自此以後舞醉龍即巡遊於每年的公益金百萬行中，以作為一種活動的助興。可見舞醉龍由不定期助興性質轉為固定活動的助興表演，增加了在社會活動中的參與度。

在《澳門日報》2001 年公益金百萬行的報導中，有這樣的描述：醉龍舞者"把一唥唥香醇美酒噴向駐足的觀眾，令到不少觀眾身上留有香醇酒味。"[156] 可見，當時的舞醉龍仍保留了用米酒的形式，這相對於後來以啤酒替換，比較具傳統色彩。

除了於澳門進行表演外，舞醉龍仍繼續作為一種澳門地方文化，至內地、國外進行表演。如在千禧年之際，澳門舞醉龍即在德國的"第三屆世界民間體

153〈魚行歡祝會慶舉辦巡遊活動〉，《澳門日報》（2000 年 5 月 12 日）。

154〈醉龍活動成澳門特色〉，《華僑報》（2004 年 5 月 23 日）。

155〈醉龍申奧旗幟增百萬行聲勢　街總各坊會約組廿隊參加百萬行〉，《澳門日報》（2000 年 11 月 28 日）。

156〈場地泥濘有影響　三萬大軍齊步上　年度盛事百萬行　居民善心堪讚賞〉，《澳門日報》（2001 年 12 月 10 日）。

育遊戲嘉年華"中演出；[157] 在"二零零六中國（江門）僑鄉華人嘉年華、廣東國際旅遊文化節暨泛珠三角旅遊推介會"中，澳門醉龍隊赴江門作舞醉龍演示；[158] 而從 2005 年〈民署參與三藩市元宵街會〉的報導中更可看到澳門醉龍隊在三藩市街頭表演的情況，澳門民政總署帶領的代表團參與了宣傳攤位、舞台表演及花車巡遊的全部活動，獲當地市民好評。[159] 在此，澳門的舞醉龍活動已經逐步成為受攝影愛好者及旅遊人士歡迎的標誌性活動。

在回歸以後四月初八的"醉龍醒獅大會"中，其形式主要以營地街市三街會館作為起點開始的醉龍醒獅巡遊，以及於營地街市、紅街市和水上街市三處舉辦的龍船頭飯派發為主，[160] 並設有鮮魚行總會所舉辦的聯歡晚餐。而慶典的項目均固定在每年的四月初八舉行。[161] 在此基礎上，醉龍慶典於回歸後所舉辦的活動項目又有所添加，如 2005 年在紅街市，即於街市外的提督馬路東街舉行盆菜盛宴等。[162]

在回歸以後的八年間，影響着舞醉龍的文化及其慶典發展的一個主因，是這種民俗活動逐漸成為了澳門的城市活動。在 2007 年，即有遊客及攝影者提出，把醉龍慶典活動地點從三街會館改為議事亭的建議，[163] 而最終實行於 2009 年的醉龍慶典上，[164] 並沿襲至今。

157〈世界民間體育遊戲嘉年華下周舉行　臨市局派十人小組赴德出席〉，《澳門日報》（2000 年 6 月 17 日）。

158〈三表演隊伍參加江門華人嘉年華　澳門醉龍亮相中華龍匯〉，《澳門日報》（2006 年 11 月 15 日）。

159〈民署參與三藩市元宵街會　土風舞醉龍贏得喝采〉，《澳門日報》（2005 年 3 月 3 日）。

160 2003 年由於非典型肺炎的爆發，鮮魚行總會於該年暫停派發龍船頭飯，參看〈龍船頭飯今年因非典暫停〉，《澳門日報》（2003 年 5 月 9 日）。

161〈醉龍醒獅大會籌委會成立　通過四月初八連串活動安排〉，《澳門日報》（2004 年 5 月 14 日）。

162〈紅街市盆菜宴祝魚行節日〉，《澳門日報》（2005 年 5 月 15 日）。

163〈傳統節慶推動旅遊〉，《澳門日報》（2007 年 5 月 29 日）。

164"鮮魚行總會主辦的醉龍大巡遊，今年（2009 年）首度由三街會館延伸至議事亭前地。"參看〈魚行今醉龍醒獅巡遊　分於兩街市派發龍船頭飯〉，《澳門日報》（2009 年 5 月 2 日）。

由 2009 年至 2011 年是澳門醉龍文化發展的關鍵時期。這段時間內，在澳門政府與鮮魚行總會的努力下，澳門醉龍文化從一種本土的、行業的自發性的民間活動，逐漸轉變成一個重要的而具有代表性的城市節日，並透過此節日，將澳門的醉龍文化更全面地推向世界。澳門醉龍文化從此步入新的歷史階段。

在 2008 年，中山的"醉龍"率先以"傳統舞蹈"類別成功列入第二批國家級非物質文化遺產的擴展項目中的"龍舞"一項，列入其名錄之中，澳門鮮魚行總會遂於 2009 年向澳門政府申報"澳門魚行醉龍文化"的本地非遺項目，[165] 並隨後於 2011 年成功列入《第三批國家級非物質文化遺產名錄》。與中山的醉龍不同，澳門魚行醉龍文化以"民間信俗"的類別成功申報國家級非遺項目（序號：992，編號：X-85），並成為澳門其中一個民間節日，反映醉龍在澳門的發展是傳統習俗與生活文化的相互結合。與此同時，隨着非遺項目的申請，與醉龍相關的研討會亦相繼舉辦。據《澳門日報》報導，在 2009 年四月初八當天，首次舉辦與醉龍相關的系列活動：

> 今年除將舉辦更大型的舞醉龍巡遊及派龍船頭飯外，還將舉辦"龍騰醉步耀濠江"專題攝影比賽，以及鮮魚行醉龍文化專題研討會，進一步弘揚及發掘魚行醉龍深層文化底蘊。[166]

反映了澳門舞醉龍活動的文化內涵不斷豐富。鮮魚行更在 2010 年邀請澳門以外地區的隊伍參加醉龍醒獅大會巡遊活動，包括珠海斗門乾務鎮飄色隊，並由台灣體育學院龍獅隊表演競技舞龍與戰鼓、台灣卓蘭實驗高中舞龍隊表演荷

---

165 鮮魚行總會於 2009 年將"澳門鮮魚行醉龍"此種集民間舞蹈及民族特色的活動申報為澳門非物質文遺項目，參看〈醉龍申文遺促傳承發展〉，《澳門日報》（2009 年 2 月 25 日）。

166〈醉龍巡遊系列活動五一展開　辦攝影賽研討會論魚行醉龍文化〉，《澳門日報》（2009 年 4 月 27 日）。

花龍及特技扯鈴。[167] 此舉不單為巡遊增添特色，亦體現鮮魚行作為一個民間社團，為澳門與其他地區之間的文化交流作出貢獻。

另一方面，醉龍醒獅大會備受澳門政府重視，時任行政長官何厚鏵及社會文化司司長張裕分別於 2009 年、2010 年參加醉龍醒獅大會的開光儀式。[168] 澳門特區政府於 2009 年祖國成立六十周年的花車巡遊中，更添加了與醉龍相關的元素，[169] 標誌着醉龍文化被承認為澳門文化的一部分。

隨着澳門舞醉龍在 2011 年成為國家非物質文化遺產，相關學術討論隨之開展，舞醉龍的表現程式亦有所改進。由最初以醉意舞龍的內在意識為先，改為以形態為首。按照過往的做法，舞者在舞醉龍時都會以白酒或米酒相配，飲至微醺，需要由兩個人攙扶，左右擺動，而其他人會將酒噴灑在舞者的頭上、面上。舞者並無固定步法套路，純粹即興選擇動作；而舞醉龍改為以形態為首後，講求身體協調及一致性，舞者一般會用啤酒代替，再配合經澳門鮮魚行總會內武術界名宿及傳承人改良、創出的一套舞龍動作及步法，將口中的酒適時噴灑出來。[170] 當然，此番改變目前尚存在一些爭議，但從使舞醉龍更適合表演之用，易於學習，並且更易於將舞蹈等藝術吸收於其中等方面言，實有一定的優點。如在 2010 年上海世界博覽會中，澳門的舞蹈團參與巡遊演出，在各國遊客面前將醉龍文化展示出來，受到好評。[171]

自澳門舞醉龍在 2011 年成功申請成為國家級非物質文化遺產以後，澳門鮮魚行總會頻繁與政府及各社團合作，將澳門醉龍文化普及至大眾，並把它作為慶祝的節日。2012 年 1 月 18 日，澳門鮮魚行總會與澳門博物館合作，舉辦

167〈斗門飄色台灣龍獅助陣　醉龍醒獅盛會下月舉行〉，《澳門日報》（2010 年 4 月 26 日）。

168〈醉龍醒獅大會精彩吸引　昨派出逾三萬份龍船頭飯兩街市現人龍〉，《澳門日報》（2009 年 5 月 3 日）；〈龍騰醉步耀濠江聲勢浩大　飄色荷花龍等表演添氣氛　龍船頭飯派近四萬份〉，《澳門日報》（2010 年 5 月 22 日）。

169〈光榮的工作　喜悅的回憶〉，《澳門日報》（2009 年 10 月 14 日）。

170 澳門博物館：《澳門魚行醉龍節》（澳門：澳門特別行政區政府文化局，2012 年），頁 21。

171〈澳藝團世博登場〉，《澳門日報》（2010 年 6 月 2 日）。

為期四個月的《醉舞龍騰 —— 澳門魚行醉龍節》的展覽；[172] 更走入澳門各個中小學校園，向年輕一代講述醉龍文化；[173] 甚至到幼稚園畢業典禮上表演。[174]

澳門鮮魚行總會在政府部門的協助下，自 2012 年開始一直致力於醉龍文化的普及與傳承工作。他們舉辦舞醉龍的培訓，使年輕一代傳承起舞醉龍技藝，並開始將之傳授予魚行外部的民眾。[175] 又與不同的藝術團體合作，[176] 參與全體活動，[177] 在內地、國外表演。[178]

而在藝術表演中，2014 年由澳門的穆欣欣新編的近代史詩京劇《鏡海魂》，[179] 當中亦加入了舞醉龍的元素。此劇更於 2019 年澳門藝術節編成正式的粵劇版本，正式推出舞台。這可以看到澳門的舞醉龍，從內而外地傳播，甚而從外又傳回內，以一個本身的視野，去審視自己的民俗文化的表演。

澳門鮮魚行四月初八的舞醉龍活動，連同神誕或傳統節慶的儀式，以及常年的不定期助興活動、藝術元素、旅遊資源，開始以非物質文化遺產之名巡遊、演示，以展現其傳統文化之特色。以上種種的發展已經充分說明它已經可完全獨立於神誕或傳統節慶，而以龍文化的展現方式演示於大眾。澳門舞醉龍在 2011 年成為非物質文化遺產後，實際上這種活動已由原本魚行自發的民族活動變成澳門的節慶。

回歸後澳門的舞醉龍活動，逐步成為一種旅遊資源，其重要原因是這種鮮

172〈澳博館辦醉龍節展迎龍年〉，《澳門日報》（2012 年 1 月 14 日）。

173〈魚行醉龍節校園推廣〉，《澳門日報》（2012 年 10 月 27 日）。

174〈明愛幼稚園畢業禮熱鬧〉，《澳門日報》（2013 年 6 月 25 日）。

175〈設練習場辦培訓班納青少年　醉龍文化傳承發揚〉，《澳門日報》（2012 年 2 月 23 日）。

176〈蔚青舞蹈團赴港參賽獲獎〉，《澳門日報》（2012 年 9 月 2 日）。

177〈舞醉龍新麗華廣場獻演　弘傳統增旅遊元素　為小城添亮點〉，《澳門日報》（2012 年 4 月 2 日）；〈慶祝澳門回歸祖國十三周年　澳門拉丁城區幻彩大巡遊今午盛大舉行〉，《澳門日報》（2012 年 12 月 20 日）。

178〈領事團欣賞澳門藝術節〉，《澳門日報》（2013 年 6 月 3 日）；〈魅力里斯本〉，《澳門日報》（2014 年 8 月 6 日）。

179〈用京劇醉龍舞配上現代元素展現澳門故事　澳蘇首度聯手打造《鏡海魂》〉，《澳門日報》（2014 年 7 月 11 日）。

見的民間技藝，在龍舞動時噴酒的形式，使之具有視覺上的獨特效果，尤其吸
引了攝影愛好者的注意。[180] 為拍得舞醉龍的英姿，攝影愛好者紛擁而至，相互
"競逐"。而外地攝影愛好者更特意組團來澳，一睹舞醉龍之風采。可見舞醉
龍的觀賞性使其逐漸變成澳門向外推廣、吸引遊客的一項旅遊資源。

　　在回歸以後，澳門的發展進一步以旅遊業為中心，並於 2002 年開放博彩
經營權，擴充了博彩業的發展，旅遊博彩業由是成為澳門的經濟核心。根據澳
門統計暨普查局的調查數字所得，由 2002 年起至 2009 年澳門魚行醉龍節被列
入《澳門非物質文化遺產預備名錄》為止，澳門的入境旅客人數的變化如下：

年 / 月份	人次
2002/5	943,352
2003/5	596,628
2004/5	1,327,412
2005/5	1,539,534
2006/5	1,707,155
2007/5	2,121,988
2008/5	2,587,147
2009/5	2,205,208

從上面表格內的數據可以看出，在中國政府放寬到港澳地區個人行（又稱"自
由行"）的影響下，除 2003 年 5 月份入境旅客人數受非典型肺炎疫情影響而減
少之外，2004 年至 2008 年入境旅客的人數均逐年穩定上升。澳門鮮魚行醉龍
隊更於 2001 年獲澳門特區政府頒發 "旅遊功績勳章"，肯定了魚行醉龍活動在
澳門旅遊事業的發展進程中所作出之貢獻。

　　另外，非物質文化遺產在國內得到落實也是醉龍節產生的另一個重要原

180〈舞醉龍傾倒中外遊客居民　拍友蜂擁至卅多港人組團來澳拍攝〉，《澳門日報》（2007 年 5
　月 25 日）。

因。2005 年 3 月 6 日，中國國務院辦公廳提出了"建立非物質文化遺產代表作名錄體系"計劃，並在 2006 年正式確立及公佈了"第一批國家級非物質文化遺產名錄"，標誌着非物質文化遺產得到中國政府的重視、支持以及受法律上的保護。至 2008 年，中山的"醉龍"率先以傳統舞蹈成功列入第二批國家級非物質文化遺產中擴展項目"龍舞"一項之名錄當中。在此之下，澳門鮮魚行總會在 2009 年把舞醉龍文化向澳門特區政府申報成為非物質文化遺產項目，[181] 最後以"澳門魚行醉龍節"入選該年的《澳門非物質文化遺產預備名錄》；其後於 2011 年 5 月 23 日入選《第三批國家級非物質文化遺產名錄》，可見在非物質文化遺產在中國興起所帶動之下，澳門醉龍活動由此正式成為澳門本地及國家的非物質文化遺產，並以節慶的形式留在市民及旅客的腦海之中，醉龍節亦發生一定轉變，例如在此之後陸續開始舉辦一些關於醉龍文化的討論會，也有邀請外地的隊伍參加醉龍醒獅大巡遊，甚至到葡萄牙的里斯本作展示等等，這都顯示醉龍文化的涵蓋面越來越廣，已變成澳門其中一個重要的節日。

2. 2019 年魚行醉龍節

　　魚行醉龍節於每年農曆四月初八舉行，而四月初八又被魚行內的人士稱為"團結日"，象徵在那天魚行上下能暫且放下日常的矛盾或分歧，團結一致籌備每年的醉龍節，並有寄望來年事事順利，生意興隆之意。2019 年魚行醉龍節的活動按時間可以分為三天，[182] 由四月初六晚起至初八晚結束，其活動分佈如下表：

---

181 〈建議辦專題文化節廣邀專家學者挖掘整理　沈秉和關偉銘：申遺項目利傳承〉，《澳門日報》（2009 年 2 月 25 日）。

182 在漁穫豐富的年代，魚行內的人士會在下班後才拿着各種道具，拖着鑼鼓於街上巡遊至各個街市和魚欄。時至今天，由於活動規模的擴大及受魚行發展變化的影響，魚檔和魚欄在每年的四月初七和初八都會休息，以舉行"魚行醉龍醒獅大會"。

日期	活動	地點 / 舉行時間
四月初六（5 月 10 日）	曲藝晚會	三街會館前地 18:00-22:00
四月初七（5 月 11 日）	曲藝晚會	三街會館前地 18:00-22:00
	龍船頭飯宴	三街會館前地 19:00
	龍船頭盤菜宴	紅街市前地、祐漢街市前地、沙梨頭街市前地、台山街市前地 19:00
四月初八（5 月 12 日）	祭祀大典	三街會館 8:00-9:00
	醉龍醒獅大巡遊	澳門半島各區 9:00-16:00
	龍船頭長壽飯	營地街市　　15:00 紅街市　　　11:00 祐漢街市　　12:00 台山街市　　12:00
	工作人員聚餐晚宴	萬豪軒酒樓 20:00

　　由上表可以看到，2019 年魚行醉龍節的活動內容可分為曲藝晚會、龍船頭飯宴、醉龍醒獅大巡遊和派發龍船頭長壽飯。

（1）曲藝晚會與龍船頭飯宴、龍船頭盤菜宴

　　曲藝晚會可視作醉龍節的一項娛樂節目，主要目的是慰勞一些行友、各個街市及魚行總會的成員，當中包括營地街市的張國柱先生。今年舉行曲藝晚會的地點是三街會館前地，農曆四月初六（5 月 10 日）已經開始，首日為粵曲表演，第二日為粵劇折子戲。下面為舞台的方位圖：

圖 2-7　紅街市的派龍船頭飯（2019）

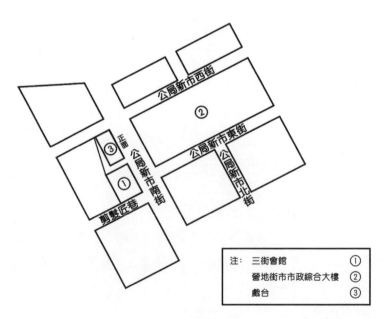

注：　三街會館　　　　　　　①
　　　營地街市市政綜合大樓　②
　　　戲台　　　　　　　　　③

圖 2-8　魚行醉龍節營地街市曲藝晚會戲台位置示意圖（2019）

　　由上圖可見，曲藝晚會的舞台位於三街會館前，面向營地街市綜合大樓，舞台以竹棚搭建而成，用紅色布鋪陳作底，舞台中心貼着以毛筆寫成的紙條，上書今年有份捐贈予魚行醉龍節人士的姓名以及所屬的街市，左邊則為營地街市龍船頭飯的捐贈台單，台的兩旁掛有 "鏡海遊龍今日醉，中華偉業萬年興" 的對聯。當晚演出的折子戲順序及相應演出者如下：《虎丘驚艷》——阮順娟、黃碧絲；《刁蠻公主戇駙馬》——鄧華超、黃梅芬；《牡丹亭之幽媾》——陳建中、黃森娥；《歡喜冤家鬧洞房》——阮順娟、黃碧絲；《殺廟盟心》——鄧華超、黃梅芬。事實上曲藝晚會早已有之，在 1963 年的《華僑報》中曾對曲藝晚會有過較為詳細的報導：

　　　　參加是次大敍餐的鮮魚行友及家屬，子女等數逾千人之多。晚上七時半在三街會館前地由魚行中樂組演唱粵曲助興。粵曲節目計有：梁山伯訪友——鮑玉屏蓮合唱。李懷庵遇玄機——梁兆榮，鄧麗群合唱。梅花仙子——梁兆榮，何詠琴合唱。華容道——麥覺聲唱。願為蝴蝶繞香墳——陳愛華唱。夜訪陳圓圓——梁龍安，何詠琴合唱。六月雪——鮑玉屏蓮合唱。雁南旋——梁兆榮，鄧麗群合唱。吟盡楚江秋——梁兆榮唱。西施——何詠琴唱。[183]

　　從這篇報導中可以看到曲藝晚會舉行的地點是三街前地，直到今天仍維持不變。另外值得注意的是表演內容的變化，由 1963 年的粵曲表演，演變成今天的粵曲和粵劇折子戲表演，分別在農曆初七和初八上演。

　　除了曲藝晚會，今年醉龍節亦於 5 月 11 日（四月初七）晚上七時在各個街市前地舉行 "龍船頭飯宴" 或 "龍船頭盤菜宴"。今年龍船頭飯宴的地點同樣設於三街會館地，即曲藝晚會舞台前方，擺放了五張圓桌，並以塑膠櫈為

---

183 〈今日浴佛節　魚行舞醉龍　港九行友來澳參加敍餐〉，《華僑報》（1963 年 5 月 1 日）。

座，桌上放滿飯菜，有魚、有肉、有菜、有酒，似一般的家常便飯，進食的人士均為營地街市中的職工人員及他們的家人，有老有少，還有其他行友，聚餐的人在場內有說有笑，相互敬酒，氣氛熱鬧。而龍船頭盤菜宴則分別在紅街市、祐漢街市、沙梨頭街市和台山街市舉行，對象則為各個街市的職工人員以及所有外來的民眾，在餸菜方面一直以來均無固定。

其中在紅街市前地，傍晚六時左右就進行"祭龍神"的敬神儀式，神壇設於街市外面，背對街市，壇案的中間擺放一個大香爐，兩旁各備一壺酒，周圍放滿赤身金鱗的醉龍和一條金色龍身的醉龍，[184] 背面放有一碗由瑤柱、髮菜、雞等組成的祭品。儀式先由紅街市的關偉銘先生點上三枝大香，然後再由其他成員陸續上香，再用木龍向神壇祭拜行禮，為紅街市盤菜宴揭開序幕。

上香儀式完結後，由一名舞者托着龍頭圍繞着木櫈上的酒甕進行舞醉龍的表演，不久後又有一名舞者托着舞尾加入，後來有更多舞者加入，當中不乏青年舞者，及後十名青年舞者高舉木龍，利用酒甕及木櫈作演出，氣氛被推到高潮，場面熱鬧，吸引大批路過的市民、街坊和遊客駐足圍觀，更招來不少攝影愛好者前來拍攝，記錄美好時光。

紅街市的工作人員於神壇的旁邊搭起臨時帳篷，晚間的盤菜宴就是在此地準備的。踏入晚上七時，盤菜宴正式開始，街坊市民、遊客以及工作人員，隨機圍坐一起進食，談天說地且無分你我，而盤菜的內容方面，上層由雞、燒鴨、瑤柱、髮菜組成，下層則有鮑魚、蓮藕、豬皮、蘿蔔、鱔、魷魚等，材料相當豐富。盤菜宴一直到晚上約九時結束。

（2）醉龍醒獅大巡遊

按照以往慣例，在巡遊前都會舉行龍、獅的點晴儀式，2019 年魚行醉龍也

---

184 醉龍的龍身有以下幾種顏色：分別為赤、紫、白、金、青五種，在 2019 年的醉龍節中，只見赤色與白色之龍身出現，其餘未見，亦未能查證不同顏色的龍身之分別及各自代表的含義。

圖 2-9　新一代醉龍舞者

圖 2-10　農曆四月初八魚行醉龍節於議事亭前地的活動（2019）

不例外。5 月 12 日早上七時左右，三街會館前地已見工作人員在籌備八時舉行的傳統祭祀儀式，其詳細情形已在前章節中敘述，這裡不復記錄。完結後便在九時於議事亭前地舉行祭祀大典，2019 年邀得以下嘉賓出席：

> 社會文化司代表、文化局副局長梁惠敏，中聯辦宣傳文化部副處長辛建波，體育局長潘永權，澳區全國政協委員周錦輝，霍英東基金會總幹事史濠，澳門基金會行政委員會委員何桂鈴，市政署食品安全廳長張桂達，文化諮詢委員會委員馬若龍，中國澳門體育總會聯合會會長馬有恆，市販互助會會長陳達源等嘉賓，在澳門鮮魚行總會會長蘇中興，永遠名譽會長陳少雄、廊達財、林樹棠，名譽會長黃永謙、鄭志錦、周志文、程炳濂、賴振權及多名負責人陪同下，分別參拜、上香、奉祭品，並為醉龍醒獅點睛和簪花掛紅。[185]

在醉龍點睛儀式完成後，魚行醉龍隊派出二十人分別手持龍頭和龍尾，在鑼鼓聲中邁出醉步相互轉圈追逐，口中不時噴出酒花；然後再進行醒獅點睛儀式，緊接為魚行醒獅隊派出三頭雄獅登場，分別是黑獅（張飛）、紅獅（關羽）和黃獅（劉備）；[186] 其後是穿着紅衫紅褲的旗隊進場，然後是武術表演，分別有螳螂拳、長棍對打和長鬚劍；接着是由身穿白衫黑褲紅腰帶的燈隊繞圈演出，分有魚燈和蝦燈，交錯揮動，最後以所有嘉賓拍攝大合照為結束。

　　議事亭前地的儀式結束後，魚行醉龍隊分為兩組，一組留在營地街市進行"旺街市"的活動，即到街市中各個魚檔舞動龍獅，以示寄望接下來繼續平安、生意興隆，再經內港一帶到沙梨頭街市，另一組則坐上貨車從營地街市出

185〈鮮魚行主辦　傳承推廣傳統風俗文化　醉龍醒獅巡遊喜慶熱鬧〉，《澳門日報》（2019 年 5 月 13 日）。

186 昔日參與魚行醉龍節表演的人士來自兩個方面：其一是來自武術班，其二是昔日在路邊擺攤的小販，他們都有習武的習慣，而這批人又可分為舞醉龍和醒獅兩派，一直流傳至今。

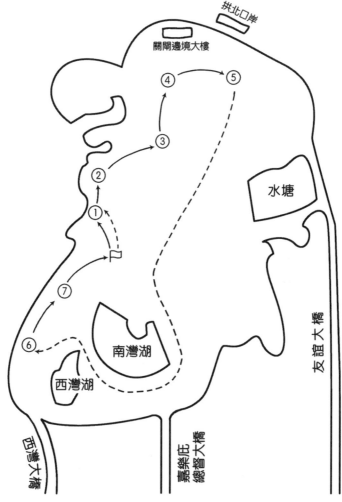

注：
內港	①	媽閣廟前地	⑥
水上街市	②	下環街市	⑦
紅街市	③	營地街市	⊓
台山街市	④	行車路線	→
祐漢街市	⑤	步行路線	⋯→

拱北口岸

關閘邊境大樓

水塘

友誼大橋

南灣湖

西灣湖

西灣大橋

嘉樂庇
總督大橋

圖 2-11　澳門醉龍節巡遊路線圖（2019）

發，經關前街到內港與第一組會合，再到紅街市、台山街市，再分別到祐漢街市，並在其魚檔進行"旺街市"及在街市旁邊午膳，然後再到媽閣廟前地、下環街市及周圍的魚欄，經十月初五街返回三街會館結束。從巡遊路線來看，其主要是圍繞澳門的各個街市、廟宇及魚欄進行，如十月初五街（昔日有吗孟街市在其中）、草堆街、康公廟前地、巴素打爾古街等昔日魚業興旺的地方，雖然隨着澳門魚業的衰退，這些地方今天都有不同程度的沒落，但魚行醉龍隊在巡遊時仍會經過這些地方，表面上顯示魚行對於傳統巡遊線的保護，更重要的是借巡遊懷念或紀念昔日魚業之興盛，此現象亦體現了澳門魚業在城市化的帶動之下所面臨的問題。另外值得一提的是，在成功申請非遺後，醉龍醒獅巡遊曾多次邀請外地體育會或高校隊前來參與，如 2016 年請來了新加坡達曼裕廊民眾俱樂部裕文龍獅團、馬來西亞柔佛州麻坡康元龍獅體育會、台灣體育運動大學武術龍獅戰鼓團、香港郭氏功夫金龍醒獅團、泰國坤敬樂曼金龍獅體育會、印尼民丹島龍獅體育會。後於 2017 年在祐漢公園舉行"濠江獻藝創意龍"邀請賽，隊伍來自新加坡惹蘭龍獅坊、馬來西亞高峰龍獅體育會、台灣威勁武術龍獅戰鼓團及日本神戶市立神港橘高校，這不但體現澳門與外地的交往，更代表通過醉龍節所產生的相互的文化交流。

（3）龍船頭長壽飯

龍船頭長壽飯又叫龍船頭飯。作為另一種魚行醉龍節的傳統習俗，龍船頭飯最初起源於澳門魚行內的行友及其親屬在內所參與的一種聚餐盛會，後來演變成由魚行員工主理烹製飯菜，向市民大眾派發，最早開始這項活動的地點是營地街市，其後到 1988 年，紅街市也開始自行烹製來派飯，至上世紀 90 年代未期，水上街市也有參與其中，而祐漢街市則在 2013 年起開始向公眾派發龍船頭飯。[187] 在 2019 年醉龍節派龍船頭飯的活動中，參與的街市分別為營地街

---

187 根據營地街市的張國柱先生口述，當下各個街市所舉辦的龍船頭長壽飯在財政和製作方面皆是獨立進行的，所以有部分街市因財力和人力問題而沒有參與其中。

市、紅街市、祐漢街市和今年新增的台山街市。其中紅街市的派飯活動吸引大批市民排隊，在早上十點左右先舉行祭拜儀式，其後開始派飯，期間不斷有舞者手持醉龍表演；而祐漢街市亦於上午十時三十分左右展開派飯活動，由鮮魚行總會會長蘇中興主持開幕儀式，先向神壇上香，再向街坊派飯，逗留時間約為 15 至 20 分鐘，其後由祐漢街市的職員接手，到場的市民眾多，且皆面露笑容，人龍一直排到祐漢街；而營地街市的派飯儀式則由梁安琪女士於下午三時主持。在龍船頭飯的內容上，可以分為齋菜飯和含雜食飯（即含有燒肉）兩大類，其中營地街市派的是雜食飯，其餘如紅街市、祐漢街市和台山街市所派的則是齋菜飯，另外今年台山街市的龍船頭飯是由市面購入，並非該街市的人員自行烹作。

龍船頭飯從形式上又可以分為兩大類，一是持飯票到四個街市排隊（各個街市有自己專屬的飯票），飯票專給魚行內的人士或有份對該活動進行捐贈之人士；另一種是無飯票者亦可到場排隊輪候，但有持票者派飯為先、無票者為後之區別。

澳門的舞醉龍由當初流傳於魚行內部活動，隨着時代的變遷，魚行內部人員凝聚起來，各種力量和資源集中而變成為現今與社會相結合的醉龍系列活動，此點由 2019 年魚行醉龍節中龍船頭盤菜宴、醉龍醒獅大巡遊和龍船頭長壽飯的系列活動中不難看到，當下醉龍文化已與澳門城市文化融為一體，這不但體現在上面所述的活動與市民社區的連結，更重要的是它已經成為澳門的一種獨特旅遊文化資源，配合整個澳門的經濟發展。醉龍節與社區大眾的聯繫是相互影響的，所以魚行醉龍節在未來必然繼續會受到一些影響和作出某些改變，這也符合龍文化多變的特質。

小結

通過地方志的記載我們可以看到，從黃佐至清乾隆年間的《香山縣志》及《廣東通志》，舞醉龍的詳略記錄已有所異，這説明了它一直存在變化。但是，舞醉龍卻一直定於農曆四月初八。其中浴佛之舉，只是同在一天舉行的民間民俗、宗族祈願、農時活動，與佛教的關聯不大。而對於在瓊州府曾在明嘉靖至清乾隆年間曾一度出現的舞醉龍的軌跡，當為中原文官、閩查居民帶來的文化傳播，在該段時間於瓊州府居住，以及其經濟活動連帶造成的。但當清代中葉軍官管理的瓊州，中土文化不能繼續經營的時候，瓊州的醉龍軌跡即不復見。但是，我們不能就此忽視瓊州的醉龍活動的跡象，因為通過人脈的傳播、宗族的流動、經濟的販賣、瓊廣津渡的密切，瓊州的醉龍形式很可能至今仍潛藏於澳門或中山的醉龍活動之中。所以，瓊州可説是醉龍文化形成的其中一個點，而這個點又指向回到香山縣去，並在乾隆後集中起來，繼續其發展。

至於舞醉龍的精神，與其在香山縣的確立，從清道光年間至光緒年間，四月八日的舞醉龍結合了民生、農時、宗族祈願，體現出一種民俗的形成。完全是在香山在地化，號召起沙田的查民，早期的閩粵移民，讓香山人連成一體。舞醉龍的發展具有一定的規律與程式性，並形成一個跟今天看到的舞醉龍相近的程式。

因為政治、經濟、社會等原因，通過人口的遷移，香山族群從 19 世紀中葉始大量結聚在澳門，並有機地與行業結合，使舞醉龍的文化民俗通過一個族群繼續承傳於澳門。而藉此民俗，人們號召着宗族行業結團，體現了社群的倫理精神。雖然，舞醉龍曾在 20 世紀中葉後於中山中斷過，但經過澳門魚行自 80 年代開始的反饋與回溯，中山於 2000 年已經能回到他們對醉龍舞蹈文化延續的肯定了。所以，醉龍活動其實一直長存於民間，並且延綿不斷，在經歷短時間的消失後仍可復興。而各地方舞醉龍的具體內容，亦通過其傳播的方式變得具有地方的特色，使各地的舞醉龍具有獨特的形式。

　　在澳門，舞醉龍從 20 世紀 30 年代開始擴大，即呈現在鏡頭前面，發展成為一種民俗活動，對社會社群服務、團結民間起着正面的影響，其作為一種龍文化的傳播，是與中土一脈相連的民俗行為。當澳門在 80 年代經濟起飛後，舞醉龍除了體現澳門人的生活、魚行團結的社群文化及農時倫理外，已經開始步向提升城市發展的指標，使整個舞醉龍活動進一步程式化，甚至與政府官員有聯繫，不再是社群自我的活動。到了上世紀 90 年代，舞醉龍開始變得 "城市化"，與旅遊相結合，並慢慢變成澳門旅遊文化的標誌。於是自 2009 年起，演變成今天看到的非遺化的舞醉龍活動。而這一切的變化，和民眾與習俗、社群與行業、社會與整個地區都緊緊扣連在一起。舞起醉龍時，把似斷非斷，似醉非醉的民俗精神連在一起，既有民俗中的個體性也有獨特性，更有族群的整體性。龍文化精神是尊重每一關節個體，而又體現整體精神所在的社會倫理。[188]

---

[188] 第二章第五節至小結作者：吳浩文、李宏俊。

● 本章主要探討當代澳門除舞醉龍外其他舞龍活動的發展狀況。

● 澳門雖一度成為葡萄牙的殖民地，但舞龍活動卻不曾間斷，而其龍文化亦一直傳承至今。澳門當下的舞龍活動，以港澳本地的稱呼可分為南龍和北龍兩種。按《澳門龍獅文化通覽》所敘：「南龍，顧名思義，是江南一帶發展出來的舞龍形式。」南龍其中一個特點是與北龍比較，龍頭、龍身都較重。作為整條龍最重要的部分，龍頭是用竹紙紮成，包括眼、嘴、舌頭、腮、角、鬚等等的部分。龍身方面，傳統南龍龍身會加上由布縫成的花紋，整條龍的長度偏長，甚至可達千米，舞動時需要的人數至少要十幾人，有時候甚至要上百人，通過不同的舞法能創造各種陣式，舞動時甚具氣勢，莊嚴威武，一般出現於慶典之中，故又統稱為「節慶龍」。

澳門的節慶龍以「大金龍」為典型。相對而言，北龍的龍頭和龍身皆相對輕巧細小，製作的用料方面可分為傳統的紙紮或現在較為新穎的膠質，由於體型比南龍輕和小，更能縮窄活動範圍，適合於室內舞動，通常出現於室內之體育競技比賽當中，以「九節龍」為標準，又叫「日光龍」。與節慶龍的氣勢相比，北龍主要突出的是其靈活性和節奏感，因此與節慶龍有所分別，既有傳統的鑼鼓，也會有用現代音樂襯托，且在較為昏暗的環境中會配上螢光物料製成的龍身，能將龍的身段清楚展現出來，具有高度觀賞性，因此在現代發展出一項新的舞龍運動——「夜光龍」。由於九節龍與夜光龍均為現今舞龍運動之典型，因此這裡統稱為「競技龍」。綜上可見，澳門當今的舞龍，有兩種分類方法：南龍與北龍；節慶龍和競技龍。

第三章

澳門舞龍文化的演變

一 澳門當代舞龍的概況

1. 澳門現代龍文化傳播的社會背景

舞龍雖然為中華地區常見的活動，但澳門自 16 世紀中葉起，由於葡萄牙人入據，而使舞龍活動帶有特別的象徵意義。龍文化得以在現代澳門傳播，則與澳門華人人口不斷輸入有關，特別是與澳門華商組織在 19 世紀下半葉的興起息息相關。

（1）澳門華商組織的特殊地位

澳門舞龍活動的起源，最早可追溯至 19 世紀末。19 世紀中葉華人增加，前章已有述及，但於此需要補充的是，隨着經濟的崛起，澳門華商的組織從以三街會館的業緣性組織，發展至帶有慈善性質的組織，其中以鏡湖醫院、同善堂的設立最具代表性。[1] 澳門鏡湖醫院是華商沈旺、曹有、德豐及王祿[2] 於 1871 年申請立約，翌年落成啟用的，其功能除行醫施藥外，還處理如救災、教育、修路等澳門華人的各項公共事務，並統理着澳門廟宇的事務。另一方面，澳門的華商領袖在崛起以後，還參與澳葡政府的活動，接受葡萄牙王室的賞賜，聯繫了澳葡政府與華人的關係。在這樣的環境下，澳門的華人社團不僅擁有足夠的資本發展經濟，並且還得到澳葡政府的允首，於澳舉辦大型的慶典活動，而

---

1 吳志良、金國平、湯開建著：《澳門史新編（第一冊）》（澳門：澳門基金會，2008 年），頁 251-253。

2 沈姓為澳門望廈村的四大姓之首，而沈旺（又名沈榮煜）為 1867 年重修觀音古廟的值事；曹有在澳門多有物業，為促進華商與澳葡政府關係，其於 1880 年曾無私贈送政府 "水車一架"，而於同年，曹有獲葡萄牙皇室賜聖母金星勳章，為晚清最早授勳的澳門華商；德豐為澳門 "德豐號" 的東主，其名由此而得；王祿與其子王棣從事房地產、當押、酒店及賭博等多門業務，並開發了福隆新街。可見此四人均為當時澳門有名的華商。參看：吳志良、湯開建、金國平：《澳門編年史（第四卷）》（廣州：廣東人民出版社，2009 年），頁 1815-1816；林廣志：《澳門晚清華商》（香港：三聯書店〔香港〕有限公司，2015 年），頁 23-55。

舞龍即為其中之一：

> （1894 年）9 月 12 日（農曆八月十三），澳門華商集巨資酬神演
> 醮，連續數日。僱召名班，金龍舞獅，名班彩色，各處巡行，極為
> 熱鬧，極一時之耀。此次酬神會景，聞約費 4000-5000 金云。[3]

據此段記錄，華商會在中秋節的時候花費重金，邀請龍獅、彩色巡遊酬
神，這可視為澳門節慶龍之先驅。而據今文獻所見，澳門在當時尚未出現專門
舞龍舞獅的團體，故是次舞龍的團體應是從中國內地邀請進來的。

華商能夠舉辦如此大型的活動，必然得到澳葡政府的首肯。同年（1894）
6 月 8 日："為能順利將華民居戶整飭潔淨，澳門政府以為本澳華紳襄理一切，
最屬合宜，特飭設一公所，以資襄理……"[4] 可知澳葡政府已指示華紳負責管理
該年中秋節廟慶典活動之事宜。這一再説明至遲在 19 世紀末期，華商名紳已
成為華人社群的核心，替澳葡政府襄理華人社群的民俗活動，而舞龍隨即出現
於澳門。

另外，舞龍活動除了隨着華人社群及商人的崛起而興起外，還是澳葡政府
穩定在澳華人的措施：

> （1907 年 3-6 月）在 4 月 7 日之前的一個禮拜，澳門及馬騮洲兩
> 處去世人數 83 人。僑寓華民因恐被傳染，動多擾累，故捨此而去
> 者不止 2 萬人。災後地方寥落，雖政府極力招徠，准出酬神會景三
> 日，笙歌、雜耍、舞獅、游龍，四方來觀者不下數萬人，冀引居民

3　吳志良、湯開建、金國平：《澳門編年史（第四卷）》，頁 2033。

4　同上，頁 2031。

復業，然終屬無功。[5]

自鴉片戰爭以後，清朝被迫開放五口通商，再加上香港的開埠，使澳門不再是以往唯一的通商口岸 —— 廣州的外港，港口貿易大受打擊。這使澳門的經濟更加依靠於華人的生意及各項勞動。而傳統的華人舞龍有為地方驅逐瘟疫的意義（第四章的薄扶林村舞火龍即為一例），所以當華人因懼怕疫病而欲遠遷時，澳葡政府遂准許舉行大型的酬神活動，以祈穩定在澳的華人。

在 20 世紀以後，隨着清朝的滅亡與新中國的成立、西方思想的進一步引入，人們開始破除迷信思想。澳門舞龍由原來酬神除疫的形式，轉變成以對國家盛事的慶祝為主，試看下表所舉舞龍活動：

年份	活動名稱	活動內容
1937 年	澳門各界歡迎巴督大會	高蹺、飄色、彩車、塔牌樓、舞龍、舞蜈蚣等。[6]
1948 年	閩澳各界慶祝葡國總理薩拉沙博士就任廿週年紀念游藝大會	煙火表演、飄色巡遊（中山崖口雲梯鄉）、龍舟、舞龍（中山古鎮雲龍、珠海北山鄉金龍及翠微鄉金龍）、歌伶演出、醒獅巡行（本澳八間武館）等。[7]
1952 年	中國遊藝會（歡迎葡國海外部長羅瑟文蒞澳）	醒獅、舞龍（國術名宿陸智夫率舞紗龍）、高腳色、潮州音樂、粵劇《六國大封相》等。[8]

---

5 《澳門編年史（第一冊）》，頁 2144。

6 此據《永不回來的風景：澳門昔日生活照片》中若瑟・利維士・嘉德禮的照片所見，故未知巡遊表演之所有參與隊伍，亦不知舞龍是否為澳門本土的武術團體，抑或由外地團體所組織。參看《永不回來的風景：澳門昔日生活照片》。

7 《華僑報》（1948 年 4 月 16 日；5 月 23 日）。

8 《華僑報》（1952 年 6 月 12 日；4 月 23 日）。按：據 6 月 23 日的報導："⋯⋯正擬開始演出時，詎料天不造美，四時十分，忽然傾盆大雨，歷兩小時未止，各項表演，迫得在雨中舉行紗龍與醒獅會面一齣，亦無法表演，高腳色，亦為風吹雨打，只六國大封相一項，因有劇棚，尚可順利演出，不幸雨下過大，場地濕滑，演員異常不便⋯⋯"知當時之遊藝會因風雨而停止。

圖 3-1　1948 年參加 "闔澳各界慶祝葡國總理薩拉沙博士就任廿週年紀念遊藝大會" 巡遊的北山龍隊（由忠信體育會提供）

這些活動的總籌備者，皆為當時澳門中華總商會的主席。

澳門中華總商會（初名澳門商會），是 1911 年由華商蕭瀛洲等倡議申請註冊，於 1912 年 12 月獲里斯本方面立案社團的地位，[9] 標誌着華商組織已發展成政商性組織，[10] 是澳門華人社會在 20 世紀最重要的社團。而由於澳門作為葡萄牙的殖民地，若想與中國進行事務交涉，需通過國家之間的外交途徑，過程較為繁複，往往未能解決澳門的急切事務。於是澳門華商便在 20 世紀扮演着澳門華人社會、澳葡政府與中國政權溝通的代表，從中斡旋，以處理澳門的事務。[11]

當時華人能在澳門籌辦大型的舞龍、巡遊及遊藝活動，正是由於華商及中華總商會在當地的地位已經確立。及至在 20 世紀 60 年代出現的本土新春舞龍，亦與澳門的華商首領何賢有關，以下將會詳述，於此只欲說明由於華商作為商業及澳門華人社會領袖的特殊地位，在澳門能統籌舉辦大型慶祝活動，使龍文化得以在澳門傳播。

（2）澳門華人人口變遷

澳門自開埠起便是廣東省其中一個非常重要的對外貿易城市，這裡的人口增減自然受到其經濟變化的影響而有所改變，下面會概述澳門的人口變化（以華人人口為主），並列舉幾個重要的人口急速增長或衰退的時期，以說明澳門人口的變遷情況及性質。

澳門開埠以後，漸漸成為亞歐商貿的集中港和中轉站，商貿的興盛令經濟快速發展，人口隨之增長。"⋯⋯嘉靖四十二年（1563）人口最少似超過五千

9　邢榮發：《澳門中華總商會》（香港：三聯書店〔香港〕有限公司，2016 年），頁 35。

10　《澳門史新編（第一冊）》，頁 251。

11　如在 1952 年 7 月 25 日，駐守於關閘的葡兵越過了"中立線"，並刺傷了一名中國邊防士兵，以致廣東宣佈停止對澳門糧食及蔬果的供應。最後，澳門政府邀當時中華總商會正、副會長何賢及馬萬祺出面調停，方至平息，由此可見中華總商會的重要地位。參看《澳門中華總商會》，頁 47-48。

人以上，其中葡人佔有九百。"[12] 至 1640 年，澳門人口達 40,000 人之眾，[13] 這段時間不但是澳門經濟繁盛期，同時也是澳門人口增長高峰期。

至明清易代前後，農民武裝起義、清兵入關等事件令政治局勢動盪，社會不穩、經濟衰退等皆令澳門的人口有所影響，但最重要的影響來自清初於順治十八年（1661）實行的海禁、遷海政策，澳門雖能倖免，但在此政策下，附近原本富庶的沿海地區已變成了無人煙的荒地，澳門如同孤島，人口驟降。[14] 在收復台灣後，清朝開海禁，內遷人口逐步返回原來的地方，廣東沿岸地區經濟稍有起色。在澳門經濟漸露曙光之際，清廷卻分別於江、浙、閩、粵設關，而澳門亦設分關，隸屬粵海關之下，四省海關的置設，代表澳門已不是清廷唯一對外貿易的地方，從此經濟逐漸下滑。至清乾隆八年（1743）年澳門人口只剩5,000 人，為開埠以來第一次人口低谷。[15]

雖然澳門失去其對外貿易的壟斷地位，人口卻由低點逐步上升，原因是17、18 世紀的鴉片活動，在清嘉慶朝禁煙期間，澳門成為存放鴉片的地點，因而吸引不少冒險家、投機商等到來。至清道光十五年（1835），澳門的人口已逐漸恢復到接近明末的水平，形成澳門人口的第二次高峰。[16] 但到了清道光年間，欽差大臣林則徐加強禁煙手段，嚴厲打擊鴉片販賣，以致澳門的鴉片貿易屢受打擊，人口亦隨即大幅下降。加上鴉片戰爭後，香港開埠崛起，直接影響澳門的經濟，使澳門人口一直停滯不前。

自 19 世紀中葉起，清廷日漸衰落，加上各地天災、戰禍日益頻繁，辛亥革命後，雖然滿清政府的統治被推翻，中華地區卻未有迎來久違的太平，各處

---

12 鄭天祥、黃就順等：《澳門人口》（澳門：澳門基金會，1994 年），頁 25。

13 同上。這裡需指出的是，在澳門經濟的黃金時期（1578-1640），除商貿外，澳門同時還有鑄炮廠、船廠等其他工業存在，而文中只是強調商貿繁盛帶動人口上升，故此並未提及。

14 同上，頁 26。

15 同上，頁 15。

16 同上，頁 27。

軍閥混戰，以及後來的抗日戰爭等戰亂，導致民不聊生。澳門因為在地緣和政治上的特殊性，所以每當周邊地區有動亂或戰禍的時候，均沒有被捲入或受到直接傷害，從而成為內陸居民的臨時避難所。然而大量的人群遷入只是暫時性的，每當內陸局勢稍為平息後，遷入的人群總是大規模遷出。這種狀況，說明澳門人口具有很大的不穩定性。但是，頻密的人口遷移卻把各地（尤其是廣東地區）的文化帶進了澳門，龍文化即是其中之一。

從上文上世紀 30 至 50 年代舞龍活動的列表可見，中山崖口、古鎮以及珠海北山、翠微等地的舞龍就曾於澳門表演。而且這些舞龍多帶有地方特色，如中山古鎮雲龍，以及於 1910 年、1990 年來澳表演的新會荷塘紗龍，會將蠟燭置於龍身之中，並多在入夜時分舞動，很有特色。[17]

另外，人口的遷移還帶動了澳門本土武術的發展，特別在抗日戰爭時期，一批國內的武術界人士移居澳門，並在澳門開設武館。而廣東地區的武館向來有於神誕進行醒獅表演的傳統。彭偉文在研究佛山武館時就曾指出："廣州的武館多是由來自異鄉、在當地沒有宗族、工作不穩定的'不安定階層'組成，他們為了維護自己的權益，即組織武館並以醒獅參加地方上的廟會，以展示其實力"。[18] 這些武術人士在上世紀隨着時局的動盪而來到澳門，雖然一部分由於澳門人口"大起大落"的特性，在早期尚存在很大的流動性，如在抗日戰爭結束以後，一些武館雖然隨着局勢變化而外遷或返回內地，但有一部分的武館仍扎根於澳門，並發展起本土的武術及舞獅。而澳門的本土舞龍活動，正是由這些武館所演出，所以在舞龍時，也吸收了一些舞獅的元素。如時至今天，澳門一部分的節慶舞龍所用的音樂，尚沿用着舞醒獅表演的鑼鼓樂章。由此可見，這些武術社團隨着人口變遷來到了澳門，並於在地化以後成為了澳門龍文化發

---

17 林鳳群：《龍躍雲宵──六坊雲舞龍》（廣州：廣東旅遊出版社，2014 年），頁 6；李日星：《江門五邑風俗敍錄》（北京：中國書籍出版社，2012 年），頁 72-83。

18 彭偉文：〈清代到民國年間廣州及佛山的武館與勞動者互助組織──以廣東醒獅的傳承者集團為中心〉，載於《民俗研究》（2012 年第 2 期）。

展的重要基礎。

到了上世紀 60 年代末以後，澳門的製造業開始高速發展，就業機會大增，需要大量的勞動力。自此，穩定的城市發展使澳門足以吸收遷居的人口，大批來自廣東、福建等地的人士開始定居於澳，在 1960 年至 1991 年，澳門的人口由原來穩定徘徊的 160,000 人左右急速增至 350,000 人，而華人在當中即佔大比例。由此，華人的增加進一步促進了龍文化的發展，並使其在澳門本土化，出現了本土的舞龍。

2. 澳門當代節慶舞龍的活動

踏入 21 世紀，隨着澳門回歸祖國，龍文化進一步發展起來，時至今日，澳門已有多個較為典型、固定舉行的節慶舞龍活動，其中以農曆新年舞金龍為代表（此將在第二節中作案例詳述），現列舉幾個節慶舞龍的活動，以説明澳門當代節慶舞龍的活動類型：

（1）澳博除夕晚宴

作為澳門本地重要的博彩企業，由澳門博彩股份有限公司（下簡稱 "澳博"）於農曆新年所籌備的除夕晚宴已經舉行多年。根據《華僑報》的報導，早在 1989 年的澳門旅遊娛樂公司（2002 年前澳博之母公司）已設有除夕聯歡會，[19] 請得時任澳督文禮治夫婦及一眾澳門政商界人士出席，但當時的報導中並沒有提到舞金龍的活動，至 1993 年，澳門旅遊娛樂公司曾舉行金龍醒獅賀歲活動，地點為葡京酒店前地，並由何鴻燊主持金龍點睛儀式。[20] 而據現任忠信體育會的龍獅國術副主任郭志威先生所述，在 2000 年之前，澳門旅遊娛樂公司並不是每年都會於新春時期舞金龍，換句話説在千禧年之前，澳門旅遊娛樂公司雖然會舉行除夕聚餐晚宴，但是舞金龍的活動則未有固定下來。直到 2000

19〈除夕聯歡會何鴻燊致詞　促進澳門繁榮不斷努力〉，《華僑報》（1989 年 2 月 6 日）。
20〈假期結束港客賦歸　初二龍獅表演精彩〉，《華僑報》（1993 年 1 月 27 日）。

圖 3-2　年三十晚於新葡京前地舉行的舞龍（2017）

年的"送兔迎龍春節聯歡晚會"上，何鴻燊陪同時任行政長官何厚鏵共同為娛樂公司的金龍點睛，[21] 由此澳博的舞金龍和除夕晚會才正式連結起來。

　　後來隨着澳門博彩業的開放以及新葡京的正式落成啟用，澳博的舞金龍活動移師至新葡京酒店前地的廣場舉行，同時整個活動的單位亦由以往不同體育會共同承辦，變為由忠信體育會負責統籌及演出，不變的是每年都會邀請澳門政商界知名人士參與除夕晚宴，以及由行政長官主持金龍點睛儀式。澳博歲晚舞金龍活動逐步成為澳門迎新年的一項重頭活動，吸引了眾多市民和遊客圍觀，增添了澳門旅遊城市的色彩。

（2）北區金龍醒獅巡遊

北區龍獅賀新歲活動自 1989 年已有舉辦：

> "北區龍獅賀新歲"，自一九八九年開始舉辦，由北區三十多個社團，聯合舉辦的新春賀歲活動。主辦單位希望在新春期間，藉着舉辦各項慶新春活動，團結北區各坊會，促進社區睦鄰關係，群策群力，為北區市民服務。[22]

由上面的報導可以看出，這項活動舉辦於農曆新年期間，且由三十多個來自北區的民間社團聯合舉辦。其實早在上世紀 90 年代初期的舞龍醒獅賀新歲的活動，已有社團聯合舉辦的詳細記載，當中包括："台山坊眾互助會、菜農合群社、馬黑祐居民聯誼中心、青州坊會、筷子基坊會、望廈坊會及街坊總會望廈社區中心"，[23] 而且更由業餘體育會派出金龍醒獅隊圍繞整個北區進行金龍巡遊，路線從台山、筷子基、黑沙灣、高士德馬路直至沙梨頭。後來歷年都有舉

21〈何鴻燊在娛樂公司晚宴表示　配合特府振興澳門政策　考慮調低港澳船票價格〉，《華僑報》（2000 年 2 月 5 日）。

22〈北區龍獅賀新歲熱鬧〉，《華僑報》（2001 年 2 月 12 日）。

23〈北區金龍醒獅賀新歲　眾官紳出席熱鬧非常〉，《華僑報》（1991 年 2 月 22 日）。

辦巡遊活動，雖然路線時有改動，但大致範圍與上所述相同。而此舉之目的是團結整個北區的民間力量，達致社區和睦友好。還有一點值得一提的是，至2017年為止，這個由北區社團籌辦的活動，均由業餘體育會派出的龍獅隊負責表演，只是改於祐漢公園舉行活動，可見業餘體育會由1991年起，至少已參與此項活動長達十多年了。

北區地處澳門北部，尤其黑沙環和台山兩個地區鄰近關口，與珠海的拱北相接，陸路上是澳門往返中國內地的必經之路，加上來自澳門的外來人口增多，許多家庭落戶於北區，而這些家庭主要來自廣東台山、福建等地，因此保留着較濃厚的傳統文化，藉着農曆新年這個萬眾同慶的節日舉行舞龍活動，確實具有社區團結的象徵。

（3）公益金百萬行

由澳門日報讀者基金會創辦於1984年的"澳門公益金百萬行"是澳門最重要的慈善活動，到今天已有三十多年的歷史，成為澳門一年一度的盛事，主辦方歷來都嘗試加入不同的文化元素，舞龍醒獅巡遊便是其中之一。隨着社會各界對這項活動的重視與支持的增多，活動規模也越趨龐大，這對龍獅巡遊有直接影響：

> （1987）友義體育會與業餘體育會將分別表演龍獅助興，今年更增加了金龍表演。龍青體育會派出一百二十人組成的龍獅隊，金龍飛騰，醒獅起舞，將倍增熱鬧。[24]

據此報導所記述，1987年（第三屆）公益金百萬行中有多間體育會參加表演，並已有加入金龍演出。其中業餘體育會雖然早於1986年便開始參與此項慈善

---

24 〈公益金百萬行今晨舉行　近二萬人起步龍獅助慶〉，《華僑報》（1987年12月13日）。

活動，[25] 但從上述可見回歸前的龍獅表演並不是單一由業餘體育會獨力承擔，而是由澳門各個體育會共同演出的。在回歸以後，業餘體育會開始主力負責此項活動的龍獅表演：

> 業餘體育會將派出二百名資深會員及一百名學員為百萬行演出……，並於廣州及佛山訂製八頭新獅，並於本月六日進行開光儀式。另一位主角——金龍則如往年一樣，共分三十節，全長六十多米，將沿途與八醒獅一起表演。[26]

業餘體育會於該年派出 300 人參與，配上 60 多米的金龍，陣勢甚大，當日表演花式有"金龍出宮"、"金龍戲珠"、"神龍觀日"和"蛟龍逐浪"。金龍巡遊不單可以為步行隊伍造勢，更重要的是舞金龍背後代表團結一致的意旨，符合公益金萬百行齊心為公益的宗旨，所以金龍巡遊已漸成澳門公益金百萬行中一項不可缺少的表演。

上述三個例子中，澳博除夕舞金龍為澳門本地博彩企業舞龍活動的代表，後來成為春節假期市民及遊客的慶典活動；而北區金龍巡遊活動則是民間自覺發起組織的活動，旨在慶祝傳統節日的同時借機團結該地區的居民，達致和諧共處；最後的公益金百萬行金龍表演則為澳門大型慈善盛事之典型，舞龍在其中更多是表現出一種號召力量。由此可見，舞龍活動在澳門的傳播的形式是多元而且具有開放性的，只要到了需要它的時候，人們便會自然地將它的特質展現出來。

另外，澳門的武術團體歷來有以某個傳統神誕作為其會慶的習慣，並會在

25〈澳銀業集團伯爵贊助　業餘體育會金龍醒獅隊參加公益金百萬行巡遊〉，《華僑報》（1995年12月6日）。

26〈派出三百人大軍演出 業餘會龍騰獅躍為公益〉，《澳門日報》（2006年12月8日）。

該日出行慶賀。過去出行多以醒獅為主，但時至今天，一些武術社團則會在會慶中舞龍。如在 1922 年成立的柿山結義堂國術健身會，一直都在柿山哪吒古廟參與農曆五月十八日神誕的慶典，並派出金龍、醒獅參與遶境巡遊。[27] 這是澳門武術社團慶祝會慶的特殊形式，亦是澳門常見的節慶舞龍活動。

3．競技龍在澳門的發展

競技龍是在上世紀 90 年代興起的一種體育競技化的舞龍活動。在當時，中國及馬來西亞、新加坡等地的華人開始着手將舞龍發展成一項體育活動。而澳門亦在此時乘競技龍的新興發展，將之引進澳門，並於 21 世紀後有所發展。下面將會透過對《澳門日報》中有關報導的統計和分析，嘗試把競技龍在澳門的概況展現出來：

年份	比賽	培訓
2000	3	1
2001	4	1
2002	3	1
2003	1	1
2004	2	2
2005	4	1
2006	4	1
2007	4	1
2008	3	1
2009	6	2
2010	3	2

---

27 〈昨辦神功宴筵開逾卅席　柿山哪吒古廟今大巡遊〉，《澳門日報》（2019 年 6 月 20 日）。

年份	比賽	培訓
2011	3	0
2012	4	0
2013	3	0
2014	3	0
2015	1	1
2016	3	3
2017	4	0
2018	1	0

資料來源:《澳門日報》(2000 年 4 月至 2018 年 12 月)

　　競技龍於上世紀 90 年代引入澳門,上文已提過澳門的競技龍可以分為"九節龍"和"夜光龍"兩大類。澳門舉行的第一屆全澳九節龍公開賽,[28] 時間十分短促,因此無論在舞動的技法或規則上,多年來雖然存在着一定的變化,但無論如何改變,競技龍之核心仍是表現龍的律動、節奏感和靈動性,區別在於夜光龍要在較暗的環境下,靠螢光的龍身吸引觀眾的眼球,而兩者皆是一項觀賞性十足的體育運動。

　　澳門早於 2001 年舉行第一屆澳門九節龍公開賽,勝出的隊伍為羅梁體育會,並由其代表澳門出戰同年於馬來西亞舉辦的 "馬來西亞國際舞龍錦標賽",[29] 由此澳門公開賽的勝利隊伍代表澳門參與國際性的舞龍比賽便一直維持下來。同年 6 月 8 日,澳門武術總會同樣派出羅梁體育會到香港參加"世界夜光龍醒獅邀請賽",可見九節龍與夜光龍幾乎是同時起步的。到了 2016 年,由體育局主辦的綜合性的武術比賽 ——"武林群英會" 誕生,標誌着澳門本地龍

28〈澳門龍隊出戰大馬〉,《澳門日報》(2001 年 4 月 20 日)。
29〈羅梁忠信赴港參賽　羅梁出戰夜光龍　忠信角逐醒獅賽〉,《澳門日報》(2001 年 1 月 3 日)。

獅比賽進入新的階段，該年的"澳博龍獅爭霸"邀請了來自新加坡、中國、台灣和澳門本地四支不同國家和地區的隊伍參賽，在運動競技的同時亦實現各地方龍文化的交流。

此外在舉行本地賽事和參加國際賽事的同時，澳門政府與各間體育會也合辦了不少關於龍獅的培訓班。由上面的表格可以看出，在 2000 年至 2010 年不間斷地舉辦了培訓班，當中包括本地和國際性的舞龍和舞獅裁判訓練班，如 2009 年受邀參與的國際舞龍舞獅教練員培訓班：

> 國際龍獅運動聯合會二〇〇八年底頒佈的競賽規則及裁判法規為主要學習內容，同時並通過臨場示範推廣新增設的舞龍舞獅技能競賽項目。參加訓練班的學員有來自加拿大、英國、美國、意大利、馬來西亞、新加坡、泰國、越南、印尼、中華台北、中國、中國香港、中國澳門等十三個國家地區共一百九十多人參加，學員們除了參加理論課外還要進場實習訓練，並要通過筆試及現場答辯考核。[30]

利用這些培訓，不但有助提高澳門競技龍的水平，也為未來不斷在澳門舉行的比賽提供有利條件。除了為比賽而設的培訓之外，澳門在近年的暑假活動中也開展過具普及性的舞龍興趣班，對象主要為中、小學生，借此把龍文化推廣傳遞給澳門的下一代。

由上面的敘述中可見，舞龍的體育化是龍文化在澳門的另一條傳播道路。與此同時，在現今的社會中，龍文化的延續亦面對着許多挑戰，例如本地的舞龍隊訓練場地不足、缺少年輕人參與等，這些問題都會影響到舞龍運動在澳門的發展，實在不容忽視。

---

[30] 〈澳 10 人獲國際龍獅證書〉，《澳門日報》（2009 年 4 月 4 日）。

☰ 澳門的節慶龍

1. 大金龍巡遊

（1）澳門最早的新春舞龍

1964 年，澳門出現了首次的農曆新年舞龍活動，而此亦是首次由澳門本土社團表演的舞龍：

> 現華人農曆新年已屆臨，得崇肇體育會（該會於一九五六年經政府立案，會址在夜母巷廿二號，會長蕭景兆），於二月十九日、二十日、廿一日（即農曆年初七至初九日），舉行舞龍及醒獅，將收入撥警察福利會及氹仔社會復原所作經費。
>
> ⋯⋯
>
> 崇肇會於一九六一年開始，協助政府禁毒宣傳，並舉行醒獅籌募社會復原所經費，一九六二年崇肇會演出禁毒粵劇為復原所籌歀，崇肇體育會籌歀亦獲得馬如龍協助，曾在廣播電台及街頭舉行播音宣傳，為警廳禁毒工作。
>
> 崇肇會"彩龍"身長約四十公尺，每次表演須卅人，（共舞龍人員九十名），其中卅人聘自香港來澳參加。
>
> 舞龍技術，以中國最著名，澳門經有廿年未有舞龍舉行，今年為龍年，各人士得獲欣賞機會。
>
> 彩龍製成耗資三千元，由崇肇會聘名師造成，舞龍師傅有李佳等。
>
> 舞龍事宜由崇肇會長蕭景兆領導，職員彭三勝，洪岳松，寧濟民，宋文昌協助，國術技師有區彪，梁華昭，莫振雄，舞龍醒獅全

部工作人員達一百五十名……31

在當時，舞龍活動連續舉行了三天，先在 2 月 19 日（初七）早上十時於媽閣廟舉行點睛開光儀式，繼而在對面的碼頭表演"龍上水"，再回廟參拜。十一時，"彩龍"赴西灣督轄前地表演，並有美國及澳洲人員前來拍攝。到了十二時，又赴埠中名流府前表演。及至當天晚上八時，"彩龍"於跑狗場內夜演，並收取一元的入場費，而 20、21 日兩天則在市內沿途採青。所收款項一併撥助予復原所及禁毒會。32 由此可見，澳門華人社團最早是在農曆新年舞龍，一方面因為該年為龍年，且崇肇體育會曾協助澳門警察廳禁毒，關係甚密，故此請其舞龍。但在 1965 年，澳門司法處於該會會址搜出大量毒品，崇肇體育會會長蕭景兆因此被捕。33 之後，崇肇體育會被解散，於是新春舞龍活動亦由是被擱置了。

（2）澳門固定的新春舞龍

自崇肇體育會解散以後，澳門很快便在 1968 年恢復了新春舞龍的活動，並一直延續至今不斷。在最初，新春舞龍是由當時的澳門地產建設有限公司統籌：

澳門地產建設有限公司，今年新春年初二，初三一連兩天，在南灣金來大廈該公司地盤場地，舉行一項本澳多年來未有舉行之龍獅大會演，國術表演等盛大節目，初二清晨，雖微風細雨，但前往觀看者絡繹不絕，擠擁異常，四週竹欄，人山人海，鑼鼓响徹，喜

---

31 〈定人日舞獅舞龍〉，《華僑報》（1964 年 2 月 12 日）。
32 〈崇肇演龍獅大會〉，《華僑報》（1964 年 2 月 17 日）。
33 據 1965 年 6 月 25 日加拿大《大漢公報》載："澳門司法處最近出動大批警員，進行搜緝捕人，及搜獲一批毒品……大毒案之破獲，先後有五處地方被搜查，其中最引起澳門人注意者厥為崇肇體育會及河邊新街 X 號二樓之蕭景兆住宅……"

氣洋洋，一片娛樂昇平景象，據統計參加觀看表演人數，約有五千
餘人，各界嘉賓，及政府官員，接踵而至，下午二時，表演開始，
首由市政廳長歐維士主持點睛儀式，登時龍騰飛舞，百餘舞龍壯
士，表演非常出色，晚上七時半，該項龍獅大會串表演，繼續進
行，到會者計有，澳督及夫人、歐務司及夫人、陸軍總司令及夫
人、海防司令及夫人、法官民政廳長及夫人、市政廳長及夫人、工
務廳長及夫人、衛生廳長及夫人、國民協會主席左次治大狀師及夫
人、秘書長波治、及各界名流均蒞臨參觀，會後應地產公司邀請，
在該公司舉行春節聯歡晚餐，席上舉杯互祝新年快樂，迄深夜始盡
歡而散。[34]

澳門地產建設有限公司是由當時的中華總商會會長何賢先生，與吳福、黃族強
先生合股成立的公司，是當時澳門有名的公司，曾在 1969 年承建起澳門首座
跨海大橋——嘉樂庇總督大橋。從當時的舞龍活動可知，澳門地產建設有限
公司與澳門政府關係密切，政府要員除出席舞龍活動外，更會參加當晚的公司
晚宴。而自 20 世紀 70 年代初，由於澳門整體經濟的復甦以及新一批內地移民
的湧入，建築地產業即獲得迅速的發展。自此，澳門地產建設有限公司遂每年
舉行舞龍活動，並請由吳福的結拜兄弟、本地武術名宿文國威師傅組織起"澳
門龍獅團"，固定在每年的農曆正月初二進行巡遊。自始澳門舞龍活動轉趨定
型成熟，以社團為主辦單位的形式得以確立，換句話說，澳門社團承擔起龍文
化在澳門傳遞發展的工作，同時這個形式亦與澳門社會發展進程相吻合。

　　至 1989 年農曆正月初二，此項舞龍活動除了在總統酒店停車場舉行外，

---

34 〈龍獅大會演〉，《華僑報》（1968 年 2 月 3 日）。

更於下午二時首次移師大三巴演出。[35] 至 1991 年，由海島市政廳與澳門龍獅團合辦、在氹仔巴波沙前地舉行的南北獅藝匯演及金龍賀歲活動；[36] 以及 1993 年由旅遊司主辦、在議事亭前地舉行的大型龍獅團表演（活動內容包括金龍點睛儀式），[37] 皆顯示澳葡政府經已與澳門龍獅團合作舉辦賀歲活動，農曆正月初二舞金龍的性質已由一個商業社團舉辦的賀歲活動轉變為澳門一項慶賀中國傳統節日的活動。另外在這裡想特別指出的是，由 90 年代起農曆正月初二舞金龍所面向的對象已不單為某一社團或澳門本地的市民，更包括新春期間在澳的旅客，這也是受到旅遊業發展的影響所致。

在 1999 年前，正月初二的金龍巡遊活動一直由"澳門龍獅團"負責，並由吳福等人與澳門政府合作舉辦。到了回歸以後，澳門的新春舞龍曾一度由政府統籌，並邀請各武術社團合作舉辦。而至 2007 年，負責澳門的新春舞龍活動的武術團體則固定為忠信體育會。

忠信體育會成立於 1973 年，根據忠信體育會的郭志威先生口述，其前身為足球隊。從現時的資料可見，忠信足球隊於 1976 年、1977 年分別在澳門和香港作賽，更於 1977 年獲得 76 / 77 年度澳門乙組足球聯賽冠軍，並特別組隊到香港作訪問比賽。[38] 可見在上世紀 70 年代，忠信的確有參與澳門的體育會運動。其於 1983 年購置麻雀仔街 7 號 4 樓 N 座作為新址，並於同年 9 月 29 日舉行落成禮，當年由名譽會張華年達、永遠會長張帶主持關聖帝君開光及醒獅點睛儀式。[39] 在上世紀的 80、90 年代，忠信體育會已朝舞龍舞獅的方向發展，並以舞獅為主，曾參加一些澳門的舞獅匯演，如 1997 年的氹仔運動場開幕

35 〈市廳旅遊司及文化學會　春節期間舉辦連串賀歲節目〉，《華僑報》（1989 年 2 月 6 日）。
　　總統酒店為吳福先生所投資開辦，於 1982 年正式營運，後來澳門地產建設（有限）公司所舉辦的初二舞金龍活動亦於此地舉行。

36 〈金龍南北獅年初二匯演　護督點睛嘉賓近千出席〉，《華僑報》（1991 年 2 月 19 日）。

37 〈除夕聯歡會何鴻燊致詞　促進澳門繁榮不斷努力〉，《華僑報》（1989 年 2 月 16 日）。

38 〈得了亞軍出師有名　忠信足球隊明晨征港去〉，《華僑報》（1977 年 7 月 7 日）。

39 〈忠信體育會有慶典　新址落成昨日揭幕〉，《華僑報》（1982 年 9 月 29 日）。

圖 3-3　新春金龍巡遊（1）（由忠信體育
會提供）

圖 3-4　新春金龍巡遊（2）（由忠信體育會提供）

式，[40] 更於 1999 年組織獅藝武術隊遠赴葡國：

> 應葡萄牙里斯本山市政廳的邀請，受澳門市政廳的委派，澳門
> 忠信體育會組織獅藝武術隊，於日前自本澳出發，往里斯本參加"中
> 國華人新年節一九九九"大型活動，作多場醒獅及舞術表演。[41]

據此報導可知，當時忠信體育會的舞獅技藝得到澳門政府的支持，當局並
將其作為一種中國民間技藝向外推廣，備受認可。

在舞獅得到大眾認可的同時，忠信體育會於 1995 年再度將會址搬遷至黑
沙環慕拉士南方工業大廈內，其場地更加寬敞廣闊，有利於該會日後舞龍方
面的發展，後來於 1998 年承接春節金龍巡遊就是一個成功的好例子。另外自
1998 年後，雖然春節舞金龍巡遊從本質上而言並沒有改變，依然維持由政府
主導、民間社團支持的一種模式，但在"澳門龍獅團"與忠信體育會交接的前
後，在金龍的長短、節數以及巡遊路線上曾經發生改變：

年份	負責團體	節數 / 長度	舉行地點	巡遊路線
1968-1990	澳門龍獅團	不詳	澳門地產建設有限公司 / 總統酒店	早上：南灣、卑第巷興華建築公司、風順堂街龍華大廈地盤、鵝眉街 …… 周大福金舖、德寶大廈地盤、永亨銀行、福和建築公司 …… 祐文大廈地盆 …… 麗都大酒家、福來大廈、海傍、新馬路、澳門地產建設有限公司 晚上：南灣、水坑尾街、白馬行街、議事亭、新馬路、南灣、澳門地產建設有限公司附近。

---

40 〈武術總會二龍六十獅參加運動場揭幕匯演〉，《華僑報》（1997 年 2 月 18 日）。

41 〈忠信體育會獅藝隊赴葡國 參加華人新年節大型活動〉，《華僑報》（1999 年 2 月 20 日）。

年份	負責團體	節數／長度	舉行地點	巡遊路線
1996	澳門龍獅團	一條 138 米大金龍，兩條 33 米小金龍	議事亭前地	議事亭前地及中區各處。
1998	忠信體育會	38 節	議事亭前地	同上（1996）。
2007	忠信體育會	68 節、長238 米	大三巴前地	大三巴、政府總部、聖老楞佐堂、崗頂、龍嵩街、擺華巷、政府總部、聖老楞佐教堂、亞婆井、媽閣廟前地。
2019	忠信體育會	100 節、長238 米	大三巴前地	同上（2007 年）。

資料來源：《華僑報》（1964 年 2 月至 2000 年 12 月），《澳門日報》（2000 年 4 月至 2019 年 3 月）

　　由上表可知舞龍的節數以及長度一直有所增加。據忠信體育會的郭先生所述，會方在處理金龍的節數和長度時一般會按主辦方的要求而定，與活動規模有密切關係，同時也取一個好的"意頭"，且無固定的規格，時有增減，因此我們不能單一地將金龍的節數和長度按年份劃分。再者，春節舞金龍巡遊活動由本來為社團所舉辦的賀歲活動表演，變成澳門旅遊娛樂事業中的一項盛事，比較之下活動的規模越趨龐大，因此節數和長度有所增加也在情理之中。根據郭先生所述，舞動一條 68 節長的大金龍約需要 100 人，而 2019 年春節巡遊的 100 節、長 238 米的大金龍裝嵌需時 4 至 5 日，舞動此金龍的人數則約需 180 人。

　　值得一提的是，由於忠信體育會近年均會登報邀請本澳居民參與新春的舞龍活動，於是就出現有非華裔人士（均於澳門工作或居住）參與舞龍的現象，而其中大多是來自菲律賓的外傭。這顯示了澳門的新春舞龍活動並不限於華人參與，而是帶有地區文化活動的性質，且承傳了澳門多元文化交融的傳統，使本土各族人士得以凝聚。

此外，從巡遊路線來看，最原始的巡遊起點在南灣大馬路，亦即澳門地產建設有限公司的所在地，且必定經過一些建築公司、地盤、銀行等等的商業建築，其原因是此項巡遊本就是由澳門的商業社團所發起的。到上世紀 90 年代末期，經由澳葡政府的旅遊司所主辦、澳門龍獅團協助，路線的起點則變為議事亭前地，該處對澳葡政府來說具有象徵意義，是葡人活動較多的地區，為其社區中心。回歸後逐漸變成以大三巴為起點、媽閣為終點的路線，途經議事亭前地、新馬路、東方斜巷、崗頂、亞婆井前地等地方，皆為澳門的歷史文化城區。由路線的改變可看出整個春節金龍巡遊性質從最初的由商業社團發起，至澳葡政府邀請與之合辦，至最後因應澳門特區政府推廣歷史旅遊文化的政策，各就不同的需要而作出改變，但是唯一不變的是舞龍始終代表着吉祥、喜慶及團結。

最後要強調的是，澳門這種新春舞龍活動源自民間商業社團，其發展過程既符合澳門社會的發展過程，又能配合不同社會環境的需要，最終形成一種民間文化活動。而到了今天，澳門的新春舞龍已變成由政府帶頭，澳門武術社團作實際籌備和執行的形式了。

2. 九澳村三聖廟神誕新興的舞龍

九澳村是現存位於澳門路環東北部的一條村落。近年，九澳村在其三聖廟神誕中舉行舞龍，以拓展其慶典活動。雖然九澳村的舞龍個案並非特殊或具有特色的舞龍活動，但卻是一個在城市中保存較為原始村落形態的案例，可以作為當代廟宇神誕活動如何傳承龍文化的參考。

（1）九澳村的形成及其村落形態的保存

"九澳"之名出現甚早，在明嘉靖的《香山縣志·風土志·山川》中已有提及：

大吉山（上東中水曰內十字門）、小吉山（上西北中水曰乾門）、九澳山（上東南西對橫琴中水日外十字門），其民皆島夷也。[42]

　　此段文字説明，"九澳"最初為一山名，而與鄰近的山（島）構成十字門。
而當時居於九澳的多為"島夷"，"是各種不受中國正統皇朝的中央及地方政
府管轄的勢力及人口"，[43] 是排除在政府戶籍、賦税之外的人。這些島夷居於
"九澳"，原本應是因反抗朝廷或落草為寇等原因而躲避皇朝的人，但至清順治
十八年（1661）至康熙二十二年（1683），清政府實施了"遷海政策"，規定所
有居民需遷離海岸 30 至 50 里的範圍，"過限者死"。於是這些九澳的"島夷"
大多遷出，要待至康熙八年（1669）或康熙二十三（1684）年"詔復遷海居民
舊業"，始得復界。[44] 而在此後，一些香山縣的客籍人士遷入九澳，形成了今天
所見的九澳村。[45]

　　九澳村為現今澳門保存村落形態較為完整的地區。在人口上，九澳村的居
民約為 200 人，以張、何、鍾、吳氏為主，均自我界定為客家人。其中張、鍾
二氏尚存族譜，表明其分別來自惠州（張氏），以及從長樂縣、歸善縣、龍川
縣及東莞縣等處來到香山縣下恭圍，並轉折來到了九澳村，為當時從閩贛粵三
省交界山區逐步遷至海濱的客家人。[46] 而在語言上，九澳村於上世紀 70、80 年
代以前尚以客家方言為其主要的交流語言，隨後因大批村民轉赴香港工作，為
交流之便，遂多改用廣府話及其他語言，但部分村民仍有在家中使用客家方言

---

42 鄧遷、黃佐纂：《香山縣志》（澳門：澳大圖書館影印本）。

43 譚世寶：《金石銘刻的氹仔九澳史——清代氹仔九澳廟宇碑刻銘等集錄研究》（廣州：廣東
　　人民出版社，2011 年），頁 8。

44 鄭煒明：〈清初至乾嘉時期廣東珠江三角洲沿海村落的民生——試以澳門附近兩島氹仔、路
　　環為例〉，載於《澳門研究》（1988 年 6 月創刊號）。

45 據鄭德華先生考察，九澳早在清乾隆年間已有客家人於此活動，而九澳村的土地本為香山沙
　　尾鄉的地主所有，後由於九澳距離地主的所住地太遠，土地遂逐漸轉賣予落戶的客家人，並
　　聚成村落。參看鄭德華：〈澳門路環九澳村——一條濱海客家村的歷史考察〉，載於《文化
　　雜誌》（2007 年第 62 期），頁 1-12。

46 同上。

的習慣。

信俗方面，九澳村設有三聖廟、觀音廟、大伯公神壇與海神神壇。其中三聖廟為最古老者，立廟時間雖已不可考，但據尚存之〈新建三聖廟碑記〉，其早存於清同治年間，原只奉洪聖，後於清光緒九年（1883）重修擴建，並增奉關聖及譚公。[47] 而據口述歷史及現今九澳村的習俗，其立農曆五月十三日的關帝誕為其三聖廟神誕，是客家人的信俗之一。客家有山歌云："五月十三迎關帝，郎戴草帽妹擎傘。保祐上天落大雨，一人擎扎兩人扎。" 在客家的傳說中，農曆五月十三日為怪物旱魃經過的日子，需祈關聖降 "磨刀雨"，以澤田地，故當天有隆重的祭祀。[48] 另外，端午節為客家的重要節日，九澳村民歷年均會於農曆五月組織龍舟隊，並在祭神以後出賽。[49] 是故九澳村的神誕慶典尤盛於農曆五月，並延續至今。

九澳村今雖已不見耕地，但據鄭煒明先生在 1983 年的考察，澳門兩個離島的村民均會刈草及燔草糞田，又有魚塘及兼養家禽；[50] 而鄭德華先生在 2007 年刊行的考察中指出，九澳村民的耕地雖已賣出大部分，但除了已建成的發電廠及水泥廠外，大量的原耕土地仍未被開發；[51] 而這些土地至今有一部分被修成了馬路，一部分則用作放置建築工料或車輛的場所。由此可見，九澳村在 20 世紀 80 年代仍有耕作，至今雖已棄耕，但土地尚未完全開發，相對仍保留了原有的面貌。

從人口、信俗及土地變化的情況可見，雖然澳門早已發展成為城市，但當葡萄牙在 1864 年把勢力伸向路環以後，該地區逐步發生變化，其中在 1884 年

---

47 《金石銘刻的氹仔九澳史 —— 清代氹仔九澳廟宇碑刻銘等集錄研究》，頁 202-210。

48 房學嘉：《客家習俗》（廣州：華南理工大學出版社，2006 年），頁 80-84。

49 據《華僑報》資料，九澳村在 20 世紀 50 年代已參加路環竹灣的龍舟競渡。

50 鄧聰、鄭煒明：《路環黑沙：玉石作坊》（澳門：澳門民政總署，2013 年），頁 9。

51 〈澳門路環九澳村 —— 一條濱海客家村的歷史考察〉，頁 1-12。

於九澳修建兵房及女瘋院；[52] 在 1912 年再度修建兵營，以及興建馬路、水渠、郵局、學校等配套設置；於 20 世紀 70 年代修建深水港及發電廠等。這對九澳村的生活曾產生過一定的影響。但這些變化卻並未對九澳村在生產及經濟方面產生刺激。[53] 所以在 21 世紀前後，九澳村的村民大多已經棄耕，其新一代的居民亦多到外面的城區工作，使九澳村發展幾近停滯。而另一方面，九澳村的發展停滯尚有路環居民"沙紙契"不被政府認可的問題。"沙紙契"即在清代以沙紙填寫的土地或房屋契據，其中可分為"紅契"、普通私人紙契、稟紙契及默認契四種。由於路環曾被葡萄牙強行佔領，其土地的擁有權存在含糊性，故地方契約的承認與效力亦一直存在爭議。又至澳門回歸以後，終審法院曾據 32/2005 號法律聲稱"特區範圍內的所有土地，除了在特區成立之前已獲依法確認屬於私人的之外，均屬國家所有。因為，在特區成立之後不能產生新的私有土地。"由此，包括九澳村在內的路環土地及房產問題至今尚存爭議。[54] 而土地歸屬的問題直接影響了九澳村的發展，使之保留了傳統村落的形態。

（2）九澳村三聖廟神誕的發展

據口述歷史資料，九澳村的村民在上世紀會於三聖廟神誕之時燃放炮仗、燒衣及放紙船以作慶祝，[55] 而參與者則多為本村居民，有時兼及路環的居民與漁民，其中不存在固定的模式。直至 1991 年，村民成立了九澳村民互助會，兼將會慶定於廟誕的同一日，遂於廟誕設酒宴，兼請政府及社團機構共歡。據 1991 年報導：

> 九澳村民，於昨天（6 月 25 日）晚上七時在九澳雷鳴道學校廣場舉行聯歡聚餐，筵開二十八席，慶賀三聖誕及村民會會址落成，

52　《澳門編年史（第四卷）》，頁 1638。
53　〈澳門路環九澳村 —— 一條濱海客家村的歷史考察〉，頁 1-12。
54　鄭錦耀：〈從《大清律例》看沙紙契的效力〉，載於《"一國兩制"研究》（2011 年 4 月第 8 期）。
55　鄭煒明：《氹仔、路環口述史（村落卷）》（澳門：澳門民政總署，2012 年），頁 207。

以及理事就職禮，場面熱鬧，到賀的嘉賓有：海島市市長陸能度博

士，離島指揮官莫拉士，姚開，街坊會聯合總會：劉光普，李康，

梁慶庭，宋厚章，陳錦華，吳仕明及何海威。

　　菜農合群社：江榮輝，李合順，黃新，以及路氹各社團代表及

友好……56

從九澳村民互助會成立時的三聖廟神誕活動可見，九澳村會於神誕當天邀請各
官員及社會人士，與之聯誼。這說明了九澳村在當時已與政府部門及民間社團
有所聯繫。而自 1991 年以後，九澳村民互助會每年均會於村中或飯店舉行會
慶，並邀請各界人士出席。當然，此篇報導不能證明九澳在村民互助會成立以
前並沒有與政府及外界社團聯繫，但其成立代表着九澳村的各項事務，以及與
外界的聯繫，自此即由一個社團來負責及處理。而至 2013 年，九澳村的三聖
廟神誕進一步得到擴展，其中即有請來武術團體進行龍獅巡遊。

　　2013 年，澳門廟宇節慶推廣籌委會與旅遊局展開了"澳門廟宇遊蹤
2013"，向大眾推出了四條（在 2014 年增設為五條）分別貫穿 19 座廟宇的社
區旅遊步行路線，以推廣澳門的社區旅遊，並傳承傳統的廟宇節慶文化。57
其中，九澳村的土地廟、觀音廟及三聖廟為一條獨立的路線。除此之外，澳門
旅遊局在 2017 年推出的總體規劃中，計劃將九澳聖母村（即上述女瘋院一帶）
發展成文化旅遊的景點。58 所以有應及此，九澳村近年亦開始提出以推廣客家文
化、建設民宿的方式發展旅遊，並常常與本地及內地的客家團體交流，以促進
村落的發展。而九澳村亦因此擴展了三聖廟神誕的慶典，按照澳門古廟神誕慶
典的傳統，聘請武術社團到場舞獅舞龍作慶。

---

56 〈九澳村民會址落成　二百多人出席慶賀〉，《華僑報》（1991 年 6 月 26 日）。
57 〈當局推介四路線覆蓋十九座廟宇　廟宇遊蹤發掘老城區特色〉，《澳門日報》（2013 年 11 月
　　27 日）。
58 〈今年推四大重點工作　旅遊業發展規劃年中完成〉，《澳門日報》（2017 年 1 月 19 日）。

圖 3-5　三聖廟神誕的舞龍（2019）

九澳村三聖廟神誕的舞獅舞龍表演為澳門加義體育會所負責。[59] 在 2019 年廟誕當天，加義體育會共出動了 32 人。其領 3 頭南獅，一條由 12 人舞動的十一節金龍，先於九澳村民互助會前進行開光點睛儀式。其中出席廟誕及進行開光點睛的嘉賓，據 2015 年至 2019 年的報導，先後有廣東省與各市官員、澳門文化局及市政署代表、街坊總會代表、澳門議員，以及黑沙村民互助會代表等。繼而，金龍會先於村民互助會前盤圈，繼而遊行至三聖廟前地，再作盤圈。及後，由於三聖廟前地地方較窄，金龍會稍移至廟旁，騰出位置予南獅進行採青及賀歲，以上為龍獅巡遊的流程。另外，九澳村在廟誕當天還有品嚐客家茶粿的活動。而至晚上，一眾嘉賓及村民又會在九澳觀音廟的前地進行盤菜晚宴，筵開多席。

　　由此可見，九澳村三聖廟神誕的擴展，乃九澳村遵循澳門當代以旅遊文化為中心的路線而發展起來的。而另一方面，澳門政府近年對路環市區進行的城市規劃，再次激化起路環一帶的業權問題，土地業權乃至其牽涉的水電申請問題受到了關注。由是，九澳村面臨城市發展所帶來的威脅，遂依循政府推廣廟宇文化的計劃，擴張了三聖廟神誕的慶典，加入舞獅舞龍、盆菜宴的元素，以期凝聚村落。所以除了九澳村三聖廟神誕外，黑沙村的大王廟神誕、路環市區的"光輝四月八"巡遊活動亦於近年興起，而當中兼有舞龍的活動。

　　在過往，村落或地方舉行舞龍活動往往是在瘟疫流行之時，目的乃祈求神明庇祐，以驅散疫症。但除此之外，舞龍活動的舉行亦同時為地方主權的宣示。三聖廟神誕的舞龍，亦是在類似的狀況（土地業權）下舉行的。而村民對於在三聖廟神誕中表演舞獅舞龍，亦無反感，並認為此乃活化村落、發展社區旅遊文化的活動。觀察此一個案，一方面可體現當代龍文化在民間的傳承中，人們往往是受到外來的刺激，如地方權益受到威脅，繼而再度興起舞龍活動，

59　加義體育會與九澳村三聖廟神誕之關聯，當係加義體育會會長關偉霖先生兼為澳門國際關公文化協會的會長，而九澳村三聖廟神誕的日子則為關帝誕。

以期凝聚群眾。

　　另一方面，九澳村三聖廟神誕舞龍的組織，並非由村民組織，而是聘請澳門武術社團負責，這在澳門屬普遍的現象。基本上，澳門眾多古廟的廟神誕基本上都是聘請本土的武術社團負責舞獅舞龍的。[60] 澳門當代的節慶舞龍，主要以聘請獨立的武術社團的形式來組織，亦是一種體現。

　　以上兩個個案分別展示了現今由政府及民間社團組織的節慶舞龍活動。其中，它們的共同點是具體的舞龍均由武術社團所負責。而除了新春舞龍係由政府帶頭外，民間的節慶舞龍亦由民間社團所統籌。這體現了社團在澳門社會中具有重要的作用及地位。

　　另一方面，澳門的節慶龍均與旅遊文化相關。其實除上述兩個例子外，今天一些澳門大型酒店亦會在春節聘請武術團體舉行舞龍。而旅遊博彩業的龍頭澳門旅遊娛樂股份有限公司於 2000 年開始，都在每年農曆除夕的公司晚宴中舉行舞龍，並邀請澳門的行政長官為之點睛。可見澳門的節慶龍與旅遊文化有密切的關聯，是澳門以 "世界旅遊休閒中心" 為發展定位下，龍文化與社會發展有所結合的體現。

---

60 其中例外者有 1922 年柿山結義堂開設的國術部，其初時是花炮會的形式，乃附於柿山哪吒古廟之下，並非獨立於古廟之武術社團。但柿山結義堂（現稱澳港柿山結義堂國術健身會）在今天與哪吒古廟的關係是否依舊，有待查考。

二　澳門的競技龍

1. 競技龍的由來

　　本小節主要略述新興的競技龍在澳門的發展。由於競技龍為新興的東亞體育項目，而其在澳門本地的發展未完全興盛，以下將以忠信體育會的競技龍龍隊情形為例，略述澳門競技龍的狀況。另外，澳門尚會舉辦一些國際性的競技龍賽事，而武林群英會則為其中較大型且固定舉行的活動，是故又以之為一例，略述澳門競技龍的對外交流概況。

　　競技龍是在 20 世紀 90 年代新興的舞龍，是一種以舞龍為主體，按一定的評分標準評審舞龍技藝的體育競技項目。在澳門，競技龍早於 1998 年被引進，但礙於人口基數較少、訓練場地不足等各因素的影響，競技龍在澳門的發展較之於其他地區而言，不算興盛。但是，澳門作為一個港口城市，一直參與各地競技龍的交流及國際賽事的舉辦，並會於本地舉辦國際性的賽事，是促進龍文化交流的平台之一。

　　其實早於 20 世紀 70 年代，澳門的武術界已開始與兩岸四地有所交流。在 20 世紀 60 至 90 年代間，隨着社會經濟的起飛，澳門再一次出現新的移民潮。在 1960 年至 1993 年年底，澳門的總人口迅速增加了 220,000 人。[61] 由於大批新移民湧入，從各地赴澳的人士促進了澳門武術社團的發展，以及其對外交流的活動。如在 1975 年，香港著名拳師吳鐵虎在澳門旅業娛樂公司等的協助下，於回力球場舉行了"日菲港拳擊大賽"；1981 年，澳門武術協會組織團體赴馬來西亞參加"第五屆東南亞華人武術邀請賽"。[62] 如此，澳門本土及對外交流的

61　《澳門人口》。

62　賴百齡、許焯勝：《澳門武術發展史》（澳門：《濠江晚報》，2015 年），頁 115、150。

武術活動即在上世紀 70 年代興起。另一方面，澳門武術界亦開始組織成立總會，以統籌武術界的事務。1976 年，澳門武術界成立了武術協會籌備委員會，為武術總會的成立作籌備。至 1986 年，全澳共有 33 個武術社團，其中 27 個在名紳何賢先生的帶領下派出代表，與剛成立的澳門體育總署對話，協商通過在澳門成立武術總會。1988 年 6 月 28 日，澳門武術總會正式成立。在開會之初，武術總會就獲得政府 62,000 元的資助，以供澳門武術人士參與國際賽事及舉辦活動之用。

　　澳門武術總會的成立，對澳門武術的發展尤為重要。它是聯合澳門各個武術社團的組織，統籌着澳門各大小的武術活動，使活動的安排更具組織性。同時，武術總會為武術界與政府之間建立溝通的橋樑，使活動獲得政府的經濟資助，由是促進其興盛。而另一方面，武術總會還是澳門武術界的一個總體組織，代表澳門與各地的武術界進行交流。而競技龍在國際上興起之初，即是通過武術總會與國際的交流而引進澳門的。

2. 競技龍在澳門的出現

　　在談及競技龍之前，須先説明在澳門龍獅運動的發展中，舞獅運動是相對發展得較早及興盛的一項。澳門的獅藝聞名中外，其中澳門的羅梁體育會在 1984 年參加了大年初一的國際希爾頓群英獻瑞表演，又在電視節目 "歡樂今宵" 中進行演出，並獲得了國際醒獅大賽的冠軍。而同年 12 月，羅梁醒獅隊受馬來西亞獅團總會邀請，赴吉隆坡參加東南亞獅藝觀摩表演，獲得了高度的評價。[63] 另外，"澳門龍獅團"、羅梁體育會、鴻勁體育會、乾忠體育會等多個武術社團均在上世紀 80 年代，至鄰近的廣州地區乃至朝鮮、葡萄牙等遠地演示獅藝。可見澳門獅藝在此時已發展到一定水平，並屢受外界青睞。由是，競技龍在上世紀 90 年代興起以後，最初即由精通澳門獅藝的原班人馬帶起。

63〈羅梁體育會昨謁澳督　獲贈市旗勉表演成功〉，《華僑日報》（1985 年 6 月 6 日）。

在上世紀 90 年代，兩岸四地的體育總會開始對舞龍活動進行改良。其中在 1992 年，中國龍獅學會創出使用人體展現龍舞的方法。在 1994 年，中國國家體育總局將龍獅運動定為全國性的比賽項目。在 1995 年，國家體育總局成立了中國龍獅運動協會，並由陸大杰編定第一部完整的舞龍運動規則。同年，香港、新加坡及馬來西亞的舞龍團體在香港成立了國際龍獅總會（後改名國際龍獅運動聯合會），而中國亦在翌年加入。自此，競技龍迅速在兩岸四地迅速發展起來。

由於各地的舞龍在技法上有所不同，各具地方上的特色，故各地的競技舞龍至今尚未有一個完全統一的形式。但競技龍作為一個體育競技項目，必須具有一定的表現及評審標準。在 1996 年，國際龍獅總會以陸大杰所制定的規則為基礎，制定了首部《國際舞龍舞獅競賽規則、裁判法》。至 2001 年，國際龍獅總會訂立《國際舞龍舞獅競賽規則》，並在修定後於 2002 年正式發佈。當中將競技舞龍賽事分為自選套路及規定套路兩種，並細緻規定了參賽人數、比賽場地、動作級別分類、評分標準等多個細項。及後，中國龍獅運動協會首先加設了"技能舞龍項目"，增訂抽籤舞龍、競速舞龍及障礙舞龍三項競賽，而後兩者使原本以套路評分為主的舞龍競賽轉變成計時競速。於是在 2008 年，國際舞龍競賽規則在規定賽事上增設了傳統項目、技能項目及其他項目，細化各項競賽的規則。最後至 2011 年，規則進一步細化規範起來，並一直沿用至今。[64] 由是可見，競技舞龍自興起以後，曾經過 15 年的競技規則修定，終於使之能成為具規範性的體育競技項目。

早在龍獅體育競技興起之初，澳門武術總會即設立了龍獅瑞獸活動推廣組，推廣龍獅運動的體育化。在競技龍方面，澳門的武術名師阮愛武、潘敬文早於 1995 年就將競技龍引進澳門，並開辦舞龍裁判深造班培訓裁判。1997

---

64 徐瑞鴻，〈國際舞龍規則發展對舞龍運動影響之研究〉，台南：國立台南大學碩士論文，2017 年。

年，澳門工人康樂體育會龍獅武術隊已組織了九節龍隊（當時稱為彩龍隊），在本地各大型活動中表演。而在 1998 年的新春，其更獲邀出席了廣州市總工會廣州工人醒獅協會主辦的 555 賀歲舞龍表演賽。[65] 在 1998 年，武術總會開設了"舞龍（九彩節彩龍）初級教練員訓練班"，[66] 進一步推廣競技龍。可見競技舞龍在興起之初，澳門已跟隨腳步，迅速展開了競技龍的培訓、演出及交流等。

　　千禧年以後，澳門在 2001 年即開始舉行第一屆"全澳舞龍（九節龍）公開賽"，並持續舉辦至今。其歷屆賽事的組織情形如下：

屆期及年份	參賽隊伍	排名
第一屆（2001 年）	合群體育會、康華體育會、工人康樂體育會、忠信體育會、羅梁體育會	冠軍：羅梁體育會 亞軍：工人康樂體育會 季軍：忠信體育會
第二屆（2002 年）	合群體育會、業餘體育會、工人康樂體育會、忠信體育會、羅梁體育會	冠軍：羅梁體育會 亞軍：工人康樂體育會 季軍：忠信體育會
第三屆（2004 年）	業餘體育會、工人康樂體育會、羅梁體育會、修武體育會、友義體育會	冠軍：羅梁體育會 亞軍：工人康樂體育會 季軍：業餘體育會
第四屆（2008 年）	羅梁體育會、工人康樂體育會、維揚體育會、忠信體育會（因隊員受傷缺席）	冠軍：羅梁體育會 亞軍：工人康樂體育會 季軍：維揚體育會

---

65 〈廣州初三賀歲舞龍表演賽　澳門工人康樂龍獅隊赴會〉，《華僑報》（1998 年 1 月 27 日）。
66 〈今年龍獅活動編排〉，《華僑報》（1998 年 3 月 5 日）。

屆期及年份	參賽隊伍	排名
第五屆（2010 年）	羅梁體育會、工人康樂體育會、維揚體育會、忠信體育會	規定套路賽冠軍： 羅梁體育會 自選套路賽冠軍： 羅梁體育會 障礙技巧賽冠軍： 羅梁體育會 競速賽冠軍： 維揚體育會
第六屆（2011 年）	羅梁體育會、修武體育會、維揚體育會、維雄體育會、忠信體育會、澳港柿山結義堂國術健身會	規定套路賽冠軍： 維揚體育會 自選套路賽冠軍： 羅梁體育會 障礙技巧賽冠軍： 羅梁體育會 競速賽冠軍： 忠信體育會
第七屆（2012 年）	羅梁體育會、澳門工人武術健身會（原工人康樂體育會）、維揚體育會、維雄體育會、忠信體育會	規定套路賽冠軍： 羅梁體育會 自選套路賽冠軍： 羅梁體育會 障礙技巧賽冠軍： 維揚體育會 競速賽冠軍： 羅梁體育會
第八屆（2015 年）	羅梁體育會、維揚體育會、維雄體育會、忠信體育會	規定套路賽冠軍： 羅梁體育會 自選套路賽冠軍： 羅梁體育會 障礙技巧賽冠軍： 羅梁體育會 競速賽冠軍： 羅梁體育會

從上表可見，活躍於競技龍的武術團體有羅梁體育會、澳門工人武術健身會、維揚體育會、維雄體育會及忠信體育會。全澳舞龍（九節龍）公開賽是澳

門重要的賽事，除了開放予澳門武術團體在本地角逐外，其獲勝者還會成為澳門代表隊，參與國際賽事。如屢獲冠軍的羅梁體育會，即代表澳門參與 "馬來西亞國際舞龍錦標賽"、"亞洲龍獅錦標賽" 等；而曾在首四屆獲得亞軍的工人康樂體育會，亦代表澳門參加了 2003 年及 2007 年的 "世界香港夜光龍醒獅錦標賽" 等。

　　除本地賽事外，澳門的競技龍還陸續奔赴各地參加龍獅比賽及交流經驗。2001 年羅梁體育會、忠信體育會代表澳門首次參加 "世界夜光龍醒獅邀請賽"，以吸收經驗為主。[67] 2006 年特邀新加坡國際龍獅技術委員張雅財來澳教授夜光龍技藝。[68] 除了邀請外地團體來澳教授龍獅技藝，澳門的龍獅團體亦主動出外交流，且不局限於東南亞及兩岸三地，更遠赴澳洲，了解龍獅在當地的發展情況。而這種互動式的交流，亦促使很多海外僑胞沿着龍獅的足跡回到祖國觀摩交流。

　　除參與賽事外，龍獅運動的急速發展，使舞龍獅逐漸重視理論方面的探討，於是國際上開始舉辦論壇，探討競技龍的規範標準以及作前瞻性預測，澳門的舞龍師傅均參與其中。[69] 至 2015 年，澳門成立了龍獅武術文化促進會，冀望集結龍獅武術文化愛好者，促進龍獅武術文化技藝的傳承與發展。進一步促進澳門及各地區的龍獅武術文化交流與合作。由此可見，澳門在當代競技龍的發展上，一直與國際保持密切的聯繫。

3. 澳門競技龍的發展狀況

　　雖然澳門的競技龍早已開始發展，但技藝卻一直處於學習及模仿階段，未有自成體系。且澳門獅藝一直較龍藝的發展超前。從本地編撰的關於龍獅運動

---

67 〈羅梁忠信赴港參賽　羅梁出戰夜光龍　忠信角逐醒獅賽〉，《澳門日報》（2001 年 1 月 3 日）。
68 〈星導師來澳授夜光龍技藝〉，《澳門日報》（2006 年 9 月 27 日）。
69 〈阮愛武赴台龍獅論壇〉，《澳門日報》（2007 年 9 月 27 日）。

的書籍中可以得知一二，阮愛武及潘敬文於 2008 年合著了關於舞獅的《中國舞獅技藝推廣輔導教材——醒獅採青賞析》，是他們根據多年來對醒獅文化學習、教學及研究所得的成果而編著的。另外，在 2019 年由羅梁體育會出版的《澳門龍獅文化概覽》中，舞獅部分的內容較為詳盡，而與舞龍相關的條目及歷史則多雜於龍獅綜述之中，並無獨立分出的篇章。可見在澳門的龍獅體育發展中，獅藝較為突出，而舞龍則次之。

同時，澳門的節慶舞龍與競技龍是相對分立的。兩者以龍獅訓練投入度及對技巧掌握的專業度區分。在澳門回歸以前，舞龍舞獅沒有形成規範化體系，多數以助興形式出現，當中的套式變化或增加亦只是為了增添氣氛，但依然着重龍獅穿插的不同花式、套路。自舞龍舞獅朝體育運動轉型，澳門社會趨於穩定及城市旅遊業發展後，龍獅助興的需求亦隨之增加。龍獅訓練開始變得有針對性，參與龍獅比賽的人員很少參與到民間龍獅助興隊伍中。而鑒於澳門場地所限，舞龍在助興時亦難以發揮原有水平，很多舞動花式亦無法展示。故民間助興的龍獅人員不需出動到專業龍獅運動員。

關於澳門競技龍隊的發展狀況，筆者曾於 2019 年採訪了忠信體育會，據該會龍獅副主任郭志威先生表示，現時全澳參與競技龍的人士約有 400 人，其中不斷有人員流失的狀況。為推廣及傳承競技龍，澳門武術社團現時會進入校園進行演示，以吸引年輕人士的加入。而忠信體育會在 2011 年組織起來的一支龍隊，在短短 8 年的時間，隊員亦常有退出及補入的情況（新晉人士或來自舞獅隊的臨時替補）。由於隊員基本上是在職或在校人士，其日常的訓練甚少，多是在報名參加賽事後，於賽前一個月作練習。而由於各隊員經常難於找到共同的空閒時間，所以他們會按出席人數作不同的練習。再者，忠信體育會會址場地太少，龍隊多會至會址的天台進行練習，但又因競技龍需配以鑼鼓，練習時常被附近的居民投訴，而天台場地不平滑，又容易使舞龍損壞和令隊員受傷，龍隊基本上只能在有限的環境下進行訓練。雖然此為單一的例子，但亦從中見得澳門的競技龍並沒有得到很大發展的一二緣故。

4. 武林群英會

　　為結合澳門發展旅遊的方針，澳門體育發展局及武術總會於 2016 年開始每年舉辦 "武林群英會"，邀請內地和國際上的武術界人士進行演示及體育競技，冀望將之打造成體育與旅遊結合的年度盛事活動，[70] 其中舉辦了武術套路比賽、散打擂台比賽以及龍獅邀請賽。其中在龍獅邀請賽中參與競技龍的團體列表如下：

年份	賽事名稱	比賽項目	參與團體
2016 年	澳博龍獅爭霸	夜光龍	新加坡文揚龍獅運動協會、中國南京理工大學、澳門羅梁體育總會、中華台北龍獅運動總會舞龍代表隊
2017 年	澳博 —— 第四屆亞洲龍獅錦標賽	夜光龍、傳統舞龍競賽（傳統套路、自選套路）、技能項目（競速、障礙）	國家及地區代表隊：中國、澳門、香港、中華台北、馬來西亞、印尼
2018 年	一帶一路龍獅邀請賽	夜光龍	馬來西亞高峰龍獅體育會、澳門羅梁體育總會、香港北少林龍子祥國術總會、中國湖南農業大學龍獅俱樂部、新加坡文揚龍獅運動協會、印尼全國龍獅總會、澳門忠信體育會

資料來源：武林群英會網站（http://www.sport.gov.mo/zh/sites/wushu_sp，瀏覽日期：2019 年 7 月 16 日）及《澳門日報》（2016 年 2 月至 2019 年 7 月）

　　武林群英會由澳門體育局與武術總會主辦，旅遊局、文化局及澳門特別行政區文化產業基金協辦，得到了國際武術聯合會、亞洲武術聯合會及中國武術協會的支持，是澳門大型的國際武術活動。而從龍獅邀請賽的名目可知，該賽

70〈體育旅遊相結合　打造澳門新品牌　武林群英會八月首演〉，《澳門日報》（2016 年 4 月 20 日）。

事尚得到澳門博彩控股有限公司的支持，其中參與賽事的隊伍，均為活躍於當代競技龍的國際隊伍。如馬來西亞高峰龍獅體育會，其於 1995 年在馬來西亞柔佛州成立，一直於當地推廣龍獅活動，於地區活動中頻繁地演出舞獅舞龍，屢次獲得馬來西亞全國龍獅賽的獎項，並代表國家出賽；中華台北龍獅運動總會為管理及推動台灣龍獅運動發展的總會，每年均會在台灣各區舉辦賽事，並一直參與國際上的交流活動與比賽；香港北少林龍子祥國術總會於 1997 年（香港於該年將競技龍定為體育項目）已成立龍獅隊，經常獲得全港賽事的冠軍，並屢受香港及外地多個政府部門及私營機構之邀進行各項演出，頻頻參與比賽及表演，與世界各國的隊伍進行交流。由此可見，澳門武林群英會中的龍獅邀請賽是一個促進各地有名龍獅隊伍交流的國際性賽事。

如前面所述，澳門本地的競技龍發展是相對有限的。而國際性賽事除促進國際龍獅運動的交流外，還促進了澳門競技龍的發展。忠信體育會曾表示，他們的九節龍乃從馬來西亞訂造，而其競技龍並不具獨自的特色，是通過累積經驗，吸取各地所長而發展起來的，並主張 "龍獅同行，無分國界，共同發揚。" 71

除此之外，歷年的武林群英會還會於澳門舉行龍獅巡遊活動，邀請本地及參賽的隊行舉行巡遊。武林群英會的龍獅巡遊每年情況大致相同，今舉 2018年的報導：

> 武林群英會昨日（8 月 15 日）進行壓軸日重頭戲活動——"武術龍獅巡遊"，數百人組成巡遊隊伍從議事亭前地出發到塔石廣場，沿途呈獻多場表演，與眾同樂，途經之處萬人空巷，場面盛大。
>
> 來自外地及本澳的各路武術精英、龍獅武術團體昨日下午於議事亭前地集結排列，吸引大批市民、旅客圍觀。時針踏正五時，龐

---

71 此為忠信體育會龍獅副主任郭志威先生提出的宗旨。

圖 3-6　武林群英會亞洲龍獅錦標賽的開幕情況（2017）

圖 3-7　武林群英會的競技舞龍（2017 ）

大的巡遊隊伍在一片熱鬧鑼鼓聲下，由代表澳門的荷花龍打頭陣出發。粉紅色中國龍在兩旁西式建築映襯下，顯得格外奪目耀眼，吸引圍觀群眾紛紛舉起手上“長槍短炮”，以快門記錄精彩一刻。

隨後，分別來自馬來西亞及新加坡的九節龍，麒麟、大頭佛、南獅、青獅、手搖龍等小隊陸續出發，一路途經玫瑰堂、大三巴牌坊、瘋堂斜巷、仁慈堂婆仔屋等本澳地標，向終點塔石廣場進發。除不可或缺的重點項目龍獅表演外，隊伍沿途還帶來醉拳、太極扇等武術表演，令人目不暇給……[72]

從巡遊路線可見，武林群英會的龍獅巡遊從澳門的歷史城區出發，經過了各個澳門著名的旅遊景點，最後結束於塔石體育館，與澳門的旅遊名勝緊密地結合，以吸引旅客及居民前來觀賞。從中可見其與旅遊文化的結合。

上述案例反映，澳門的競技龍是隨着國際競技龍的出現而發展的。澳門本地的競技龍由於人口基數、環境等各方面的問題，使其發展受到一定限制。但是，他們並沒有因此而中斷競技龍與外地的交流。

另一方面，澳門的“武林群英會”促進了國際競技龍的交流之餘，尚會舉辦龍獅巡遊，全力把競技龍打造為一個體育與旅遊結合的年度盛事。這說明澳門在競技龍發展上，緊密配合了澳門以旅遊文化為中心的發展路向。除此之外，澳門還會舉辦國際性的龍舟賽事，可見澳門在競技體育方面，亦以龍文化的承傳作為目標。

72 〈武術龍獅巡遊與眾同樂〉，《澳門日報》（2018 年 8 月 6 日）。

小結

　　澳門自 16 世紀中葉開始進入發展時期，曾一度與廣州一同成為中國重要的對外港口，居於中外文化交流的前沿。澳門雖然曾在 19 世紀末以後的一段時間內歸在葡萄牙人的管轄之下，但從澳門現代舞龍的發展可見，中國龍文化在澳門這片土地上不僅早已扎下了根，而且還把珠江三角洲一帶傳統的舞醉龍活動引進城市來，並發揚光大。澳門在回歸後逐步成為中外舞龍活動 "引進來、帶出去" 的一個重要城市。澳門當代的節慶龍活動較多地保留了中國傳統舞龍的形態，並成為南北舞龍風格的匯合之地。競技龍的發展不僅為澳門的旅遊發展開拓了新的前景，而且為龍文化的海外傳揚作出了貢獻。

　　當然，澳門的舞龍活動存在很多發展的空間和可能性，也確實存在一些困難，比如舞龍活動的場地和活動資金的籌集等方面，都需要認真解決才能使這項活動得以進一步發展。但作為中國龍文化一部分的舞龍活動，如何在進入現代化城市後一步傳揚，使之不僅成為大眾喜聞樂見的社會活動，而且成為締造現代社會文明新風尚，塑造新一代年輕人健康向上人格的課堂，確實很值得我們去深思、去努力。[73]

---

73 第三章作者：吳浩文、李宏俊。

● 本章選擇香港薄扶林村中秋火龍活動作為龍文化研究的一個個案，並把它的重點放在龍文化在城中村落自然生長的形態與因素。薄扶林村是香港島早期的一條村落，自開村起它的發展就與周邊關係緊密，而非自給自足的封閉社區，村民與外界關係密切。薄扶林村的興衰亦與整個薄扶林區的發展息息相關。尤其是巴黎外方傳教會和牛奶公司在薄扶林區的設立與發展，與薄扶林村更是有着千絲萬縷的關係。因此，了解薄扶林村與巴黎外方傳教會和牛奶公司的關係及其轉變，有助我們進一步了解薄扶林村的歷史發展。

● 同時，薄扶林村中秋舞龍反映了傳統村落文化習俗經久不息之根本，強化了薄扶林村人的社區認同感。本章希望籍香港薄扶林村中秋火龍的出現及變化，探索龍文化在城中村的生命力所在。

第四章

香港薄扶林村村落發展及
中秋舞火龍活動

一 薄扶林村的歷史演進過程

1. 薄扶林村的開村及傳說

存於坊間的傳說中，關於薄扶林村開村的說法有幾種，摘錄如下：

（1）宋代以來香港有三批較大規模的移民到來：第一批移民潮是從宋代開始（960-1279）；第二批移民潮是在明朝衰落到清朝興起後，人們為逃避清朝統治和海盜的騷擾而逃到香港；第三批是在清康熙八年（1669）海禁復界後遷入。相信薄扶林現時最早期的村民，其先輩是在第三次移民潮期間搬入的。他們是三藩之亂中從中國大陸逃離到薄扶林村的陳、黃、羅三姓居民。[1]

清順治十八年（1661）及清康熙三年（1664），清廷為對付鄭成功在台灣的反清勢力，斷絕他們的物資供應，頒佈"遷海令"：命令沿海居民遷移三十至五十里不等，並沒收漁船，不得出海，以絕其交通之路。當時香港、九龍半島及新界離島居民均在遷界的範圍。[2]由於沿海一帶人煙荒蕪，海盜乘機活動，加上朝廷的禁令，田盡荒廢，諸鄉久遷未復，清康熙二十二年（1683）始全面解除海禁。復界初期，居民陸續遷回，惟人數不多。遷海後，多數人落籍他鄉，無意遷回；亦有客死途中及異地者，以致田地荒蕪。為恢復沿海經濟，在廣東巡撫鄂爾達倡議下，清廷下詔獎勵人口遷向廣東沿海一帶墾荒，當時人口中空的新安縣正是客民主要的移民區域。[3]新遷入的客民多在山谷或沿海面積較小的平地耕植，避免與原本地人產生矛盾。

1　Ko, Wing-hong, Nigel, "Hidden Street in Disregarded Village : The Cultural Significance of 'Wai Chai', Pokfulam Village", M.Sc. thesis, University of Hong Kong, 2007, p.14.

2　參看第二、三章有關清初遷海的論述。

3　鄭德華：〈清初廣東沿海遷徒及其對社會的影響〉，載於《九州學刊》（1988 年 7 月第二卷第四期），頁 47-71。

　　薄扶林村很可能是在清康熙二十二年（1683）全面復界後，由這些南遷的客民建立的一條村落，而非坊間所傳是三藩之亂期間有兩千餘人逃難到此開村。原因除了清康熙二十七年（1688）《新安縣志》沒有薄扶林的記載外，整件事亦無文獻可稽。且大批內地人士因三藩之亂集體逃難至香港島的機會亦不大。[4]

　　（2）據陳氏老一輩村民口述，他們家族從香港圍搬到薄扶林村，是為了擺脫海盜張保仔的騷擾。但按陳氏年輕一代村民的說法則是，陳氏家族原是張保仔手下，他們不想繼續當海盜，就選擇到薄扶林村開始新生活。

　　而另一位年長的村民陳文光口述，圍仔那 "十八間" 的傳統民居是由張保仔設計的。據上述資料來看，張保仔與薄扶林村開村有着密切關係，不論在財政或行政方面都曾給予支持。[5]

　　1950 年代有香港大學學生於花王田做訪問，當時村內數名原居民對薄扶林村開村的居民原是張保仔手下，在清嘉慶十五年（1810）朝廷招安後散居於此地之事略有所聞。[6] 許地山〈香港與九龍租借地史地探略〉載："西營盤現在上環，乃清朝海盜張保仔營壘，遺址在哪裡也難指出。據傳說張保仔有東西兩個營盤，東營盤在七姊妹道附近，遺址也找不着了。"[7] 張保仔全盛時期，擁有船隻百餘艘，部眾兩萬餘人。西營盤、東營盤這兩個營寨面積不大，很難全盤容納如此龐大的人群。作為其中一個活動據點還是有可能的，但作為營寨基地

4　研究香港史的丁新豹博士就是持這一觀點的學者。參看丁新豹：〈薄扶林區與太古樓歷史發展概覽〉，載於夏其龍編《內外縱橫太古樓 —— 太古樓與薄扶林區歷史研究》（香港：香港中文大學天主教研究中心，2012 年），頁 7。

5　關於薄扶林開村與張保仔的傳說，參看 "Hidden Street in Disregarded Village: The Cultural Significance of 'Wai Chai', Pokfulam Village", pp. 50-51。

6　參看冼昭行：《薄扶林村：太平山下的歷史聚落》（香港：三聯書店〔香港〕有限公司，2012 年），頁 12。

7　許地山：〈香港與九龍租借地史探略〉，載廣東文物展覽會編：《廣東文物（中冊）》（廣州：廣東人民出版社，2013 年），頁 99。

畢竟有點牽強。而張保仔招安之地是香山縣芙蓉沙，獲授千總銜，並奉百齡之令，[8]「願留者分隸諸將，出海補盜，不願留者散歸。」[9] 其部下招安後有幾多人回到香港島則無從考究，但大批遷往薄扶林定居的可能性較低，故流傳的海盜故事只是為開村增添神秘色彩而已。

（3）薄扶林的村名「薄鳧林」最早見於清嘉慶年間的《新安縣志》（1819年版），屬官富司管屬村莊，[10] 在清康熙年間的《新安縣志》（1688年版）中仍未見村名。薄扶林村在 18 世紀由陳氏一族居民建立，在薄扶林區重建前，陳氏家族在區內擁有大量耕地，曾在現址華富邨附近的瀑布公園內開墾種地。[11]

還有一種講法，薄扶林村最早開村的是陳、黃、羅三姓，都是從寶安遷徙而來的客家人。對於開村一事，筆者傾向：薄扶林村在 18 世紀由陳氏一族居民建立。原因首先在於陳氏後人現今依然居住在圍仔大街（薄扶林村最早的排屋）；二是南丫島模達灣的居民源自陳姓兄弟的同一祖宗，當時兄弟兩人都從港島薄扶林村遷徙至島上。此外村民黃彩娣口述她母親是個姓陳的客家女人，生於 1910 年左右，和不少村內老街坊一樣來自南丫島。至於黃、羅二氏，相信是較陳氏之後遷入薄扶林村的，黃彩娣手持現村內年代最久遠、立於清光緒

8　劉芳輯，章文欽校：《葡萄牙東波塔檔案館藏：清代澳門中文檔案彙編（上冊）》（澳門：澳門基金會，1999 年），頁 511-513，編號：1017 — 1021 號。

9　王文達：《澳門掌故》（澳門：《澳門教育》出版社，2003 年），頁 148。

10　早期的薄扶林原本僅指薄扶林村附近一帶，後來逐漸發展為薄扶林道沿線地區都屬於薄扶林的範圍，為避免混淆，下文會以薄扶林村及薄扶林區指代兩者。官富司轄下的村莊，處香港本島上的，只有香港村、薄鳧林、黃泥涌和掃管莆四處。參看舒懋官修、王崇熙纂《新安縣志》卷二，輿地一，都里，載於劉智鵬、劉蜀永編：《〈新安縣志〉香港史料選》（香港：和平圖書有限公司，2007 年），頁 35-43。

11　樂艾倫：《伯大尼與納匝肋：英國殖民地上的法國遺珍》（香港：香港演藝學院，2006 年），頁 113。正文和有關注釋，特別是 The China District Gazetteer of San On (1819). 有關薄扶林村的資料，參看 Journal of the Hong Kong Branch of the Royal Asiatic Society, Vol.12(1972), p.211；薄扶林區一帶的資料參看 James Hayes, "Programme Notes for the Visit to Pokfulam, Hong Kong Island", 29th July, 1972, Journal, 1972；瀑布灣參看 Geoffrey Robley Sayer, Hong Kong: Birth, Adolescence, and Coming of Age (Oxford: Oxford Uuniversity Press, 1937).

十三年（1888）的屋契，是從陳氏族人手上買下的。至於黃氏一族人何時在薄扶林村定居值得再考究；從一張 1948 年地契得知羅氏是當年菜園的大地主，應鄉紳之邀租借土地興建薄扶林村小學。由此可以肯定薄扶林村非單一姓氏村落，而是由多姓氏聚落發展出來的雜姓村。

2. 薄扶林區多元社群的構建

開埠前，香港居民多以務農為業，人口主要集中在新界地區。香港島在 1841 年被英國佔領後成為香港的政治和經濟中心，貿易及人口的往來促使港島與南九龍半島急速發展，同時使這片區域的人口激增。1898 年英政府接管新界時，港島的人口已佔香港總人口過半數。[12]《中國叢報》刊登了英國 1841 年為香港島所有村落所作的人口統計數據，可視為全港最早的人口普查。據統計，香港島有居民 7,450 人，當中赤柱人口接近 2,000，筲箕灣有一千餘人，其餘的人口均由幾十至幾百不等。而 1841 年的人口統計中，並沒有出現薄扶林村的人口統計。

英國接管香港後，將海港一帶的維多利亞城發展成行政中心，赤柱則成為香港島的軍事據點。早期，由赤柱到維多利亞城只有一條可供馬走的小徑，後來小徑擴寬為公路，又修築赤柱通往維多利亞城及香港仔的道路，其路段大概是今天的薄扶林道、石排灣道、黃竹坑道、香島道及深水灣道的位置，並把該路命名為群帶路。[13]

海禁解除後遷徙到薄扶林一帶定居的人不算多，他們在此繁衍後代，過着務農養畜的生活。鴉片戰爭後港島的急劇發展並未為薄扶林區帶來很大的改

---

12 新界在英國人來之前已有居民在此定居。錦田鄧氏、上水侯氏、上水廖氏、新田文氏及粉嶺彭氏，合稱為新界五大民族。他們在北宋前後已南遷至香港定居，這五民族人口甚眾，擁有土地甚多。遷海令各族地方勢力分佈重組，但沒有瓦解其宗族的延續發展。遷海禁令解除後，不少客家民系移民來到新界開墾發展，形成新舊勢力交織發展的局面。

13 梁炳華：《南區風物志（新修版）》（香港：南區區議會，1996 年），頁 148。

變。[14] 自 1819 年《新安縣志》記載薄扶林一名後，很長一段時間始終未見對薄扶林有較具體的記敘。直到兩張於 1868 年拍攝的老照片中，才較為清楚看到薄扶林的情況，從中可見到薄扶林村雛形。照片所攝的兩排共十八間屋，正處於薄扶林村圍仔大街，村民稱之為"十八間"。

而關於早期薄扶林村的村落形態，在《弢園文錄外編·香港略論》有記載道：

> 博胡林一帶有屋二十餘家，依林傍澗，結構頗雅，相傳自明季避亂至此，蓋自桂藩之竄，耿逆之變，遺民無所歸遠，避鋒鏑偷息此間，不啻逃於人境之外，此為蹟之最古者矣。[15]

可見"三藩之亂"開村的傳說早已有之。但不管怎樣，從海禁解除後到 1882 年期間，薄扶林村已有二十多戶人居住。圍仔大街那"十八間"排屋是薄扶林村最核心、最具歷史的建築。一般認為排屋是客家建築的延伸，其結構和諧對稱。加上"十八間"依山傍水，坐北朝南，佈局整齊。家家戶戶並排建屋，左鄰右舍牆瓦相連，故坊間有傳薄扶林村最早期可能是客家人聚居的村落。所謂"逢山必住客"，面對窮山惡水的環境，建造帶防禦性的排屋能相互援助，抵禦外侮。而多數居住的居民都是有血緣宗族關係的，但也可以是不同姓氏的幾個族。無論如何，以排屋形式來營建居所，從功能上體現出當時村民對安定的需求，及在遷徙時搬用潛意識中的原鄉建築模式，因地制宜地發展。

1860 年簽訂的《北京條約》全面開禁西方傳教士在華傳教。巴黎外方傳教會香港司帳奧塞神父向巴黎總部建議在香港島西面的薄扶林設立療養院，讓在遠東地區傳教的傳教士患病後可以有地方休養。而 1872 年全港人口統計中首

---

14 這點可從人口增長略窺一斑，直至 1873 年，薄扶林一帶基本是單一的華人集居地。

15 王韜：《弢園文錄外編》（瀋陽：遼寧人民出版社，1994 年），頁 261。

次出現薄扶林，據記錄，當時有居民 388 人。

　　1873 年巴黎外方傳教會買入薄扶林的土地興建伯大尼修院。伯大尼修院從營運者到服務的對象均是神父。1884 年羅若望神父等人在澳門興建了聖珊澤宮作為納匝肋修院的院舍，後因葡萄牙政府對非葡裔天主教傳教士的政策改變及限制，將發展資源從澳門轉移到香港。1885 年羅神父從太古洋行手上購入利牧苑，即太古樓，[16] 並設立納匝肋修院及印書館。除了解決療養的神父及居住在太古樓的教友們靈修的需求，亦冀望透過擴大印務工作，將福音傳遍各地。[17] 印書館的員工來自東莞、順德、西貢鹽田梓，都是華人天主教徒。[18] 療養院、納匝肋修院及印書館均需要人手負責。由於當時教會並沒在香港設有堂區，沒法招聘教友擔任工作，唯有向中國內地的傳教區招聘人手。而印書館不斷發展，使更多人從內地來港發展或與親人團聚。原本利牧苑的屋舍不敷所需，遂在利牧苑的土地範圍內增建宿舍以解決問題，久而久之形成了一條華人教友村。[19]

　　巴黎外方傳教會的到來，使薄扶林區原本單一的華人文化生活變得多元化。但對薄扶林區影響最深遠的是 1886 年來自蘇格蘭的文遜醫生與幾位商人選址在薄扶林興建牧場。

　　西方人的到來同時帶來他們的生活習慣，喝牛奶就是其中之一。當時香港還沒有一間現代化的牛奶公司，因此 1886 年文遜醫生連同五位股東成立了牛奶公司，文遜醫生成為第一任主席。在牛奶公司創立數年後，物色到薄扶林區作為牧場開拓業務，該處離開市區不遠，方便運輸牛奶，同時又能與市區保持

16　利牧苑最初是指在利牧徑上的一座屬於太古洋行的高級職員宿舍，納匝印書館的工人及此處的居民稱之為太古樓。參看丁新豹、盧淑櫻：《非我族裔：戰前香港的外籍族群》（香港：三聯書店〔香港〕有限公司，2015 年），頁 71，注 5。

17　《薄扶林區與太古樓歷史發展概覽》，頁 10。

18　《非我族裔：戰前香港的外籍族群》，頁 64。

19　由於太古樓容納不了那麼多人，會有部分人被分去薄扶林村居住。據薄扶林村村民魏國雄記述，他阿公是從鹽田梓過來印書館從事 "執字粒" 工作的天主教徒，太古樓有屋但不夠住，約於 1910 年部分人搬到薄扶林村居住至今。

一定距離，避免奶牛會受感染影響。而且薄扶林區處處有山坡，水源及陽光充足，適合牧草生長。巴黎外方傳教會在購買杜格拉斯堡後，將利牧苑和所屬土地一併售予牛奶公司。[20] 公司成立後並非一帆風順，牧草的種植和運輸方式都要逐一解決。牛奶公司與巴黎外方傳教會的神父保持了長達1世紀的良好的睦鄰關係。其中滿方濟神父為其公司解決了儲存及運輸牧草的難題，牛奶公司為表謝意，以成本價向教會神父供應牛奶、牛油及乳酪。[21]

隨着牛奶公司業務不斷擴大，僱用了數以百計的員工，使薄扶林區人口亦不斷膨脹。自巴黎外方傳教會和牛奶公司進駐薄扶林區，該區人口從1872年的388人，增長到1931年的2,293人。薄扶林區的人口增加引起了政府的重視，並開始着手對薄扶林未規劃地段進行管理規範。太古樓受巴黎外方傳教會管理而未受影響，而薄扶林村經過長年自由發展，聚居分散，政府遂勒令部分村民遷徙，以改善薄扶林環境。[22]

從1873年起，薄扶林區經過半個世紀的發展，特別是巴黎外方傳教會和牛奶公司的進駐，使薄扶林區原本單一的生活方式和宗教信仰變得多樣化，亦豐富了族群的多元性，發展出天主教信仰的太古樓華人教友村和華人民俗信仰的薄扶林村共存的格局。

與太古樓相距不遠的薄扶林村，兩者雖同是華人村落，但生活文化卻完全不同，兩村的村民亦甚少往來。[23] 這種封閉局面自1952年明之剛神父出任露德

20 確實的收購日期不詳，利牧苑隔鄰是一條華人村落太古樓。參看樂艾倫：《伯大尼與納匝肋：英國殖民地上的法國遺珍》，頁102，引自 "Mon Voyage à Hong Kong au sujet de la peste"，《巴斯德研究所文獻庫》，頁159。

21 樂艾倫：《伯大尼與納匝肋：英國殖民地上的法國遺珍》，頁103-105。

22 〈本港政府批覆薄扶林村民〉，《工商晚報》（1931年9月7日）。

23 《伯大尼與納匝肋：英國殖民地上的法國遺珍》，頁113。

聖母堂的司鐸後有所改變。[24]

明神父上任後，希望將福音傳播到附近村落或社區，同時打破太古樓過往與外界隔絕的局面。他從毗鄰的薄扶林村着手，透過教育和醫療去接觸村民，弘揚教義。

巴黎外方傳教會在 1951 年建立了聖華學校，它是由法國巴黎女修會主辦的學校，服務對象是太古樓的幼童。明神父認為教育是聯繫教徒與非教徒的橋樑，於是對外開放。1953 年，聖華學校有一半學生來自非天主教家庭，其中不乏來自薄扶林村者，不少薄扶林幼童正是透過教育接觸到天主教。[25]

1953 年至 1954 年間，明神父在薄扶林村購地興建診所，在此之前，薄扶林村的居民如需治療，則需到太古樓求醫。明神父認為醫療服務能有效打破兩處居民的隔膜，因此計劃在薄扶林村內興建診療所，問診收費從廉，一週求診的人數多達 2,000 人。通過醫療服務，村民對教會有了更深的了解。[26]

儘管是兩個華人村落，但不同文化在相處過程中仍然會有衝突和矛盾。據村民魏國雄記述：他在 1934 年出生於薄扶林村，由父親那一輩就搬到村裡，阿公那一輩從鹽田梓來到納匝肋印書館，居住在太古樓，後因地方不夠就搬到薄扶林村。由於信仰不同，初到村裡曾被欺負。村裡的房屋買賣一向是甲乙兩方簽字，並找見證人見證立契即可，無需經過官方核實。很不幸，他買的房屋原本屬多人共同持份，後遭各持份者輪流來訛錢，最後只得把土地交還政府，用交地稅方式解決這問題。但住久了卻發現村民是如此團結，守望相助。經過

---

24 1953 年巴黎外方傳教會淡出香港，結束印書館。1954 年將納匝肋修院賣給香港大學改作大學堂宿舍，結束了大半個世紀以來作為巴黎外方傳教會在香港以及亞洲地區傳教的總支援點。但太古樓的居民依然繼續在此居住，直到 1976 年教區將其地段售予地產發展商，1978 年太古樓被拆卸。

25 《伯大尼與納匝肋：英國殖民地上的法國遺珍》，頁 119。

26 林雪碧：〈明之剛神父小傳〉，載於《內外縱橫太古樓 —— 太古樓與薄扶林區歷史研究》，頁 25。

三代人在村裡札根，他已經落地生根融入到村裡，享受着村裡那份人情味。[27]

　　薄扶林村的村民生活模式在納匝肋印書館和牛奶公司成立後開始逐漸改變。村民並非再一味依附於土地為生，而是通過改變其生活形態，成為當時薄扶林的中心。除了早期18所房屋是連為一體，有所照應外，其後搭建的房屋都"各自為政"，沒有規劃和統籌，自然公共醫療、教育等體系亦未完善。可能由於薄扶林村最早是一條雜姓村，大家都安分守己做自己的事，此前村內亦未成立一個團體為民發聲。縱觀鄰近的太古樓，巴黎外方傳教會從一間印書館逐步衍生出宿舍、聖堂、學校、療養院等配套基建，而薄扶林村的社區發展覺悟則相對遲緩，自然村落亦開始向城市化轉變。

3. 當代薄扶林村之興衰歷程（日佔後到 1970 年代）

　　隨着日本侵華的鐵蹄不斷南下，逃至香港的難民人數驟增。大批難民湧至，對香港的房屋、教育、醫療及就業構成沉重負擔。這些難民有些投靠親戚寄居，有些被安排入難民營地，有些則在空地上自行搭蓋臨時房屋，或露宿街頭。日軍在短短18天內就攻陷了香港，從此香港經歷了三年零八個月的日佔時期。日軍從香港仔首先到達薄扶林，用炮轟炸附近的地方，牛奶公司牧場內八人因此喪命。[28] 日軍到達薄扶林的第二天，就派兵強闖民居徹底搜查，把村民的物資搶劫一空，姦淫擄掠無所不為。因此年輕女性身穿破舊的衣裳，用鍋炭塗臉，蓬頭垢面地希望能避免日軍注意，免受騷擾；在日軍經過搜索時，老年婦女則身穿破爛衣服蒙頭大睡，望在日軍強行登門入屋時誤以為家中無人，蒙混過關。若被日軍發現年輕女子，則夜夜登門，不少婦女慘遭污辱。[29]

　　日軍截斷了村民的水管，村民需要自行到水塘取水食用。薄扶林村有地耕

27　村民魏國雄記述口述，參看《薄扶林村：太平山下的歷史聚落》，頁 83-87。

28　《伯大尼與納匝肋：英國殖民地上的法國遺珍》，頁 116。

29　村民鄭惠英記述，參看《薄扶林村：太平山下的歷史聚落》，頁 50。

田養豬的村民，在日佔期間勉強能夠糊口。淪陷初年沒有務農畜牧，又沒找到工作的村民全家身無分文，窮得米缸連一粒米都沒有，唯有偷偷將牛房坑渠的餿水拿回家，用過濾出來的米粒和糠煮飯充飢。因糧食供應不足，薄扶林村村民多數養成勤儉節約的習慣，淪陷期間村內曾出現"維持公所"組織，配給米糧。[30] 有人選擇替日本人工作，或在日本人接管的牛奶公司工作，任職割草工人、司機等，亦有到瑪麗醫院、船塢工作的；英文好的則由任職西人領事司機、船務。

　　日佔過後，緊接內地政權交替，百廢待興的香港再一次面臨大量人口的湧入，多處不時發生騷亂。勞工的薪資調整趕不上物價攀升的速度，百姓生活普遍貧困，改善待遇的呼聲席捲全港各業，1946 年戰後的牛奶工人意識到"六十年一盤散沙是行不通的，要走團結互助的道路"。[31] 同年 11 月 24 日，港九各部門推選出 18 位代表，成立了"港九牛奶公司職工互助會"，為牛奶公司工人成功爭取福利。[32]

　　第二次國共內戰開始，大批難民逃港避難。香港人口由 1947 年的1,750,000 急增至 1951 年的 2,010,000，大批逃港新移民對香港的房屋、教育、醫療及就業構成沉重負擔。單單 1948 年薄扶林村就發展到兩千餘人。戰後尚未重整旗鼓卻又湧來更多的人，兒童讀書問題尚未解決，於是有薄扶林坊眾就

---

30 村民甘志文提供一張民國卅三年（1944）薄扶林村維持公所給予甘鐵鍾的口糧配給證。村民對維持公所沒有印象。翻查資料，日本佔領香港後就着手解決糧食供應問題，並施行了一系列政策。包括"歸鄉政策"，從而減低供應糧食的負擔；"糧食配給"指憑證到官方指定的米站配給口糧，採用計口授糧的方式限購。薄扶林村維持公所應該是指這種日本人介入的半官方半民間的組織。上面印着"維持費第貳拾號"字樣，意思是米站的米是從"貳拾處"領取的。但這種糧食配給方式因為 1944 年後糧食極度缺乏而在 4 月 15 日宣佈取消。參看關禮雄《日佔時期的香港（增訂版）》，第八章"人口和糧食"（香港：三聯書店〔香港〕有限公司，2015 年），頁 138-149。

31 《牛奶飲品食品業職工會成立四十周年會慶特刊 1946-1986》（1986 年），頁 38。

32 是後來港九牛奶公司華人職工會的前身，互助會成立後發起勞資談判，獲勞工處的介入並仲裁成功。後辦工人服務部、牛奶工人子弟學校，及爭取住宿、醫療、假期、教育津貼等福利。參看《牛奶飲品食品業職工會成立四十周年會慶特刊 1946-1986》，頁 19。

籌建薄扶林村小學：

> 據香港仔薄扶林村人談：該村現在未開港以前，經已建立，迄今已歷百餘年，具有悠久歷史。村民泰半務農，亦有作工商事業者，現在全村人口有數百戶，約共男女二千餘人，但教育尚無力推展，站前有學校兩所，戰後則僅存一所，為私立學校。另有牛奶公司職工互助分社設學校一所，專以收容該公司職工子弟。當此全港鬧着學荒時期，該村實有籌設公學必要。蓋現時該村失學兒童，數達二百餘名，極需教育，因此村人之熱心者，乃於去年發起倡建"薄扶林村小學"……33

當時薄扶林村工人子弟失學問題十分嚴重，三百多個牛奶工友及家屬上訴至教育司署，希望解決子女教育問題。牛奶公司工會成立後不久，在舊會址薄扶林村 13 號 A 舉辦兒童識字班，後擴展成"牛奶職工子弟學校"，專門收容該公司職工子弟。34

人口增長除帶來教育問題外，亦為薄扶林村帶來不安定因素。1949 年 8 月 3 日《大公報》一則報導記載：

> 薄扶林道上之薄扶林村十號地下鴻利理髮店，昨（二）日凌晨三點半鐘突然有四個不速之客光顧。他們破門闖入店內後，即一面翻箱倒篋，搜索細軟財物，一面露械監視睡在床上的該店東主王鴻和夫婦，當時王氏夫婦尚在酣睡中，但不久即被翻箱倒篋聲驚醒，王妻醒後，狂呼"強盜搶嘢喇！"立被匪徒開槍擊中腹部，槍聲響後，

---

33 〈薄扶林村籌建小學〉，《香港工商日報》（1948 年 3 月 1 日）。
34 後因禁止左派辦學，1955 年因放國慶假取消學校註冊。

各賊亦倉皇遁去，該店卒未受損失……據王鴻和說：四賊入店行劫時皆用黑布蒙面，匪徒持有左輪手槍、手電筒等。

鴻利理髮店是一寬約丈許的磚屋，前面是雜貨店，後面是理髮店，內進便是王氏夫婦的臥室。間是薄板做的，不甚堅固。[35]

再 1950 年 6 月 29 日香港《工商日報》有薄扶林村木屋住客夢中被砍傷的報導：

昨日凌晨三時許，本港薄扶林村一未編門牌木屋，有一江西省籍男子與其妻正在好夢方酣中，突被兇徒潛入屋內，向之連斬四刀，當堂身受重傷，奄奄一息，勢甚危殆。[36]

又 1954 年 6 月 9 日香港《工商晚報》有離奇謀殺案的報導：

薄扶林村近一間咖啡檔附近未編門牌木屋，今晨七時許，又發生一宗駭人聽聞的斬殺案，此地雖然郊野，附近有警署及捕房設立，在村落內所發生斬殺案，一男子被斬當塲喪命，後由該死者親屬附警署報案，駐防該地警察正集體出動，將村內各要隘握守，搜查斬人兇手。截止發稿時，兇手尚未落網。[37]

查閱 1931 年至 1987 年關於薄扶林村的中文報刊，1950 年代左右薄扶林村發生刑事案件的數量最為頻密。在這些刑事案件中，時常出現房屋未編門牌號的現象，這點也印證了大量人口流動對社區穩定造成了一定影響。儘管附近設

---

35 〈王妻腹部中槍，鴻利理髮店被四個蒙面賊持械搶劫〉，《大公報》（1949 年 8 月 3 日）。
36 〈薄扶林村木屋住客夢中被斬傷〉，《香港工商日報》（1950 年 6 月 29 日）。
37 〈今晨薄扶林村發生命案，一男子被人斬傷斃命〉，《工商晚報》（1954 年 6 月 9 日）。

有警署及捕房，但對於刑事案件發生並沒有起到阻嚇性作用。[38]

　　據村民憶述，除了大量難民和牛奶公司的工友聚集在薄扶林村，還有"道友"在村內活動。由於沒有組織和政府管理，薄扶林村村屋數量倍增，當地時常發生人員糾紛，以 50 年代最為頻密。當時村內籠罩着一種沉重的氣氛，打破了村落原本的平靜，甚至有村民覺得全村人受着邪靈的詛咒：

> 　　短短數日內，村內有人打鬥，4 個男子拿着剪刀作為武器，互相攻擊，其中兩人受重傷；一個 15 歲男童在睡覺時被撕破喉嚨；有人求死深切，跳入一鍋沸水內自殺……尚未曾包括夫婦糾紛大增和女村民打作一團的難看情況。全村人受着一些邪靈的詛咒，但靈運源自哪裡？一問堪輿師傅，他二話不說便稱，全是診療所惹來的禍。[39]

　　事實上這些接二連三的犯罪案件並非邪靈作怪，而是當時薄扶林村龍蛇混雜，暫住和流動人口多，無法掌握人口的基礎信息，難以達成有序管理。人口密度增大，四處搭建寮屋、犯罪率高企、消防隱患眾多、社會矛盾頻發等問題只能靠自我防範及鄰里之間守望相助。這種無政府管理的情況一直維持到 70 年代政府開始發展薄扶林道才真正改變。

　　1956 年及 1959 年，兩棟牛奶公司職員宿舍先後在薄扶林村落成，讓一眾工人落戶該村。同時戰後的牛奶公司因業務擴展的需要，吸納並安置薄扶林村的新移民，並提供了大量就業機會，如聘請村民當司機、割草、雜工及牛房工人等。政府公務員也是村民的一個選擇。據 1957 年香港大學地理系學生安東

---

38 於香港公共圖書館多媒體資訊系統數碼館藏資料庫中，薄扶林村相關資料散落在《工商日報》、《香港華字日報》、《工商晚報》、《華僑日報》、《大公報》。關於薄扶林村的報導可歸納為刑事案件：兇殺案、搶劫案、縱火案、黑社會事件等人為刻意傷害事件報導；及非刑事案件：政府公告、社團活動、神誕告示、自殺、自然災害、非故意傷害他人等事件報導。
39 《伯大尼與納匝肋：英國殖民地上的法國遺珍》，頁 120。

尼（Anthony Ng）當年調查所得，"當時村內有 39% 的村民就業，23% 失業。工作流動性甚高。原因是村民參與的工作多是散工性質，造成收入不穩定。當時村內賺取薪金最高的五個職業依次為司機、公務員、瑪麗醫院職工、行船及牛奶公司工人。" [40]

　　安東尼對薄扶林做了一個地理和歷史的考察，當中提及到薄扶林村這片土地害蟲多，氣候環境不理想，蔬菜生產量亦無法自給自足。村民不得不走出去賺錢補貼開銷。[41] 由於氣候環境不理想，農作物收成受到影響，村民需要主動向周邊社區靠攏，多數村民會到鄰近的納匝肋修院工作或受僱於牛奶公司。亦有的在瑪麗醫院工作，或投身政府公職或行船。1957 年全村家庭每月人均收入為 30 元，被形容是 "僅夠維生"。[42]

　　據村民對 1960 年初薄扶林村景象的回憶，當時的村民會在屋前種菜，在屋後山坡上養豬。一間豬屋可養 8 到 10 隻豬，牲畜養在屋舍高坡上，是為了避免大雨時豬屋被淹沒。而屋前的菜地接近水源，[43] 原因是薄扶林村背靠山坡，三水環村，水源充足，氣候也合適利於農作物灌溉。可見 1960 年代初務農養畜依然是薄扶林村村民最主要的生活方式。但同時，正逐步向城市的僱傭關係及簡單的商品買賣過渡。

　　1960 年代至 1970 年代開設在圍仔大街的商舖亦如雨後春筍，高峰時期有近 50 個商戶攤檔集中在這 100 米長的大街上。不論商舖或住家，很多人會將門前那少許空地分租給別人擺檔做生意。除本村人外，附近太古樓、鶴佬寮的居民都會到薄扶林村消費及娛樂。[44]

---

40 《薄扶林村：太平山下的歷史聚落》，頁 120。

41 同上；Ng, Chan-fan, Anthony, *Pokfulam: a geographical and historical survey*，手稿藏於香港大學圖書館（MSS 915.125 N575），1957 年。

42 同上。

43 黃彩娣、盧旺興村民口述，參看《薄扶林村：太平山下的歷史聚落》，頁 56、123。

44 大量鶴佬人在牛奶公司做牛房工人、割草工人及泥水工等，他們在薄扶林村西南面搭建木屋聚居，後被清拆。現址僅留下西國大王廟。

光顧這裡的都是街坊或者附近的低薪階層。村民關慧嫻（歡姐）形容説：一張枱，搭條大麻石當凳，就可以做碗粉麵生意。除了堂食，還做外賣生意，煮好後就直接捧着大公雞碗送去。除村內街坊，還有牛奶公司的人來光顧，後來興建置富的泥水師傅都被薄扶林村價美物廉的餐廳吸引，而到此覓食。歡姐和丈夫更是忙得不可開交，但他們一直堅持着為人設想這份人情，堅持平買平賣。直到後期政府要求申領飲食牌照，這不合時宜的建築無法滿足消防條例，才不得不結業。[45]

在 1950 年代開業的"萬興麻將耍樂"，是村內唯一一間有牌照的麻雀館。和大多大街原居民一樣，萬興也分租給別人，由一間大屋間隔成兩間，一間自住，另一間出租給別人前舖後居做生意。同名老闆萬興是個講規矩而又傳統的人，據他女兒憶述，以前曾經有不少人想讓她父親將牌照調去香港仔，但都被拒絕了。而且萬興除了經營麻將生意外，其他生意一律不允許家人經營。客人需要飲品、食物，就讓他們光顧隔壁店家，村民之間互助共存，實屬難得。由於萬興為人疏爽且不流於世俗，使他廣結人緣，並在薄扶林村打穩根基。但隨着後來家家戶戶改在自己家裡打麻將，麻雀館就沒有生意做了。[46]

興旺時，大街有很多米檔。南園老闆娘嬋姐記得的就有五間，除了自己的南園外，還有啟祥、成興、仁記等。以前做米是賒賬的，牛奶公司則於每月 3 日和 18 日出工資。大家都習慣出工資後才結賬，不夠用再賒，周而復始。畢竟經營街坊生意，所有商戶都不會牟取暴利。買賣之間都靠自覺、守信。除了村民及兩棟職員宿舍外，亦有很多來自臨時房屋的人光顧。[47] 後來因為兒子出生，而且村內小朋友增多，就開始轉賣衣服鞋子。後來 1970 年代政府擴闊薄扶林道，對面的臨時房屋亦被清拆，不久後牛奶公司宿舍職員遷出，人流和生

---

45 〈關國強士多：好多日會放低屋企鎖匙〉，載於《薄扶林村：太平山下的歷史聚落》，頁 151-153。

46 Cindy Chu 村民口述，參看《薄扶林村：太平山下的歷史聚落》，頁 143-149。

47 房屋署興建給市民居住的臨時居所，1994 年被清拆，位置在今天職業訓練局校舍範圍內。

圖 4-1　圍仔大街村頭及村尾土地神（2017）

意大不如前，就取消了商業登記。[48]

　　縱觀歷史，薄扶林村雖距離市中心有一定的距離，儘管這裡交通不算便利，但憑三水環村的天然優勢，很快吸引到早期的移民來這裡落地生根，而圍仔大街亦成為這一帶群眾聚居的中心。並有兩座 "伯公壇" 分別處於大街頭尾兩端位置，象徵着村頭與村尾。該村居民務農養畜的生活模式是在牛奶公司來薄扶林村養牛後才開始有較大改變，此舉直接帶動了社區的經濟，使薄扶林村變成該區最興旺的地方，吸引到西營盤、香港仔的人來這裡擺檔做生意。這與牛奶公司兩棟職員宿舍先後在薄扶林村落成必然有着密切關係，既鞏固了薄扶林村及周邊居民的生計，同時亦帶旺了薄扶林村圍仔大街成為薄扶林區乃至西營盤、香港仔一帶的商圈中心。加上牛奶公司職員宿舍的落成，村民從之前流

48　何玉嬋村民口述，參看《薄扶林村：太平山下的歷史聚落》，頁 157-160。

動性小型商品買賣過渡到有固定場所的商品買賣，使圍仔大街發展成該區的市集。薄扶林村從自然村落徹底向城鎮社區過渡，人口流動相對放緩，社區形態進一步鞏固。

4. 薄扶林村的城市化演變

1970 年政府開始着手規劃重建薄扶林區，擴展薄扶林道及擴闊馬路，並發展大型屋邨等措施。1971 年，人口稠密的住屋發展項目華富邨在薄扶林落成。同時為配合港島的發展，政府計劃擴闊薄扶林道行車線，要求薄扶林村讓出山地擴闊馬路，受影響的住戶約 40 戶。1972 年置地集團收購了牛奶公司，原有草地及牛房發展成大型屋邨。1976 年，牧場重建發展成大型私人住宅屋苑。同年，教區把太古樓出售給物業發展商，住戶在教會幫助下陸續遷出，不少太古樓的教眾被安置在華富邨。

舊時薄扶林一帶的環境良好，昆蟲植物種類也很多，村內老一輩自小在大自然裡成長。多數村民在附近的花王田（屬漁務處，今漁農自然護理署）和牛奶公司工作。儘管牛奶公司於 1978 年撤走，還有村民在花王田繼續務農、種花過日子。[49] 村內的生活形態和人員流動在回歸後才有較大變化，村民不能再以務農種植為生，只好外出打工。

自政府着手發展薄扶林區，多年來薄扶林區的交通配套問題終於開始得到關注。[50]1940 年代開始，大批隨逃港潮南來的人在薄扶林村自行搭建住屋。寮仔部於 1982 年最後一次進行寮屋登記，記錄了其位置、尺寸、建築物料及用途。以寮屋政策規管，容許他們居住到遷拆為止。寮屋縱橫交錯於村內不同角落，村內亦沒有整體規劃，每所房屋都形態各異，有的是磚屋，有的是鐵皮

---

49 花王田，是葛量洪時代所設下的。當時在花王田工作屬公職，而且地大人少，無管束，相對較輕鬆。最初那塊地是牛奶公司所有，結業後歸政府。政府批給漁農署栽種樹苗、花卉。

50 "薄扶林道交通擠塞，中巴促闢巴士專線，建議中的專線介乎薄扶林村至蒲飛路間。據說現時八分鐘路程常要耗四十九分鐘"，《大公報》（1980 年 9 月 12 日）。

屋，有的是混凝土屋。村內道路崎嶇，街巷狹窄，房屋時而拔地而起，時而順勢而築。民居與被圍上鐵絲網的官地共存。

　　1982 年南區議員倡議改善薄扶林村環境工程，亦在 1987 年組織過大掃除。[51] 1993 年薄扶林村約有 8,600 人，是人口歷史的最高峰。1998 年政府欲收回薄扶林村建汽車維修場，於村民抗爭後擱置計劃。同年有發展商向陳姓村民收購村中四個地段，要求四十幾戶遷走。經律師翻查文件，揭發陳姓村民不是地權持有人，故無權賣地。[52] 繼而盛傳空置的牛奶公司宿舍將清拆重建，拆村危機令村民十分憂心。

　　隨着附近大型屋邨及配套完善的商場落成，加上村內大量村民的遷出，圍仔大街的大小商戶都生意蕭條，村內的商舖、街市檔口陸續減少。零零星星的幾個街市檔口仍在經營，以較低的價格吸引附近屋苑的居民前來光顧。加上現代年輕人少做飯，且喜歡光顧百佳等一應俱全的超級市場，喜其乾淨衛生之餘，又不受時間限制，商戶的經營環境越見艱難。

　　2003 年，薄扶林村村民意識到排污系統不足造成的衛生問題，當時村民成立了關注組與政府部門交涉跟進。2011 年高永康、黃廣長及一班村民組成了排污工作小組與政府進一步交涉。

　　為保護村落，排污工作小組於 2013 年初改為"薄扶林村文化環境保育小組"，有計劃地將這條村的歷史、文化及生活方式作保育。薄扶林村成功引起國際社會關注，該村落被列入 2014 年世界建築文物保護基金會[53] 歷史遺跡監察名單，這是香港第一次有文物建築被納入名單。同年 6 月，薄扶林村舞火龍被列入《香港非物質文化遺產清單》，以及於 2017 年 8 月被列入《香港非物質文

51《華僑日報》（1982 年 2 月 21 日；1987 年 12 月 17 日）。

52〈獲列歷史遺跡監察名單　力抗地產霸權　薄扶林村盼延續 200 年情〉，《蘋果新聞》（2013 年 10 月 19 日）。

53 世界建築文物保護基金會（World Monuments Fund，簡稱 WMF），是專門推動及保存世界上瀕臨被威脅、消滅的地方組織機構。

化遺產代表作名錄》。入選的主要原因是薄扶林村火龍是村民自籌自組的，有別於大坑火龍有實力雄厚的贊助商支持。

　　薄扶林村從早期被動開放的社區，到今天村民自主參與社區營建。當中與明愛社區有莫大關係。1991 年明愛社區開始為薄扶林村人提供服務，後於 2006 年遷入薄扶林村 87 號。它促進村民自助互助，鼓勵村民關注不同的社會政策，並與村民攜手開展了約十年 "留住運動"，共同挖掘地方文化資本。2019 年 7 月 27 日由香港明愛及薄扶林村文化地景保育小組合作，第四期活化歷史建築伙伴計劃正式展開，計劃活化舊牛奶公司高級職員宿舍（The Braemar）為 "薄鳧林牧場" 博物館。冀望透過活化計劃貫連薄扶林牧場古跡群，包括薄扶林水塘、伯大尼修院等古跡，將歷史文化轉化為社區資本。"主禮的香港明愛總裁閻德龍神父致辭時説，他期望這個保育項目能呈現薄扶林區的文化及教會在當地的歷史。"[54]

---

54 〈明愛聯同薄扶林居民 轉化牧場宿舍為博物館〉，《公教報》（2019 年 8 月 4 日）。網址：http://kkp.org.hk/node/19226，瀏覽於 2019 年 8 月 21 日。

圖 4-2　薄扶林村全貌（2017）

❷ 薄扶林村火龍的出現與李靈仙姐信仰

現時薄扶林村每年最引人注目的活動莫過於中秋節舞火龍，亦是薄扶林村最具活力及節日氛圍的日子。值得注意的是，火龍除了會在村裡遊走，還會參拜村裡的李靈仙姐及大伯公，甚至會特意到臨近的西國大王廟參拜。這一眾神明究竟與薄扶林村有着什麼關係呢？

本節將結合薄扶林村的歷史，探討薄扶林村舞火龍的習俗及李靈仙姐信仰的出現原因。

1. 傳統火龍除瘟疫

關於早期薄扶林村的文獻資料匱乏，至今未能找到文字或圖片資料印證該村據說有百年歷史的中秋舞火龍習俗，而口述資料方面則有所收穫。

有不願透露姓名的薄扶林村村民説：事情發生在 1860 年代薄扶林水塘初建時。由於食水供應日益緊張，薄扶林亦出現供水管制，並就問題封了薄扶林村現時火龍壁畫附近那片地。[55] 在建水塘初期，薄扶林發生瘧疾。那位村民的太公是村內唯一的"赤腳醫生"（大夫）。眾所周知，當時金雞納霜是唯一能對抗瘧疾的藥。由於這種藥物造價昂貴，且不易獲得；太公身上也僅有一劑，面對眾多身患瘧疾的村民，救誰成了要思考的問題。他最後決定救一個有錢人，原因是救活後他能出資救助更多的人。與此同時，港英政府需要人力興建水塘，當時薄扶林村村民飽受瘧疾困擾，於是他們找了村內有説服力的人，即太公幫忙。由於當時村民對西醫極度排斥，堅決拒絕注射藥物。駐於赤柱的軍醫只好讓太公將藥粉混在飯裡，派發予患瘧疾的村民服用。後來患病村民康復後，便有勞動力參與水塘修建，並於 1863 年建成水塘。薄扶林村村民為慶祝瘟疫已

---

55 現在是水渠，往日是匯入瀑布灣的涓涓水流。

退，於同年舉行了舞火龍活動及建了一座塔（一層）作為對太公所作貢獻的感謝。

上述是薄扶林村火龍出現的最早口述版本。

由於香港開埠後食水日益缺乏，1859 年港英政府懸賞解決食水問題。1860 年港英政府接納英國皇家工程部文員羅寧（S.B. Rawling）建議，利用薄扶林谷地形勢興建首個水塘，蓄注由薄扶林流入瀑布灣的溪水。[56]1863 年薄扶林水塘及供水渠道初建成，但由於水塘容量太小，根本解決不了食水問題。故 1871 年在原有的水塘上游再興建一個水壩，擴建工程於 1877 年竣工，並投入使用。

然而，暫未發現有更多詳細資料提及到薄扶林水塘修建過程。對於 1860 年代薄扶林是否出現過大規模瘧疾及英軍是否出手相助，目前未能證實。

清康熙三十二年（1693 年），康熙帝患瘧疾，張誠（Jean Francois Gerbillon）和白晉（Joachim Bouvet）兩位神父用藥粉救回他的命，而洪若翰（Jean de Fontaney）和劉應（Claude de Visdelou）兩位神父則用金雞納樹（Cinchona）樹皮為他治好瘧疾。[57] 直到 1820 年，法國化學家 Pierre-Joseph Pelletier 和藥劑師 Joseph-Bienaimé Caventou 從金雞納樹樹皮中萃取出金雞納霜，即奎寧（quinine），進一步應用到瘧疾治療中。[58] 由於當時的奎寧是天然提取的，故對

56　黃棣才：《圖說香港歷史建築 1841-1896》（香港：中華書局〔香港〕有限公司，2012 年），頁 108。

57　1687 年路易十四派遣首批法國耶穌會士抵達中國，他們是洪若翰（Jean de Fontaney）、劉應（Claude de Visdelou）、張誠（Jean Francois Gerbillon）、白晉（Joachim Bouvet）和李明（Louis le Comte）五位，他們身兼傳教、科學考察、打破葡萄牙"保教權"及弘揚法國國威三大使命。1693 年成功救回康熙後，對法國天主教在華傳播有重大影響。參看杜赫德編，鄭德弟、呂一民、沈堅譯：《耶穌會士中國書簡集：中國回憶錄（上卷）》（鄭州：大象出版社，2005 年），頁 9。

58　"奎寧"一詞在秘魯文字中是樹皮的意思。大約在 1641 年，一位西班牙伯爵在秘魯認識到了金雞納樹的這種抗瘧功能。到了 1681 年，金雞納樹樹皮在歐洲被廣泛作為治療瘧疾的藥物使用。金雞納樹樹皮的生產壟斷掌控在西班牙人手上，但由於西方人對金雞納樹樹皮需求量大增，導致野生金雞納樹逐漸減少。

金雞納樹產地的控制相當重要。[59] 儘管在 1850 年，法國藥學會號召化學家們尋找人工合成奎寧的方法，但由於化學合成奎寧不易，且當時的有機合成還處在萌芽階段，故一直未能成功。直到 1944 年人工合成奎寧才有重大突破。

中國對瘧疾的記載古已有之，而南方更被形容為"瘴癘之地"。在南宋筆記《嶺外代答》中亦有："南方凡病，皆謂之瘴"一說。[60] 到清初鄭成功命將士及家眷來台屯墾，"初至，水土不服，瘴癘大作，病者十之七八，死者甚眾。"[61] 可見，瘧疾一直是難以逾越的天然屏障，並多發於南方。

同樣，英國佔領香港之初，香港亦瘴癘盛行，瘧疾多發。1843 年 5 月至 10 月期間，就有 24% 軍人及 10% 旅港歐洲人士死於瘧疾。政府當局其後着手改善衛生系統，在當地設立醫院。到了 1871 年，在港的歐洲人死亡率下降至 3.3%。並於 1883 年成立香港潔淨局（Sanitary Board），針對衛生狀況頒佈諸多條例。[62]

相反，在港華人衛生問題則日益嚴峻：

在 1850 年代的醫官報告內，所描述的太平山區房子狹窄、陰

---

59 19 世紀，英、法、荷等國的殖民地都有瘧疾盛行，西方人多次嘗試在南美洲以外的地區種植金雞納樹，最後在東南亞培植成功，特別是印度尼西亞的爪哇島，後佔全世界奎寧來源的 90%。二戰期間，印度尼西亞被日本佔領，奎寧來源掌握在日本手上，中國進口則更加困難。由於世界醫學上對奎寧的需求越來越大，中國與美國聯手合作抗瘧藥研究。直到 1944 年，人工方法合成奎寧被實現，隨後好多新的合成抗瘧藥物陸續開發出來。參看饒毅：〈現代科學研究中藥的先驅——張昌紹〉，載於《中國科學：生命科學》（2013 年 43 卷 3 期），頁 263-270。

60 周去非：《嶺外代答》卷四，風土門，瘴條（北京：中華書局，1985 年），頁 40。

61 《靖海志》卷三，頁 19，參看蝠池書院編委會編：《中國古代海島文獻地圖史料匯編》五四冊（香港：蝠池書院出版有限公司，2013 年），頁 24501。

62 1883 年香港潔淨局成立，以監察香港的衛生。因為它的職務需要干涉住戶的私人事務，潔淨局在業主和華人中均不受歡迎。它有權向政府提出建議，但是否被接納則由政府決定。參看趙雨樂、鍾寶賢、李澤恩編注，梁英杰、高翔、樊敏麗譯：《香港要覽（外三種）（東瀛遺珠：近代香港的日本人紀錄 2）》（香港：三聯書店〔香港〕有限公司，2017 年），頁 47。

暗、密不透風、臭氣熏天，街上滿佈垃圾、排泄物，衛生環境十分惡劣。剛棄農從工，來到香港的華工，更在住處內飼養牲畜，希望牲口可以幫補家計。成年人、小孩、豬、雞、狗，混雜在暗無天日的空間內，空氣混濁惡臭，疾病相互傳染。[63]

在華人社會，瘴癘都是指與自然環境有關的傳染疾病。直到西方傳教士到來及後期殖民擴張後，西方醫學才逐漸揭開這神秘面紗，將這種傳染疾病的預防列入公共衛生系統管理。在一些學者看來，殖民統治者這一系列舉措有着更深層的用意："殖民政府建立的公共衛生，生物學概念下的殖民地醫學活動，具有支持殖民主義與帝國主義的作用，它作為一種操控機制，以保護殖民者為優先。"[64]

原因是在 1866 年，范阿為與三名華人向政府申請興建一所華人醫院，但政府認為華人衛生環境並非如此惡劣，而拒絕該申請。後 1869 年 4 月《德臣西報》報導了總登記官巡視上環廣福義祠，發現危病者和屍骸共處一室，引起政府關注及社會輿論，同時考慮到華人對西醫的不信任，港督麥當勞遂於 1869 年起草醫院條例，向殖民地申請成立一所由華人管理及主診的華人醫院，即後來的東華醫院。為防止華人社區的惡劣情況影響歐洲人的健康，及害怕華人社區會爆發疫病，殖民政府明確下令劃分華洋居住區，實施種族隔離。並在 1888 年，將中上環半山開闢為洋人居住區。而在此之前，維多利亞城並沒有明確地劃分為華人區及洋人區，只是禁止歐洲人在華人活躍區域居住。[65]

華人住居的衛生環境一直未被重視，或者說是對其人口控制和民生改善

---

63 參看何佩然：《城傳立新——香港城市規劃發展史（1841-2015）》（香港：中華書局〔香港〕有限公司，2016 年），頁 47-59。

64 引述劉赫宇：〈對清代台灣瘴氣的生態史考察——基於經濟開發和軍事史實〉，載於日本愛知大學中國研究科（2019 年），頁 114。

65《圖說香港歷史建築，1841-1896》，頁 56。

的成效甚微，促使 1894 年上環太平山街、西營盤至堅尼地城一帶爆發鼠疫。
這是華人聚居的地方，人口稠密而環境衛生惡劣。香港鼠疫爆發初見《申報》
1894 年 5 月 15 日的相關報導，抄錄如下：

> 香港華人近得一病，時時身上發腫，不一日即斃。其病起於粵
> 省及北海。近始蔓延而至。每日病者約三十人，死至十七八人。說
> 者謂天時抗旱，以致二豎為災。若得屏翳惠臨，此疾幾可免乎。[66]

疫症爆發初期坊間仍不以為意，認為是看病就能醫治。而港英政府面對疫情，
則迅速制定並頒佈《香港治疫章程》，設有 12 條規定。可概括為入屋探查、隔
離、清潔及消毒。港英殖民者以建立公共衛生制度強行改變居民生活習慣及環
境。[67] 當中章程與華人的原本信仰產生很大分歧，雙方以隔離有違傳統道德及忌
諱客死異鄉的問題各執一詞，且當時大多數華人對西醫尚不信任，最後導致大
批華人離港。由於疫情蔓延快，加上大量人口流動，疫情一直未能得到控制，
疫訊頻頻傳出。

　　自 1875 年伯大尼修院及療養院修建落成後，罹患熱帶疾病（瘧疾）的傳
教士在此休養，待康復後返回各自的傳教區。1891 年，多名染上瘧疾的會士送
往伯大尼療養院接受治療。傳教會將納匝肋修院和印書館遷往西環半山的列治
文台（Richmond Terrace），以避開瘧疾區。薄扶林區在這場嚴重的疫症中也受
到影響，原杜格拉斯堡的後人遂將它賣給巴黎外方傳教會。巴黎外方傳教會在
購買杜格拉斯堡後，將利牧苑和所屬土地一併售予牛奶公司。[68]

　　由於當時華人對西醫極不信任，出現隱瞞疫情及諱疾忌醫之事。西醫認為

---

66 〈香港多疾〉，《申報》（1894 年 5 月 15 日），第 7565 號。

67 〈香港治疫章程〉，《申報》（1894 年 5 月 22 日），第 7572 號。

68 其後續運作，本章第一節有提到。

傳染病需強制隔離引起華人的不滿，最後政府對此作出讓步，將堅尼地城警局、玻璃房及牛棚改建成臨時醫院，專門接收患病華人。據《申報》報導：

> 香港某甲，東莞人也。一日有青衣小婢死於疫，甲不以為意。迨二十六日其子為疫鬼所纏，翌日女亦同病相憐。甲遂將子女舁往玻璃局醫院調治。既而甲命僕婦入室取物，久而不見其出，往為查視，則僕已倒仆地上，口流涎沫，氣不絕者如縷。遂複報知醫院，舁往醫治。[69]

可見當時華人對疾病認知不足，將其歸咎於受鬼所纏繞。舊日農村瘧疾盛行，村民都會認為是鬼作祟。江蘇、浙江、安徽等地風俗，凡是家中死人或有人患重病，都會認為是瘧鬼作祟，各處鄉村各處例地使用各種方法，讓瘧鬼畏懼而逃，認為這樣瘧疾就會不治而愈。

在廣州爆發疫情後，當地市民亦開始迎神驅疫。《申報》對這類行為有記載：

> 疫症流行始於前月，初由東關、南關、新城，遞及於城內。其時天久不雨，咸以為亢旱所致。乃三月以來，暘雨應時，陰陽和會，似疹瘰可以潛消，人民自能康樂矣。詎傳染之多，比前更甚，城廂內外，到處皆然。西關連登巷煙戶無多，自三月朔日起至望日止，死者計共數十人，十室九喪，哭聲偏地，其餘各處，大略相同。棺木店晝夜工作，仍覺應接不暇。且所染之疫，頃刻即斃，多有不及醫治者，故醫生藥店，反形寂寂。迎神逐疫之事，日有所聞，舉國若狂而於事究屬無濟。想天災流行，原有定數，非神力可

69 〈西報言疫〉，《申報》（1894 年 6 月 11 日），第 7592 號。

能挽回也。然有時亦有微驗者。十九日有某甲行至第十鋪，猝然倒
斃，鄰人麇集救治，終覺藥石無靈，旋經其親屬認明，往購棺木，
以備收斂。而是日街鄰人等，恭奉洪聖神巡遊，擊鼓鳴金，異常喧
擾，迨神經過之後，甲忽複生。初時見者，以為屍變，奔避不遑，
及其自能起坐，即以藥飲之，遂霍然無恙。叩以倒斃之故，則茫然
無知。咸謂神威所臨，疫鬼退避，故得複生。有識者則一笑置之。[70]

當時鋪天蓋地的迎神逐疫之舉，記者則認為是“非神力可挽回”。且華人多數
認為該疫症是由於天氣亢旱引致，並沒有如港英政府將其歸咎於公共衛生政策
實施不足。而當時廣州華人的一些做法和在港華人的思想如出一轍，不然後期
怎麼有那麼多患疫者離港遷回原籍？[71]

　　《說文解字》：“疫，民皆疾也。”[72] 又《蔡中郎集·獨斷》：“疫神，帝顓頊有
三子，生而亡去為鬼，其一者居江水，是為瘟鬼。”[73] 而縱觀中國民間的舞龍，
多源於求雨祭祀活動，在不少歷史文獻中均有記載，且出現時間極早。當中亦
包含了祈求風調雨順、國泰民安之意。這大概是因為在中國神話中，海洋管轄
權歸龍王所有，帝王及民間普遍認為：龍王是主宰雨水之神。

　　上文提及到瘴癘在華人社會中是指與自然環境有關的傳染疾病，古已有
之，多發於南方，因航海時代開始後，西方人對熱帶乃亞熱帶地區氣候不適
應而多發。在香港開埠初期，瘴癘盛行，瘧疾多發於旅港歐洲人士，死亡率
極高。這點從伯大尼修院的興建目的可證。而 1894 年爆發的黑死病（Bubonic

---

70 〈羊城疫勢〉，《申報》（1894 年 5 月 7 日），第 7557 號。

71 “香港港英官接粵憲來文，准將東華醫院分局患病諸人載回省垣醫理，業已紀諸報章”，《申
報》（1894 年 6 月 21 日），第 7602 號。

72 段玉裁注：《說文解字注》，七篇下，第三十四頁（台北：漢京文化事業，1983 年），頁 352。

73 蔡邕：《蔡中郎集》外集卷四，獨斷篇，疫神條（番禺：陶氏，清光緒十六年〔1890〕版），
頁 13。

Plague），也叫鼠疫，是由鼠疫桿菌所造成的一種人畜共通的傳染病，由於人口快速增長及缺乏公共衛生意識所致，華人是這場瘟疫首當其衝的受害者。其爆發疫情的太平山與薄扶林村火龍更有地緣的契機，有理由相信薄扶林村火龍是源於 1894 年這場瘟疫。

現存港島大坑和薄扶林村中秋舞火龍，其開始時間均無文獻檔案可證，只能從口頭傳說得知大概是在 19 世紀末開始，原因是當時村民為求消除瘟疫，用線香製火龍，四處遊走，利用硫磺火藥的味道將蛇蟲鼠蟻趕走，讓瘟疫不再蔓延。

2. 李靈仙姐護村民

李靈仙姐塔平面呈六角形，結構分為上下兩層，其建築形態是從下層往上層逐漸收窄。靈塔內，李靈仙姐的靈位被供奉於兩層樓高的中庭位置。靈塔由紅磚構成，約 5 米高，如同許多寶塔建築一樣，其頂部採用疊澀式砌法，塔尖有一樸素尖頂，[74] 塔頂斜面飾以小檐。[75]

有關李靈仙姐塔的傳說眾說紛紜，現時所見塔上刻有"民國丙辰年冬"的字樣，推斷紅磚塔在 1916 年或之前已存在。

上文提及該塔最早是為了感謝村內赤腳大夫救回瘧疾患者，在他死後修建以示紀念，但當時只有一層高，而現時所見的塔卻高兩層，這又是為什麼呢？

據口述但未確認的資料稱：原來赤腳大夫有兩個兒子，其中一個是革命黨，在廣州起義中慘死。但礙於局勢，無法將屍體運回港安葬，故從廣州帶回他的衣服。且他當時是堂口的大哥，有一定輩份，故特將靈塔加高一層。發生的時間恰好是孫中山戰艦停泊西環那三天。原因是當時有個自稱是受訪者太公

---

74 《薄扶林村：太平山下的歷史聚落》，頁 62。
75 此屋頂樣式稱為攢尖頂，多見於宮殿或宗教建築，參看湯德良：《屋名頂實：中國建築·屋頂》（瀋陽：遼寧人民出版社，2006 年）。

第四章　香港薄扶林村村落發展及中秋舞火龍活動

的兒媳（革命黨兒子之妻），手裡還抱着個哭哭啼啼的嬰兒，希望他們收留。
但受訪者太婆最終還是沒有收留他們，原因是那個女人在第一晚離開了薄扶林
村，第二天又回來了，第三天如是。可見她有棲身之所，能解決住食住問題。她
每天從西環上來將塔加高加建，最後用了三天時間完成，還添置了一對白虎。
對聯也從早期的一對，在加高後變成兩對。

　　塔內窗口全部被封實，則是因為塔高一層之時英軍曾入內搜過，加上革命
黨是違法的，因此在她完成加高離開後，他們馬上用磚把窗口封起來。在封磚
時發現內有一塊十分殘舊的黑色木牌，隱隱約約看見寫着"聯福（慶）堂"三
字，相信是從廣州帶回來的，可能與那個堂口有關。[76]

　　為何叫李靈仙姐塔？在塔高一層時，擺的是太公的衣冠冢，加建兩層後則
是放太公和他革命黨兒子的衣冠冢。至於為什麼叫李靈，很大可能是修建第二
層的那個師傅或是太公革命黨兒子之妻的名字叫李靈。而李靈仙姐誕當日（農
曆四月十五日）是太公的生日。至今每到那天，家人都會前來上一炷香。

　　而周樹佳的《香港諸神：起源、廟宇與崇拜》一書對這個全港獨有的李靈
仙姐信仰的來源有着另一說法：

> 　　相傳昔日薄扶林村鬧鬼，有村民夢見李靈的女子，表示能助村
> 民捉鬼治邪。及後村內果然回復平靜，不再鬼影憧憧，自從薄扶林
> 村村民便視祂為村的守護神，並建仙塔供奉祂。農曆四月十五日的
> 李靈仙姐誕日，村內的婦女都會到塔前進行祭祀活動。[77]

此外，還有另一個傳說：傳說李靈仙姐附身在薄扶林村名羅容的茅山師傅身

---

76 筆者訪問時對方稱那塊木牌刻有"聯福堂"三字，但翻查梁炳華：《南區風物志》，頁 41，
　　記載的是刻有"聯慶堂"三字，故存此一說。

77 周樹佳：《香港諸神：起源、廟宇與崇拜》（香港：中華書局〔香港〕有限公司，2009 年），
　　頁 224。

圖 4-4　李靈仙姐塔及對聯（2019）

圖 4-5　李靈仙姐塔塔內細節（2017）

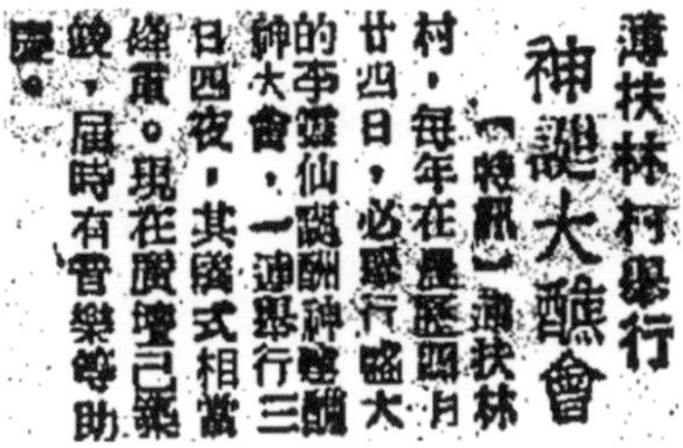
薄扶林村舉行
神誕大醮會
【特訊】薄扶林村，每年在農曆四月廿四日，必舉行盛大的李寧仙誕酬神建醮神大會，一連舉行三日四夜，其儀式相當隆重。現在廣壇已築竣，屆時有音樂等助慶。

圖 4-6　1951 年李靈仙姐誕舉行告示

資料來源：〈薄扶林村舉行神誕大醮會〉，載《華僑日報》（1951 年 5 月 27 日）。

上，與住在鋼線灣的茅山師傅鬥法七日七夜。怎料在三四天時，被家人喚醒，他破功而死，隨後村民建了一座簡陋靈塔。後來李靈仙姐附靈在一名叫周華娣的女子身上，傳口諭表示她可以替村民祈福治病。傳説某一年瘟疫盛行，村民便重建仙姐靈塔。該塔的面積尺寸，都需向仙姐請示問卜後作決定。重修後每年仙姐誕都在農曆四月十五日舉行。[78]

不難看出，現時的口述或坊間所傳的李靈仙姐誕都在農曆四月十五日。然而在 1951 年《華僑日報》則有不同説法：

> 薄扶林村每年農曆四月廿四日，必定舉行盛大的李寧仙姐誕酬神建醮神大會，一連舉行三日四夜，其儀式相當隆重。現在廣壇已築竣，屆時有音樂等助慶。[79]

值得注意的是，裡面提到李靈仙姐誕是在農曆四月二十四日，與現在坊間流傳的農曆四月十五日有出入，當中原因無從考究。然而時至今日，酬神建醮會早已式微，更遑論一連舉行三日四夜的活動。

據原住村民所述，原來的寶塔是用石頭建成的，現時的寶塔是重建的，靈

78 參看《薄扶林村中秋火龍百年慶典紀念特刊》（香港：薄扶林村街坊福利會，2010 年）。

79 〈薄扶林村舉行神誕大醮會〉，《華僑日報》（1951 年 5 月 27 日）。

塔上的"民國丙辰冬"（1916）正是寶塔重建的時間。李靈仙姐塔入口處的那副對聯，下聯被原居民保留着，但上聯則是遺失後重對的。原因是村民認為受到李靈的祝福和庇祐，因此願意保存。[80]

現時上聯：李德巍峨地靈人傑，下聯：靈恩浩蕩物阜民豐，橫批：神光普照。

今時今日，每年農曆四月十五日的李靈仙姐誕則由薄扶林村婦女會負責籌措。她們會在早上買來燒肉、紅雞蛋及水果來塔前，配以香燭供奉仙姐，且於這天拿出道袍作供奉儀式。

還有每年農曆八月十四日及十五日，靈塔前都熱鬧非凡。這是每晚舞火龍前，村民義工開會聚集和吃飯的地方，也是龍歸滄海後，村民把酒談歡慶祝之地。而每晚火龍一起動，在充分熱身過後（第一次蟠龍）就會馬上來李靈仙姐塔前參拜，可見李靈仙姐塔是薄扶林村分量十足的保護神。

---

80 "Hidden Street in Disregarded Village: The Cultural Significance of 'Wai Chai', Pokfulam Village", pp. 28-30.

🈢 當今薄扶林村中秋舞火龍

1. 薄扶林村現存的村落形態

　　19 世紀中葉，時人以 "依林傍澗，結構頗雅" 形容薄扶林村。據薄扶林村街坊會理事長陳佩珍所述："早期這裡只有 25 戶，大多由寶安縣遷來。其祖先擁有村中最多的田地，後大量先民由中國內地遷抵，無處容身，故允許他們在村內建屋居住，並將田地租予他們耕種。"[81] 原本的菜園亦因為戰後大量難民湧港，逐漸變為民居。

　　百年後的今天，村的結構已發生了改變。現時全村主要分為三部分：村頭為菜園、中部為圍仔、村尾為龍仔督。村內沒有整體規劃，每所房屋都形態不一。有的是磚屋，有的是鐵皮屋，有的是混凝土屋。薄扶林村雖小，但作為生活社區而言卻五臟俱存。內有茶樓、生果店、雜貨舖、五金店、車衣舖等。大多都前舖後居，整體集中在圍仔一帶。村內道路崎嶇，街巷狹窄。房屋時而拔地而起，時而順勢而築。民居與被圍上鐵絲網、立有 "政府土地" 告示的官地共存。

　　現時的菜園，又名為 "菜園地"，是 2012 年薄扶林村文化環境保育小組與兩家地主協商後開放出來的半公共空間。隨即村裡一群中年村婦成立 "園藝組"，將部分闢作農地，同時開展收集村內家戶廚餘，實驗社區堆肥及製作天然酵素，減少廢物。並策劃多項 "菜園地" 改造工程：重鋪石路、搭灶、編織百家遮布、使這公共空間更適合村民使用。每逢年底，她們會種出肥美的白蘿蔔，製作蘿蔔糕，端午節包糭，母親節炸糖環等，逐漸復興村內傳統節慶。2014 年年底她們正式定名 "樂根源"，意指樂意守護、留住這個永續社區，並

---

81 《南區風物志》，頁 40。

決心落地生根。[82]

後於 2018 年 7 月，明愛社區團隊在發掘村落資本及文化時，發現村內有一班手工了得的村婦，冀望透過她們的手藝結合手工藝術創作去演繹村落故事（包括故事或本地材料），展現村落美麗而樸實的一面。隨即成立"村姑工房"，開拓更多手作坊，由村姑手製村落藝術裝置，以蘇木染、黃薑染、藍染等染布藝方式進行花燈制作，於 2018 年中秋燈謎會上展出有香味及溫柔色調的燈籠。

薄扶林村的村婦根據自身所長，發展出"樂根源"和"村姑工房"，分別從食物和傳統飲食文化及手工藝的方向講述村落故事。

薄扶林村菜園成為村民落腳聚會之地，村民自發舉行的豐收節（蘿蔔糕節）、敬老盆菜宴、中秋燈謎會、歷史聚落節、"一家一菜"聚餐等村落活動或慶祝節日都會在這裡舉行。這裡除有農田外，還見有傳統大鐵鑊，村民合力以磚砌成柴火灶、炭窯，又齊心修復舊石磨。這片小小的空地，亦緊緊着村民當下不分彼此，親如一家的淳樸生活。

同時，薄扶林村的村民亦很富智慧及懂得苦中作樂。村裡被圍上鐵絲網的地上長出了雜草和雞屎藤，有村婦從鐵絲網上摘取雞屎藤做茶果，並將做雞屎藤茶果的技術與其他村婦分享。

時至今日，能明顯感覺到薄扶林村人聚落空間已從 1950 年代至 1970 年代的圍仔大街轉移到菜園地。這片於 2013 年開闢出來的空間再次承接了村民共生共聚的期盼。昔日熱鬧的圍仔大街在各家各戶居民搬出後物是人非，但荒廢已久的菜園地今日在村民一手一腳的重塑下又煥發生機。舊時聚落的空間被瓦解後，新、舊村民合力在村裡另闢一隅，再次接續地方文化歷史，是一次重新建立地方身份及認同的過程，是對這個地方有強力歸屬感的表現。

---

82 參看薄扶林村社區檔案，網址：http://www.pflvarchives.org.hk/tc/index.php，瀏覽於 2019 年 8 月 22 日。

2．中秋火龍會的風俗情結

　　火龍除了上文提及到的能逐疫解難，還能使村民團結一致。據口述資料，中秋舞火龍傳統已具百年歷史。現村民透露，大約在 1960 年代，村內的大人和小孩都各自紮龍，中秋節的時候會出現很多條小火龍。到了 1970 年代末，由於以前火龍團隊大小不一，時有摩擦，大型舞火龍因而停辦了十幾年。據村民憶述，當時村內仍有維持小規模的舞火龍。雖然薄扶林村在 1997 年慶祝香港回歸祖國晚會，應南區區議會之邀請在黃竹坑球場進行過舞火龍表演，但真正恢復中秋舞火龍這項傳統，應該是在 2010 年。

　　2010 年，薄扶林村人紮了一條巨型火龍來慶祝 "薄扶林村中秋火龍百年慶典"。巨型火龍共 73.3 米長，龍頭重約 80 斤，須由經驗豐富及有功夫底子的男子舞動。龍身有 36 隻腳，即需 36 人操控，加上協助人員，共出動了約 150人來舞火龍。

　　除這年外，自中秋復辦以來，火龍一般只長達 30 米左右，皆因薄扶林村內的小巷狹窄，很難容納巨龍。同時中秋火龍的精髓在於舞着插滿香枝的火龍，遊走於村內石階與小巷，為每家每戶消災祈福。

　　而被外界稱為薄扶林村 "龍的傳人" 的吳江乾師傅則是紮作中秋火龍的靈魂人物。

　　吳師傅擅長紮作，尤其鍾愛竹藝創作。除了主理一年一度的中秋火龍，還在村口搭建了一個竹砌火龍棚工作室，並於 2015 年掛上 "百年火龍" 木牌匾。這木牌匾由村民及明愛團隊協力製作，它不單是村裡的地標，亦代表着村民的團結，象徵着村內的文化遺產。踏入火龍棚，不難發現裡面擺放有不少神像。而入門左手邊有香爐供奉着一尊觀音菩薩，前有溢滿的香爐灰和插得滿滿的香枝，想必吳師傅是個虔誠的觀音信徒。不遠處還有一尊雙手合十的觀音像，並放上一串佛珠。觀音像後有塊相片板，是師傅在傳授竹藝時與各方好友拍攝的相片。儘管不少照片已年久失色，但依舊被吳師傅整整齊齊地貼在照片板上。火龍棚內四處擺放着他及他學生的半成品，這是吳師傅平日創作的地方，既不落俗套又接地氣。

為了延續薄扶林村舞火龍的傳統，吳師傅成立薄扶林村吳江乾火龍工作室，希望透過紮作工作坊向大眾傳授紮作工藝，並與不同社區單位或學界合辦火龍展覽及其他活動，推廣火龍傳統文化，加深年輕人對中國傳統的認識，將這項傳統民間工藝活學活用。他努力以嶄新的方式去把他的意念表達出來，務求令傳統變得新穎，在 2015 年第一次正式將紮火龍這個非物質文化遺產傳承到大學堂的一群年輕人中。

吳師傅曾談及他紮火龍的經歷：七八歲開始隨村裡的較年長的大哥哥學紮龍，但沒有明確分工，只是邊玩邊學。紮出來的小火龍會於中秋節晚在村內遊走、"逗利是"。吳師傅 20 歲時，適值村民協議每年統一籌備火龍，紮龍的重任就交接到他身上，一直到現在。縱使得到村內前輩的偶爾指點，但吳師傅的紮作工藝也可說是無師自通的。

據紮龍的師傅認為：龍集仁者、王者於一身。其形象威武霸氣，具備懾人的氣勢。而龍的形象特點是"九似"，但每個人心中的龍的標準都不同，所以具體是哪九種一直存在爭議，而吳師傅心中的九似是：鹿角、蛇身、魚鱗、鷹爪、虎掌、豬鼻、鱷嘴、牛耳、獅鬃。在紮作中要挑最重要的部分來表現 —— 師傅認為最重要是嘴，能突顯其兇猛威武，龍的氣勢也自然能呈現出來。

紮火龍除了技術外，更反映出村民"靠山食山"的民間智慧，所用的物料大多就地取材，源於大自然。吳師傅說兒時紮火龍，會到鄰近的薄扶林水塘採摘物料。以前的禾草長滿整個山頭，是給牛吃的，後來牛奶公司關閉了，就改向內地採購。自 2015 年起則改為採用本地塱原禾草，由長春社"禾花雀塱原生態農社（米會）"將收割後曬好的禾稈草交薄扶林村，作中秋節火龍紮作之用。

火龍選用較堅韌的油竹，以經杜蟲等處理的竹枝紮成龍頭骨架，然後綑上禾草，並用鐵線固定。竹架作頭，麻繩作身，龍身由麻繩連接竹架而成。榕樹氣根及葵葉，則分別成為龍鬚和龍尾，火龍基本形態就形成了。現時紮作中秋兩晚所用的三條火龍需時一個月，由薄扶林村村民與義工共同合作完成。

　　為了讓更多人接觸到火龍，並更好地將舞火龍的風俗承傳下去，薄扶林村從 2018 年起由原本農曆八月十四日舞一條中型火龍，農曆八月十五日舞一條大型火龍，變成多增一條小龍（無插香）於農曆八月十五日晚亮相，由火龍會的工作人員指揮，引領着年齡介乎 4 至 10 歲左右的小童舞動。參加者除薄扶林村的村童外，還有不少外來小孩的參與，當中不乏外籍面孔。村內村外的小孩無分彼此，踴躍參與，舞得其樂融融。

> **紮龍步驟**
> a 劈竹、加工上鐵絲固定
> b 用禾草包裹着支架及麻繩
> c 綁鐵絲，加以修剪
> d 插香

　　據薄扶林村火龍會副主席蕭昆崙先生透露，村民計劃於 2014 年恢復舞火龍傳統。原因是中秋舞火龍本是薄扶林村的傳統，並決定依照舊時習慣在農曆八月十四日及十五日中秋節一連兩晚舉行。[83] 2015 年薄扶林村火龍會按社團條例註冊，並舉辦火龍盛會，恢復在農曆八月十四日舞火龍。當晚火龍主要是由村內年輕人所舞動，並首次用名冊將他們的名字記錄下來。

　　據村民說，現在的儀式規矩比以前多。譬如在舞火龍的前兩日，要前往各

---

83 後期因為人手不足，舞火龍一度改為中秋節正日當晚舉行。考慮恢復兩日，其原因除了是依歸傳統外，還有倘若出現龍身較大，無法穿過村內的橫街窄巷，或出現香枝不能點燃的情況，能及時於第二天修正、彌補不足。就像 2018 年火龍會在農曆八月十四日當晚發現大批香火不能點燃或者很快熄滅。火龍會的人員立即聯繫供應商，換了一批香火，確保十五日當晚活動能順利舉行。

中國龍文化研究

財主家拜神，農曆八月十四日及八月十五日未起龍之前都要由村內德高望重的人帶頭上香，這些在薄扶林村火龍會成立前都是沒有的。

薄扶林村中秋火龍會的點睛儀式在農曆八月十五日舉行，其儀式非常簡陋。以 2018 年為例，記錄如下：

踏入晚上六時，夜幕初降，薄扶林村附近開始人群洶湧，當晚活動在村口火龍棚（圍仔大街）前開始，而神壇正正設在村口入口處。吳師傅在拜過神明後，往鑼鼓處就位，當晚負責活動的工作人員亦開始戴上袖章。我們觀察到，活動中的工作人員主要以年輕人為主（黃色袖章）。甚至有年紀輕輕的村民擔當指揮崗位（紅色袖章），並主動帶我們入村遊覽。據了解，活動前薄扶林村火龍盛會籌備委員會對義工進行培訓，以將活動所遇突發情況的影響減到最低。據兩日觀察所見，其成效顯著。活動中指揮員和工作人員之間的配合很有默契，活動流程亦十分順暢。沒有出現某些環節大幅度落後原定時間的問題，大致依照流程表準時完成。

六時十五分鑼鼓一響，為當晚精彩活動拉開序幕。首先開始為火龍加香：除龍珠（柚子）需專人插上香枝外，龍頭和龍身則由村中舞龍的運動健將、村民及遊客插香枝。大家不顧煙熏，積極參與其中。

六時三十分由當晚司儀講話，在村口火龍棚拉開當晚祭祀拜神儀式序幕。起龍前，要由村中德高望重的人帶頭在祭壇拜神上香，敬上三牲酒禮。

六時四十五分嘉賓到場。司儀致開幕辭後，即邀請各主理嘉賓起龍作點睛儀式。在念完點睛嘉賓名單後，補充："注入龍氣，祝願各村民、龍馬精神、事事順景"。而簪花掛紅名單嘉賓後，補充："簪花掛紅、老少青松，祝願各方好友、心想事成、健康快樂"。點睛過後，起龍向四方朝拜，即"拜四角"，至此儀式完畢，人聲鼎沸。

開幕辭摘錄如下：

　　每年的舞火龍活動是多群義務工作單位努力的成果，吸引來自

圖 4-7　薪火相傳中秋夜 ── 小火龍的
舞動（2018）

世界各地的客人參與，眾人誠心上香，祈求神靈保祐香港風調雨順，大家身體健康。在 2017 年，香港政府非遺辦公室公佈香港薄扶林村舞火龍為非物質文化遺產名錄之一，不論旅發局、Lonely Planet 及世界文物基金會及各地機構介紹香港特色時，也提到這項原是村民志願者自行籌辦的文化活動。以上這些成就，來自各位村民、參與團體和贊助商（香港旅發局，盧明記、薄扶林村婦女會、賀新工程有限公司、浚欣巴士、澔天顧問工程師有限公司；陳郁傑太平紳士），及薄扶林村村民多年來的支持。最後要多謝各政府部門通力合作及支持。更重要的是，要多謝薄扶林村火龍會各委員付出的心血。亦感謝各位共同承傳自開村以來的這門傳統工藝，發揚團體和社區精神。在暴風雨後賀此中秋佳節，吃個山竹，一團和氣。來年繼續守護香港。

火龍起動後，先往巴士站作蟠龍（俗稱"打龍餅"）舞動熱身，但由於村內火龍用禾草紮成，靈動性不強，花式只有打龍餅、畫追龍，相當有限。然後入李靈仙姐塔參拜、緊接着往西國大王廟，去參拜村民心中的大神。李靈仙姐塔對於村民的意義已在上文提過，故不再複述。而西國大王是昔日在薄扶林牧場工作的海陸豐人所信奉的神祇，他們聚居在薄扶林村對出的山坡上，並發展出一條村落，稱為草寮或鶴佬寮。後牛奶公司被收購，這一眾以割草飼牛為生的海陸豐人逐漸搬離該區，其土地亦被政府收回。只剩西國大王廟能找回昔日的蛛絲馬跡。西國大王廟有着祭祀和聚會的功能，昔日草寮村民在每年農曆七月十四日，都會回到西國大王廟慶祝盂蘭勝會。"尾牙"（農曆十二月十六日）亦會在西國大王廟舉辦慶祝活動，為即將迎來新一年相互祝賀。[84] 至今薄扶林村中

84　陳康言：〈消失村落的重聚——香港薄扶林道西國大王廟的盂蘭勝會〉，載於《田野與文獻》（2016 年第 82 期），頁 23-28。

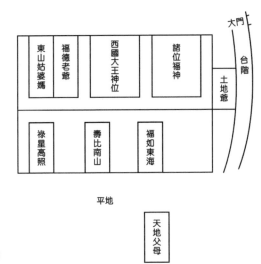

圖 4-8　西國大王廟俯視圖（2019）

秋舞火龍會到西國大王廟參拜，其原因相信與當年牛奶公司的"情意結"有關。

　　之後換上香枝，進入村內替村民祈福。當火龍遊村之時，可以選擇隨火龍走街串巷，亦可到菜園地參加中秋燈謎晚會稍作休息。中秋燈謎晚會是從 2013年開始的，只在農曆八月十五日晚上七時半至十時半舉行，是專門為參加者吃喝玩樂而設的晚會。遊戲包括猜燈謎、繞口令贏獎品，及製作兒時玩意。並由各家各戶村民自發捐出月餅、水果，免費招待參加者，同享團圓之樂。參加燈謎會的朋友可待遊村火龍最後進入菜園地後再匯合前往蟠龍及落瀑布灣。換句話來說，菜園地是遊村環節的最後一個地點，也是舞龍運動健兒最能自我發揮的一個地點，各人可選擇到菜園地草皮上逐龍、轉圈或到門口直接離開，這一切都視乎時間而定。

　　火龍遊村過後，再次替換香枝出發，前往瀑布灣作龍歸滄海儀式，途徑薄扶林道及華富道。村民或遊人都欣然尾隨火龍徒步前往，浩浩蕩蕩，場面甚為壯觀。大多群眾早已在所經路段佔好位置，待火龍經過迎龍接福。由於瀑布灣海灘入口處光線昏暗，樓梯重重且狹窄，底下海灘面積亦不大，無法容納這麼

圖 4-9　中秋蟠龍舞動
（2018）

圖 4-10　在瀑布灣進行的龍歸滄海儀式（2017）

多人。故只有火龍隊及薄扶林村火龍會所批准的工作人員及少數攝影隊員能進入。入口設了兩道防線，由薄扶林村火龍會及警察把守，最後入內人數約 30 人左右。

火龍隊抵達後，工作人員馬上為火龍及龍珠替換香枝，隨即在沙灘上設壇焚燒冥鏹香燭；負責送龍出海的使者則穿起救生衣。大家各就各位，在一輪簡單拜祭儀式過後，身穿救生衣的護龍使者一字排開，在鼓聲的鼓舞、龍珠的引領下，護龍使者一步步走入海中，然後側身將龍放入海中，使之完全浸泡於海面。數十秒後，再次將龍拖起，帶回到海灘上。隨即帶龍離開海灘，工作人員當即清理現場環境，撲滅香火。龍歸滄海這個儀式必須在凌晨十二時前結束。回到村內，村民及工作人員會吃燒乳豬，喝啤酒慶祝，直到凌晨三時才散去。

據口述，曾經有一年最後採用以火化龍的方式，結果來年不順，故還是依照傳統將龍送入瀑布灣。瀑布灣是港島西南面的一個小海灣，毗鄰華富邨，曾以瀑布而著名。據清嘉慶年間《新安縣志》，瀑布灣還以 "鼇洋甘瀑" 納入到 "新安八景"。1863 年興建薄扶林水塘，一半水流被截，其水源正是來自薄扶林水塘上的山澗流瀉而下，流經薄扶林村，匯入瀑布灣，流入大海的。

2018 年薄扶林村中秋活動新增追月夜（農曆八月十六日），意在團結村民。由各家自備一兩道菜，一同賞月聚餐，增添中秋氣氛。當日有香港理工大學學生慕名前來，亦有香港市民在網絡上得知消息欣然前來。在村民盛情下，大家圍桌而坐，村民並熱情主動地向他們講述了很多村裡的故事。

薄扶林村火龍活動

詳細路線及時間安排（細節）日期：24-9-2018

18:30　於薄扶林村村口舉行拜祭儀式。

18:45　嘉賓進行點睛儀式（警務處指揮官、南區民政專員、南區區議會主席、南區區議員、街坊福利會會長、薄扶林村代表）。

19:00　火龍起動，於薄扶林村南行巴士站對出兩條行車線作蟠龍舞動。

19:15　火龍入村參拜李靈仙姐塔，後橫過置富道，經置富道天橋繞落薄扶林道南行至西國大王廟進行參拜。

19:45　沿薄扶林道西行往置富道天橋後橫過置富道，返回村口進行替換香枝工序。

20:00　於村口停留作香枝替換。

20:15　火龍入村參拜伯公壇 —— 沿途村民住所 —— 大街 —— 圍仔 —— 龍仔督 —— 菜園。

21:25　於村口停留作香枝替換，準備進入菜園。

21:45　由薄扶林村以北菜園返回村口作補給香枝。

22:00　火龍起動，於薄扶林村南行巴士站對出兩條行車線作蟠龍舞動。

22:15　開始徒步由薄扶林道往南行往華富邨方向，橫過薄扶林道（行人過路線）。

薄扶林道——華富道

22:45　到達華富道華樂樓對出約 40 米小巴站位作香枝替換。

23:10　於華樂樓對出行車線作蟠龍舞動。

23:20　繼續沿華富道往南行瀑布灣道至瀑布灣公園 —— 瀑布灣海灘。

23:35　到達瀑布灣海灘進行拜祭及進行龍歸滄海儀式。

24:15　禮成（將龍軀搬回瀑布灣道由專車載走）。

薄扶林村火龍會

二〇一八年

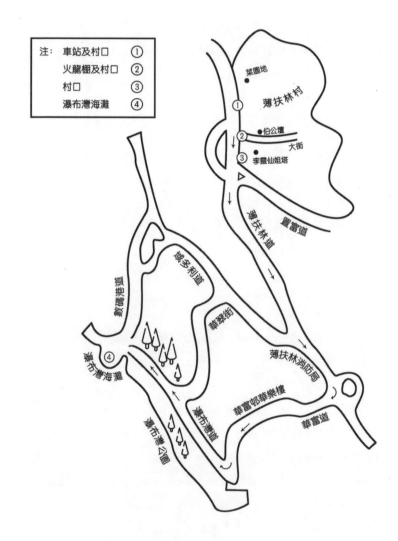

注： 車站及村口　①
　　 火龍棚及村口　②
　　 村口　　　　　③
　　 瀑布灣海灘　　④

菜園地

薄扶林村

①

伯公壇

② 大街

③ 李靈仙姐塔

薄扶林道

置富道

數碼港道

域多利道

華翠街

薄扶林消防局

瀑布灣海灘

④

華富邨華樂樓

瀑布灣道

華富道

瀑布灣公園

圖 4-11　薄扶林村火龍活動路線圖（2018）

小結

　　薄扶林村中秋舞火龍除了旨在緬懷先輩村民開村之勞，立村之苦，更承傳了過去村民對安定繁榮的美好追求。薄扶林村的聚居空間從昔日的圍仔大街發展到今日的菜園地，都依舊保存了薄扶林村鄉村社會的特性。這個聚居空間就像許多嶺南農村村頭的榕樹與排列有序的村落形態，是維繫村民團結和共同生活的象徵，但薄扶林村開放的形式與傳統村落的聚落空間略有不同，它打破了單一宗族組織的隔閡，也沒有以血緣為標誌的宗族祠堂，是因人口流動性較強而形成的自然雜姓村形態。

　　在這種複雜的關係下，李靈仙姐作為薄扶林村內，甚至全港獨有的神祇，不存在隸屬於哪個原鄉的問題，因此受到來自中國大陸五湖四海的新村民接納及供奉，以求庇祐，使其香火不絕。而共同祀奉神明，又成為重要的團結象徵。

　　薄扶林村中秋舞火龍的習俗，從最初祈求閤家平安、風調雨順，時至今日亦成為維繫村民感情、加強凝聚力的活動。農曆八月十四日、十五日家家戶戶都張燈結綵、熱鬧非凡。有的村民選擇在陽台或家門口燒烤，有的選擇到菜園地猜燈謎賞月。村民之間相互問候語竟是"返咗嚟啦！"這說明薄扶林村村民對火龍會的支持及重視。現在的村民，平日多為生計奔波，鄰里之間雖不疏離，但缺乏共同交流的時間和機會。而火龍會恰好將村裡的人與人、人與神之間的關係重新聯繫起來。

　　其次，薄扶林村對傳統文化的承傳比較重視。在外來文化衝擊下的香港，能承襲一些傳統民俗文化活動，如猜燈謎、繞口令等傳統活動是來之不易的。與此同時，村中還注重培養年輕一輩對傳統文化的傳承意識。在父輩的帶領下，讓他們投身其中，在實踐過程中領略傳統文化精髓，從文化參與者走向引領者。

我們從觀察和訪談中可看到，隨着社會制度變遷，村民的生活形態及社會凝聚方式亦發生很大改變。沒有法定假期配合下的節慶活動、村民為謀生計要外出工作，是首當其衝要解決的難題。現時火龍會活動時間為兩晚，皆因農曆十四日晚香港不少公司都體恤員工，批准提早放工，以錯開下班高峰，趕上回家團圓過節。倘若沒了這些人情假，現時的節慶活動能否延續，相信亦是個未知之數。

另外，薄扶林村作為港島唯一的城中傳統村落存在，全賴村民團結不賣地以抗地產霸權。幾年前政府欲放寬對薄扶林區的發展限制，村落面臨拆村的危險，村民冀望透過申請加入歷史遺跡監察名單，引起國際及外界關注，可見薄扶林村能保存目前形態並非必然，而是村民合力的成果。村民以一種自主、懷柔的方式，通過擴大自身村落的影響力，藉村落與外界的互動而推動中國文化和香港本土文化的保存與發展，是值得肯定的。

然而，薄扶林村村民中不乏生活寬裕的人士，有在附近置業後又折返回村裡居住的村民，可見將村民緊牽一起的是村裡的那份人情味。在香港現代化的演變過程中，重實利的社會風習為香港帶來經濟繁榮，為個人增加了財富。物質生活日益豐裕，隨之而來的是人與人之間的攀比心、戒備心越來越強。在中國傳統文化裡，社會安定奠基在個體和群體的聯繫，關係越牢固，群體的安全性就越大。村落的消失，高樓大廈的築起，客觀上正是把人與人隔離了。城市中人際關係的網絡重建，是當代一個值得關注的社會問題。

薄扶林村的當代民俗文化發展，確實給我們一種啟示。光是村內的中秋火龍會舞火龍活動，就很能體現出村民的智慧，他們充分運用有限的空間及資源，滿足精神上的需求。

薄扶林村是一條自然發展起來的城中村落，見證了香港各種發展階段。由於特殊的地理環境，它受到香港大環境的影響不算太大。我們看到薄扶林村與太古樓及牛奶公司在 20 世紀曾構成了一個獨特的社區，它的發展仍屬一種自然的發展形態。它雖然與中國一般自然村落不同，沒有衍生出一個或幾個大的姓氏作為村落文化承傳和延續的核心，但這些來自四面八方的中國人，他們都存有中國文化的基因，他們正是依靠共同的文化基礎而凝聚起來的。所以，我們看到儘管香港在近百多年發展成為大都會，薄扶林村這片土地也慢慢起着變化，但是其村落形態依然存在，還得了“城中村”的美名，而且還承傳了像中秋舞火龍等一系列傳統節慶活動，為香港增添了多元文化的色彩。[85]

---

[85] 第四章作者：楊嵐雅。

本章選擇馬來西亞柔佛新山華人的舞龍活動作為
龍文化研究的一個個案，並把它的重點放在龍文化的海
外流播方面。這個主題決定了研究必須首先從了解華族
在新山形成的歷史過程開始。人是文化的載體，今天新
山華族是中國海外移民在歷史發展的過程中形成的一個
點，它無疑帶有某些中國文化的傳統特質，但是它又是
在不同的自然和社會條件下發育和成長起來的族群，具
有在當地條件影響下所形成的特質。我們要了解新山的
龍文化的發展，實際是屬於研究海外華族文化的範疇，
它既有中國歷史文化的海外傳播成分，又是海外華人自
己文化發展的歷程。若從更宏觀一點的角度看，它既具
有中國海外移民社會的某些共同特性，但又有自己完整
的個性。

第五章

馬來西亞柔佛新山華人
社會及其舞龍活動

我們認為，任何地域和民族文化的形成過程，都是與它的歷史發展密切相關的。因此，對新山華族凝聚的了解，是我們了解龍文化在新山的發展的基礎部分。

現在我們可以非常清楚地看到，馬來西亞柔佛新山地區的華人，每年有一個很引人注目的活動："柔佛古廟遊神"。這裡的華人說，"遊神沒有結束，我們的年就沒有過完"，可見新年遊神（按：指中國農曆年正月二十日到二十二日的活動），是當地華人非常重要的文化習俗，據說這種活動已有一百多年的歷史了。

> 柔佛地方向例每年於正月二十日為賽神之期，儀仗搖風，旌旗影日，更召名優往為演劇，亦可算窮荒小島繁華世界。本日該處賽會之期已屆，諒今春風景當不減於曩年，盍往觀乎得以及時行樂也。[1]

柔佛新山華人的遊神活動，近年參與的人數和來觀光的人數以萬計，它有完整的一套程序和組織，不僅吸引了當地不同種族的興趣，而且還成為新山文化對外的一張名片。從文化上看，它當然包含了不少華人傳統文化的因素，如廟會、遊神、舞龍舞獅；也有不同華人祖籍地區獨特文化的展示；當然還有混合着當代中西方文化成分的花車巡遊等等。它的確能從側面反映這個地區海外華人文化的特色和包容能力。

我們試圖從新山華人舞龍活動入手，分析龍文化在海外傳播的軌跡、方法，以及在當地發展的狀況。而要認真了解龍文化在新山的存在和發展，就必須首先從當地華族社會形成的歷史說起，對族群凝聚的追本溯源，是探究地域文化形成和發展的重要方法。

---

1 引文見《叻報》（1888 年 3 月 3 日）。參看：莫家浩編：《戰前報章有關柔佛古廟游神文獻資料輯錄（華人族群與文化研究所學術單刊第十八種）》（新山：南方大學學院出版社，2017 年），頁 8。到目前為止，據當地的報刊報導及研究性的文章，以至涉及古廟遊神活動的歷史文獻，均沒有提及這種活動確實開始的年份，不過在 19 世紀後期，就已經清楚地看到有關柔佛古廟遊神的報導，這一點說明柔佛古廟遊神活動，至今肯定超過一百年以上的歷史。所以，柔佛新山的華人遊神，可以當作東南亞一項有悠久歷史的華人習俗去研究，從中會使我們更了解東南亞華人文化的變遷，並對這個地區歷史發展的軌跡有更清楚的了解。

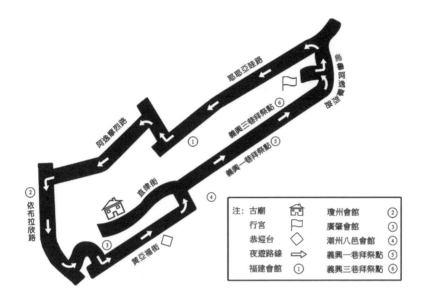

注：
古廟	🏠	瓊州會館	②
行宮	🚩	廣肇會館	③
恭迎台	◇	潮州八邑會館	④
夜遊路線	⇨	義興一巷拜祭點	⑤
福建會館	①	義興三巷拜祭點	⑥

圖 5-1　新山柔佛古廟夜遊路線圖
（2019）

圖 5-2　柔佛新山眾神夜遊現場氣氛
（2019）

一 柔佛新山華人社會的歷史演進

1. 柔佛新山開拓前馬來半島華人歷史概述

要了解馬來西亞華人在某一區域的社會習俗及其傳統，無疑要從時間和空間兩個角度去審視，方能較為全面理解它的成因和發展過程。歷史文化的研究，絕對不能離開具體的自然條件，也不能離開當時的歷史場景。所以，我們要研究 16 世紀以後的華人在馬來半島的活動，就不僅要從早期西人東漸，即西方殖民勢力來到東南亞地區的活動開始，認識西方早期殖民活動給這個地方帶來的歷史轉變，同時也要從馬來本土人的社會歷史以及華人移民的背景入手，才能較為客觀地分析出華人在這段歷史中的發展狀況。因為任何的歷史文化現象，都是社會各種因素的綜合結果演變而成的。

關於葡萄牙人在 16 世紀初佔領馬六甲，馬來人的蘇丹王朝被顛覆以後，蘇丹 Mohad Sayh 如何輾轉來到舊柔佛地區，建立起延續馬來王朝的一段歷史，在一些有關馬來西亞的歷史著述中已有較詳細的描述。[2] 我們之所以提出要了解這些歷史，是為了更清楚認識華人是在什麼環境下進入柔佛新山地區發展的。另外，當時的英國在馬來半島，特別是新加坡、柔佛一帶實行一套怎樣的殖民政策，對華族有什麼直接關係？而馬來王國在這些地區的勢力下又如何運作，對華族產生什麼直接影響？只有這樣，才能真實地知道華人在參與柔佛新山開發過程中的大歷史背景，而不希望單靠一些帶批判性的分析殖民統治理論，再套用幾則"史料"，就算是把海外華人的歷史說清楚了。

---

2 有關馬來人在 16 世紀在柔佛建立馬來王朝的歷史過程，參看鄭良樹：《馬來西亞・新加坡華人文化史論叢（卷一）》（新加坡：新加坡南洋學會出版，1982 年），頁 163-164，正文和有關注釋，特別是 L. A. Macgregor, "Johore Lama in the Sixteen Century" ,in *Journal of the Malayan Branch of Royal Asiatic Society* ,Vol. XXV II ,1955, pt.2, pp.48-125 部分。

第五章 馬來西亞柔佛新山華人社會及其舞龍活動

　　中國人在東南亞（南洋）一帶活動，可以上溯到遙遠的古代，[3] 不過，作為比較固定的移居，恐怕是在 14 世紀以後的事。[4]1511 年葡萄牙佔領馬六甲，1641 年荷蘭人打敗葡萄牙人而取而代之。在西方人進入東南亞進行殖民活動的早期，他們以建立商埠和據點為中心，開展海上貿易和航運活動，憑藉武力和具政治背景的"公司"，[5] 不僅掠奪當地的自然資源，而且透過操縱當地的社會管理而獲利，使東南亞社會陷入各種新的矛盾和不平衡之中，即便對於一直與東南亞關係密切的中國東南部的華人移民來說，也產生重大的影響。當然西方殖民勢力在東南亞活動的早期，比較令人矚目的是"峇峇"族群的逐步形成，[6] 而與本章論題關係較大的，則是在 19 世紀中期以後的中國移民狀況及其與馬來亞各種勢力的關係。

　　峇峇族群的形成，原因恐怕不是單一的。一方面，在西方殖民者到來後，華人移居馬六甲及其鄰近地區的人數相對增加，因為這裡有新的社會因素誘惑着他們前來開拓；另一方面，西方殖民者如荷蘭已經開始萌發掠奪中國勞工的

---

3 按《漢書‧地理志》的記錄，就有從中國徐聞、合浦到黃支（現南印度）的海上通道，其中馬六甲海峽是必須經過的地方，說明中國南部起碼在秦漢或更早的時期，就已與現在馬來西亞和印尼所在的地方有海上交往，有交往就會有人口的移動。

4 參看 Victor Purcell, *The Chinese in Malaya,* Oxford UniversityPress, 1948；余定邦、黃重言編：《中國古籍中有關新加坡馬來西亞資料匯編》（北京：中華書局，2002 年）。

5 "公司"指荷蘭、英國等的"東印度公司"。這類公司並非純粹的貿易公司，而是被授予自主佔領地盤、製造貨幣、指令要塞等權利的帶政治性的組織。

6 據謝詩堅的研究，從 16 世紀到 18 世紀中葉，馬來亞的華人只有數千人，他們"多是從事商業和礦業"，並與馬來人、暹羅人、馬達人和峇厘的婦女通婚。這批東南亞的土生華人族群，在血統上與當地民族融合，在文化上把中國文化與當地文化結合而產生出一種新的混合文化。這個族群後來被稱作"峇峇"。他們後來一般與中國沒有特別的聯繫。參看謝詩堅：《馬來西亞華人政治思潮演變》（檳城：謝詩堅出版，1984 年），頁 1-2。由於"峇峇"非本章特別關注的課題，只作為早期馬來華人史提及而已，故不在此處展開論述。

企圖。[7] 在 18 世紀的英法殖民戰爭中，荷蘭站在法國一方，所以引起英國在東南亞與荷蘭的衝突。1811 年，英國萊佛士佔領了爪哇，並在那裡擔任總督，但在 1816 年和 1818 年，英國在歐洲敗給法國拿破崙，只得把先前佔領的爪哇和馬六甲歸還荷蘭，萊佛士則退守本庫倫（華人稱為“盟姑路”），但不久英國便扭轉這種被動的形勢。1819 年，英國東印度公司出面向柔佛蘇丹租借了新加坡，並把它變成“自由港”，開始了萊佛士在新加坡的開拓活動。[8] 隨後，在 1824 年，馬來亞半島形勢再發生變化，英、荷訂立條約議和，以馬六甲海峽為分界線，[9] 北為英國勢力範圍，南歸荷蘭管理。從此馬來半島劃歸英國人控制，引致馬來半島的政治形勢發生了重大的變化。在這個歷史階段中，英國人對馬來半島的控制方式、對蘇丹所行使的權力，都為生活在這塊土地上的華人帶來非常重要的影響。在 19 世紀末以前，中國清王朝對海外移民仍然是實行“禁”的時代，根本談不上保護，因此在這個時代移民海外，只有在一種特殊的環境下才能實現。而歷史恰恰就在這個時候，出現了誘發中國移民向馬來半島流動的因素：西方開拓殖民地以及當地馬來人發展經濟的人力需求。換句話說，華人正是在 19 世紀 20 年代開始在柔佛海峽一帶特殊的歷史條件下開始凝聚的。從地域文化的角度看，這就帶來了一個承傳華人傳統文化和發展海外華族文化的新機會。

---

7 按照許雲樵先生的研究，荷蘭在 17 世紀初進入東南亞地區後，“豬仔貿易”實際已經萌發。他引述了第一任的巴城（今雅加達）總督 Jan Pietersz Coen 的話：“宇宙間無若華人更適合吾人之用者⋯⋯貿易既不能以友誼得之，不若趁現時的好風訊，遣戰艦往中國口岸，盡量掠捕男女幼童以歸。”另外，他在任職期間，曾掠奪自中國來的五艘船，令二千多名乘客留居巴達維亞。參看許雲樵：〈天地會傳入新馬〉，載於吳華等編選：《柔佛義興史料集（1844-1916）》（新山華族歷史文物館出版，2013 年），頁 10。
8 參看朱傑勤：《東南亞華僑史》（北京：高等教育出版社，1990 年），頁 40。
9 《東南亞華僑史》，頁 40。

2. 柔佛新山華族的凝聚

　　新山華族的凝聚應該是與柔佛新山開埠同步進行的。它與比鄰的新加坡開埠關係極大。在 19 世紀上半葉，新加坡和柔佛地區的關係非常密切，甚至可以說是不能分割。這個地區在西方殖民勢力插手之後，首先發展起來的就是新加坡。

　　應該說從 18 世紀末到 19 世紀初，是馬來半島動蕩的年代。荷蘭和英國的殖民勢力、蘇丹王朝，以及馬六甲、柔佛海峽一帶的海盜，在混戰和重新組合中關係錯綜複雜，而華人在混亂中卻能集中起來，保存了自己的勢力，逐步形成一種經濟上的力量，並引起社會的關注。據貝格比（P. I. Begbie）的描述，在 1818 年至 1825 年，已有 13,000 名華人在廖內的民丹島開墾，設有稅收承包制度，擁有賣鴉片、酒類和食品，以及開設賭館、當舖等權力，後來便成為新加坡和柔佛興起時的重要借鑒。[10]

　　1824 年英國把檳城、馬六甲和新加坡合併為"海峽殖民地"，華人移民在這些地方進一步凝聚。如新加坡在 1824 年人口有 10,683 人，華族只佔人口的31%；而到 1849 年，人口達 52,891 人，華族所佔比例上升到近 53%。[11]

　　下面我們徵引一則 1843 年西印度委員會阿歷克斯·格蘭時（Alex Grant）向英國政府請求向殖民地輸入中國勞工的信件，從中可以了解當年英國對在馬來亞輸入華工的態度：

　　　　我寫這封信的目的，是想請你，並通過你請其他人注意從廈門

---

10 關於 18 世紀末到 19 世紀初華人在馬來半島南端和柔佛海峽一帶相對平穩的狀態，形成一種有某種自我管理性質的社會，參看卡爾 A. 特羅基著，張清江譯：《天猛公與柔佛新加坡的發展 1784-1885》（新山華人歷史文物館，2017 年），頁 67-77；士姑來華人地方史料編委會：〈廖內民丹島的港腳與港主神位的祭祀〉，載於何國光、劉甲昌、蕭開富主編：《士姑來華人地方史料匯編》（新山：新山中華公會轄下西北區聯絡委員會出版，2017 年），頁 37-39。

11 參看郭振羽《新加坡的語言與社會》，表 1-1 新加坡各主要民族人口比例：1824-1980"（台北：正中書局，1985 年），頁 2。

到馬六岬海峽去尋找工作的中國人。在新加坡、馬六岬和威爾斯太
子島，有十萬中國人。他們是當地的勞動階層，在檳榔嶼的威爾斯
島，有二千畝完全由他們耕作；在一天最熱的時候，我曾看見他們
砍蔗、搬蔗，等等；我毫不猶豫地說，我看見他們做起一切工作
來，都與最精選的人手（克里奧人）一樣好。當地的氣候與英屬圭
亞那大致相同。他們都強壯有力，從小就習慣於辛勞，工作勤奮，
渴望賺錢。我見過各式各樣的庫利人（引者按：Coolies，一般譯"苦
力"），以及亞洲的各個部落，但我還沒有在任何地方看過更加適合
我們及我們的目的的民族。[12]

1825 年柔佛天猛公阿都拉曼去世，1841 年他的兒子伊布拉欣（Ibrahim）繼任。
他開始把注意力集中在脫離"海上王國"而變成"陸上王國"的計劃中。[13] 而
要達到這種目的，最重要的是找到開拓陸上資源的人力。如上所述，華人早在
18 世紀初就在廖內一帶經營甘蜜，後來由於廖內一帶的海盜猖獗，華人遂向新
加坡地區轉移，成功地開拓了當地的森林資源，種植甘蜜和胡椒。[14] 新加坡的華
人，後來部分就直接成為首批到柔佛開發的勞動力。

　　現在一般研究馬來西亞歷史的學者都認同，實行"港主制度"（Kangchu

---

12 引自 CO129/4 1843 年 12 月 9 日 "中國勞工移民至西西印度群島的情況" 第二號附件。英文
原文與中外譯文，參看趙令揚、李鍔編：《海外華人史資料選編》（香港：香港大學中文系，
1994 年），頁 10-11。

13 《馬來西亞：新加坡華人文化史論叢（卷一）》，頁 165。

14 白偉權：《柔佛新山華人社會的變遷與整合：1855-1942》（馬來西亞：新紀元學院，2015 年），
頁 36。

System）是柔佛新山崛起的重要原因。[15] 除了上述 19 世紀初華人在廖內等地形成的種植和包稅制度，以及柔佛天猛公意在發展陸上王國的開拓計劃之外，我們還應該看到，這個歷史時期新馬華人特殊的組織形態，以及他們與當地蘇丹政權和英國殖民勢力的關係，也是不可忽視的方面。

研究東南亞史的著名學者許雲樵早就指出，在新加坡開埠以前，中國私會黨就已經隨着中國的海外移民進入東南亞而傳入馬來亞，到了 19 世紀上半葉，活動已經十分活躍。[16] 不過，歷史又一再表明，私會黨在柔佛新山開發的過程中，其內部性質也存在分化和改造，致使他們與馬來人的關係與其他地方的私會黨有所不一樣。[17] 可以說，這裡的私會黨一直伴隨着早期柔佛新山的崛起，融合了各種新的社會因素，逐步脫離了原來 "反清復明" 的政治宗旨，轉化成以團結新山華人社會為主的一股力量，受到社會的認同。[18]

從現時所掌握私會黨華人早期開發柔佛新山的資料來看，19 世紀 40 年代

---

15 所謂 "港主制度"，是指歷史上廖內、新加坡、柔佛一帶的天猛公把 "開港" 證明（港契）開給華人，給予他們開發的特權，主要用來種植甘蜜和胡椒。領取港契的人稱 "港主"，他所管轄的地區稱 "港腳"。根據近年學者對 "港主" 及其有關研究，這種制度可以追溯到 18 世紀初，在廖內群島天猛公實行的一種招募華人開發森林、種植甘蜜和胡椒的制度。後來由天猛公阿都拉曼於 19 世紀在新加坡實行，再到 1844 年前後，天猛公伊布拉欣在柔佛士姑來河兩岸推行，獲得了巨大成功。參看何國光、劉甲昌、蕭開富主編：《士姑來華人地方史料匯編》（新山：新山中華公會下轄西北區聯絡委員會，2017 年），頁 34-35。

16 〈天地會傳入新馬〉，頁 8-19。另外，在溫雄飛的《南洋華僑通史》亦有天地會勢力在東南亞發展的敘述，值得參考。參看溫雄飛：《南洋華僑通史（重印版）》（鄭州：河南人民出版社，2016 年 10 月），頁 104-142。

17 關於天地會的勢力最早在中國清代形成，其傳入馬來亞及東南亞的歷史，已多有專著論及，故本章不作詳述，可參看麥留芳著，張清江譯：《星馬華人私會黨的研究》（台北：正中書局，1985 年）；鄭文輝：《新加坡的私會黨增修版》（新加坡：新文化機構，1987 年 9 月）等。另外，天地會在中國內地與海外有不同的名稱和派別，如三合會、洪門、三點會等，一般認為最初是屬秘密社團，後來分化，有的參與民國革命，成為社會的一種政治社團；有的卻成為被社會取締的黑社會組織。本章行文按照研究馬來半島歷史的多數學者使用的名字 "私會黨"。

18 從 19 世紀中期以後到 20 世紀初，新山華人社會的歷史發展是一個複雜的過程，其中私會黨的介入是最值得關注的問題。不過此論題雖然與龍文化的海外傳播有關係，但卻非本章的重心，所以只能在下文作提綱式的論述。

是重要的年代。1844 年，陳開順獲得開拓新山地不老河的港契，他帶領一眾潮州人從新加坡來到柔佛，開拓了陳厝港，並成為柔佛第一任甲必丹。[19] 1846 年，陳德海帶領新加坡 4,000 名華人來到柔佛種植甘蜜和胡椒。陳開順和陳德海都是潮州人，均是新加坡私會黨義興的首領，他們在柔佛的活動，標誌着私會黨在柔佛扎根的開始。[20]

與柔佛義興相關的活動大事年表（1844 年至 1923 年）

年份	事件
1844	天猛公依布拉欣推行"港主制度"。
1844	義興首領陳開順開闢陳厝港。
1846	陳德海率領 4,000 名義興黨徒前來柔佛州。
1853	陳旭年到新山發展。
1855	陳開順率領一支人馬在丹絨布蒂里駐扎，建立了柔佛州第一個警署，並擔任署長。
1857	陳開順逝世。陳清豐接任陳厝港港主。
1861	綿裕亭義山出現首座氵月墓，墓主陳振寬。
1862	天猛公依布拉欣逝世，遺囑中強調義興公司對柔佛的貢獻。
1863	陳旭年成為義興第二代首領。
1868	陳旭年被封為華僑僑長。
1868	天猛公阿武峇卡登基為"柔佛大君"（Maharaja）。
1870 前	陳旭年領導創立柔佛古廟。
1875 前後	陳旭年離開柔佛巴魯，返回新加坡。
1879	義興公司協助天猛公阿武峇卡平定麻坡內亂。

19 《柔佛義興史料集（1844-1916）》，頁 24。
20 同上，頁 24-25。

第五章　馬來西亞柔佛新山華人社會及其舞龍活動

年份	事件
1873	柔佛政府頒佈"港主法典"（Kanun Kangchu），其中第 13 項：港主不得另創私會黨，義興黨除外。
1882	英國殖民政府頒佈"危險團體法令"以管制私會黨。
1885	3 月 22 日，馬哈拉惹（Maharaja）阿武峇卡御賜予義興公司一塊 16 英畝地段，在綿裕亭義山隔壁，地契號 Malay Grant 251。
1885	4 月 22 日，馬哈拉惹阿武峇卡贈送義山地段予義興公司屬下的乾坤公司。
1885	馬哈拉惹阿武峇卡正式成為"柔佛蘇丹"。
1890	海峽殖民地政府頒佈《危險社團法令》，要求蘇丹禁壓義興公司。
1892	海峽殖民地總督金文泰再度要求蘇丹阿武峇卡解散義興公司。
1895	蘇丹阿武峇卡逝世，其子依布拉欣繼任。
1908	柔佛與馬來屬邦締結條約。
1910	柔佛接受英國顧問官。
1910	蘇丹依布拉欣接受英國提出解散義興的措施。
1914	柔佛州內政主權完全受英政府支配。
1914	州政府報告書上說：秘密組織是州內紛亂和犯罪的根源。
1914	7 月 22 日，柔佛州政府州議會議決同意解散義興公司。
1915	2 月 18 日，柔佛州政府訂立"1915 年社團法令"。該法令規定：任何團體只要會員超過 10 人，必須向政府申請註冊。義興公司在該法令下被視為"非法組織"。
1916	義興公司奉命解散。
1917	柔佛州政府在其常年報告中記載：最大的華人社團義興公司，在當年沒有遇到麻煩的解散。
1917	義興二兄林亞相逝世。5 月 30 日，義興末任首領林進和逝世。
1919	義興公司正式停止活動，並將存款兩萬餘元捐贈寬柔學校。
1919	義興解散時，麻坡華社領袖聯名要求柔佛州政府把義興公司在麻坡擁有的兩間店舖的拍賣所得捐贈給化南女校（即麻坡中化的前身）。

年份	事件
1920	義興公司接受政府以 15,000 元作賠償，放棄 Malay Grant 251 的擁有權。
1920	9 月 1 日，華僑公所獲准註冊。
1921	8 月 13 日，義興公司撤離設在 "甘榜義興" 的總部，將義興烈士神主牌及其他文物葬於明墓。
1922	3 月 29 日，柔佛政府公開宣佈：Malay Grant 251 為政府保留地。
1922	4 月 14 日，經過三年的籌備，華僑公所正式成立。
1923	歌打丁宜培華學校創立，創辦人康師光集資購買林亞相的辦公樓作為校舍，義興公司捐款 2,000 元。

資料來源：吳華：〈追憶柔佛義興公司〉，載於吳華、安煥然、舒慶祥選編：《柔佛義興史料集（1844-1916）》（新山：新山華族歷史文物館，2013 年 7 月），頁 46-48。

我們引用上述大事年表，並把柔佛新山地區華人社會的形成界定在 19 世紀 40 年代開始，是因為義興私會黨把大批華人組織到柔佛種植甘蜜和胡椒，在港主制度的運作下進行開拓，直到 1917 年義興被解散，這是一個較為完整的歷史階段。在這個階段中，它的組織核心無疑是私會黨義興公司。

由於柔佛新山的華人社會起源的特殊原因，它與其他海外華人社會有着明顯的區別：它早期是在私會黨的組織控制之下運作的，所以在留下的歷史資料中，反映華族生活文化方面的資料比較欠缺，但中國天地會在海外活動的形式和狀況倒可提供不少重要的歷史研究資料。[21] 1916 年義興奉柔佛州政府指令解散。自此柔佛新山的華人活動轉入另一個歷史時期，它的主要特徵是在公開正常的社會團體組織下活動，與同時期大多數海外華人有了比較接近的社會文化特徵。

應該特別指出的是，在柔佛新山華族社會的發展過程中，英國殖民勢力的

---

21 從 2012 年起，柔佛新山中華公會舉辦了 "義興史料展"，並開始出版 "新山華族歷史文物館叢書"，對新山 19、20 世紀的歷史作了不少整理工作，可供大眾參考。

干預是不可忽略的因素。"分而治之"仍然是英國在柔佛實施的總方針。正如上文已經提及，英國對馬來半島的影響力始自 1824 年，但是它沒有一開始便全面鋪開它的殖民管治政策，而是先從新加坡入手，先在那裡建立一個較為穩固的基地，然後根據各地不同的情況逐步推進。從〈與柔佛義興相關的活動大事年表（1844 年至 1923 年）〉中可以看出，最初英國殖民勢力基於柔佛蘇丹與義興公司的良好關係，並沒有立即取締新山的私會黨，而是逐步把它加以控制，並把他們的首領納入殖民的管理體系中，"以華治華"，到最後時機完全成熟，支持義興公司的蘇丹阿武峇卡在 1895 年逝世，而義興公司本身也有足夠的力量自立轉型，才最後結束他們的私會黨性質的活動。

3. 柔佛新山華人社會的發展歷程

　　中國海外移民從 19 世紀中期以後，進入了較為活躍的歷史時期。隨着西方殖民勢力的擴張和苦力貿易的開始，東南亞也成為華人移民的重要地區之一。雖然，柔佛新山因為特殊的歷史原因，在 19 世紀 40 年代開始，華人社會在很大程度上受私會黨組織影響，但它亦無疑逐步受到殖民勢力的監控，尤其是到了後期，即 19 世紀 70 年代以後，這種情況越來越明顯。1873 年，柔佛政府頒佈《港主法典》，明確規定"港主不得另立私會黨"，而到 1882 年英國殖民地政府頒佈《危險社團法令》，更加強對私會黨的控制。雖然這些法令，仍然沒有使義興變成"非法組織"，但已經預兆它離結束的日子不會很遠了。[22]

　　研究柔佛新山華人社會在 20 世紀初的歷史轉變，應該留意到另一個非常重要的背景，那就是中國歷史重大變化的影響。由於早有大量海外華人已經對

22　由於義興與柔佛天猛公的關係非常好，依布拉欣在臨終遺囑中強調義興對柔佛開發的貢獻，
　　而繼任人阿武峇卡與義興的關係同樣密切，亦一直出面保護義興公司。而阿武峇卡在 1885
　　年被殖民地政府升格為柔佛蘇丹，致使義興公司能夠維持到 20 世紀初，而最後也是"沒有
　　遇到麻煩的解散"。關於這段史實，參看《柔佛義興史料集（1844-1916）》，其中有不少地
　　方談及。

19 世紀末到 20 世紀初的中國海外移民作了研究，故無需在此再詳細敘述這個時期移到東南亞的華人的背景。我們在此僅略為特別提出幾點，作為對近年所發表的作品較為忽視方面的補充。

其一是中國在辛亥革命前後，"革命黨人"和"保皇黨人"在新馬一帶的報刊上激烈論戰，成為海外華人國家主義、民族主義高漲的重要動力；[23] 其二是從辛亥革命期間開始，海外華文教育亦有了重大發展，成為中華文化在海外流播的基礎。我們認為除了受 1911 年辛亥革命的影響外，以康有為為首的"保皇黨"在新馬一帶推動中華文化教育，對提高海外華人與原鄉的聯繫和認同感也有很大的關係；[24] 其三是從晚清到民國時期，國家對海外移民政策從嚴禁到保護的歷史轉變。這些因素，都是促使海外華人與中國關係加強的重要原因。[25]

除了上述兩點之外，柔佛新山華人的發展方式，實際上亦是沿着歷史上海外華人在 19 世紀中葉到 20 世紀前半葉所受的地緣、血緣、業緣等因素的影響，而逐步發展起來的。我們可以從新山華人不同性質的會館成立的線索，尋找到他們發展的足跡。

---

23 鄭德華：〈革命黨與保皇黨辛亥革命前在南洋的論戰〉，載於《學術研究》（1983 年 12 期），頁 54-63。另外，關於東南亞華人在辛亥革命前後民族主義思潮的興起，使之與中國的關係大大加強，參看王賡武：〈南洋華人民族主義的限度（1912-1937 年）〉，載於王賡武著，姚楠編：《東南亞與華人——王賡武教授論文選集》（北京：中國友誼出版公司，1987 年 7 月），頁 132-154。

24 《馬來西亞華人政治思潮演變》，頁 13-20。

25 過去晚清對海外華人的保護政策有所曲解，顏清湟著，粟明鮮、賀躍夫譯，姚楠校：《出國華工與清朝官員：晚清時期中國對海外華人的保護（一八五一——一九一一年）》（北京：中國友誼出版公司，1990 年）一書對這方面的問題作了詳細的分析，極具參考價值。

柔佛新山華族會館歷史一覽表

地緣性分類

新山的地緣性會館共有 11 個，最早為廣肇會館，成立於 1878 年。1878 年至 1930 年共有七個地緣性會館先後成立。日軍統治期間，所有會館會務被迫停辦，所有檔案資料亦在此期間喪失。

	團名	成立時間	主要人物	備注
1	中華公會	1922 年	首任總理：林進和；首屆理事長：黃樹芬。	1919 年義興公司結束，1922 年成立的"柔佛華僑公所"是脫胎於義興公司。 1946 年易名為"新山中華公會"，成立後辦事處設立在柔佛古廟。 該工會成立後一直是新山華人社團總機構的代表。 1946 年總理制改為監事制。
2	廣肇會館	1878 年	首任總理：黃亞福。	1908 年用募款建成南兆街廣肇會館大廈。1910 年創設育才學堂。1913 年加入寬柔學校。 1955 年成立國術醒獅團。 2010 年，新山廣肇會館雙層樓舊會館已改裝為文物館。
3	瓊州會館（現名：新山海南會館）	1883 年	該館為瓊籍先賢創立。光復後首屆主席：林熙軒。	1902 年由黃德仁等募捐購置陳旭年街 30 號及伊布拉欣街 38 號前後相連為永久會址。1916 年擴建為三層大廈。 1917 年設立工商補習學校，共開辦八年。 瓊州會館內，都奉祀天后聖母。 早期會館文獻，全部在二次大戰日佔時期散失。 1995 年更名為"新山海南會館"。

	團名	成立時間	主要人物	備注
4	福建會館	1920 年代	從 1920 年代起，曾由葉清淵、卓合、洪肇閃等三次組織福建會館。光復後復辦，從 1946 年起，歷任理事長：史聯對、徐文治、郭欽鑒等。	1941 年成立聖約翰救傷隊，在日軍攻佔新山時表現出色。1951 年會址搬至直津街 63 號。
5	同源社（現名：新山客家公會）	1927 年	創建人：潘成容、鄔惠堂、胡錦開；首屆總理：鄔惠堂。	客屬人士組織。初名"同源俱樂部"，繼而稱"同源社"，1995 年改名"新山客家公會"。
6	潮州八邑會館	1934 年	首屆名譽總理：黃泰有、洪松寬；正總理：佘南壽。	初期會址在羅米街 36 號。該館物資在日軍南侵時全部毀壞。光復後會館重建。
7	柔潮安同鄉會	1949 年	首屆理事長：黃振傑。	原為"星加坡潮安聯誼社"轄下的辦事處，名為"星加坡潮安聯誼社柔佛辦事處"。1949 年正式獨立並更名為"柔佛潮安同鄉會"。
8	柔佛永德會館	戰前成立	歷年領導人：黃菊、李春成、黃慶雲、陳松。	該會乃福建永春、德化同鄉組織，二戰時期活動停頓，1949 年恢復會務。
9	柔佛福州會館	1968 年	首屆理事長：鄭榮官；副理事長：趙文才。	福州邑人於 1936 年成立"閩僑俱樂部"，同鄉會卻在二十多年後才成立。原會址：陳旭年街 61 號。
10	柔佛廣東會館	1966 年	首屆會長：黃樹芬；副會長：何基業、簡昌烈、張和茂、劉南輝。	辦事處位於新山瓊州會館內。
11	福清會館	1975 年	籌備委員會主席：林寶華。	會館籌委會設立若干聯絡處。

（說明：本表按原書的順序排列，一般按成立先後為序，唯將中華公會放在首位，以表其重要地位。）

血緣性組織

新山血緣性組織共有 4 個，較早的公會是創立於 1940 年的潁川公會。

	團名	成立時間	主要人物	備注
1	潁川公會	1940 年	發起人：陳合吉、陳全奎、陳樹典、陳二表；首屆會長：陳全奎。	陳合吉為當時的準拿督，陳全奎為當時的新山市議員。在 1942 年，陳全奎因組織抗日運動被日軍殺害。
2	蔡氏濟陽堂	1965 年	榮譽主席：蔡松林；首屆主席：蔡家魯。	會所的主要工作是為宗親婚喪喜慶提供服務，以聯繫宗親感情。
3	鄭氏公會	1972 年	發起人：鄭華全、鄭衡、鄭定華、鄭金輝、鄭鴻泰；首屆主席：鄭華全。	
4	林氏宗親會	1975 年	顧問：林亞家、林樹璋、林枝財；首屆主席：林成揚。	

業緣性組織

新山在第二次世界大戰前成立的業緣性組織有兩個，分別是新山華人司機公會及新山樹膠商會，成立於 1936 年至 1937 年。

	團名	成立時間	主要人物	備注
1	新山中華商會	1945 年	正主席：郭鶴青；署理主席：邢穀輝；正總務：李金權；歷任正副主席及會計長：郭鶴青、邢穀輝、鄧康、宋子廉、史聯對、黃振傑、拿督黃樹芬、林熙軒、黃慶雲局紳、拿督陳錦泉、拿督劉南輝、拿督陳鴻昌、陳佩良、拿督陳穩莊、郭鶴堯。	此商會成立後成為新山華人社會的領袖。1947 年全面改革並廣招會員。

	團名	成立時間	主要人物	備註
2	新山樹膠商會	1937 年	戰前主要領導人：徐文治、拿督黃樹芬、史聯對、陳賜曲、黃慶雲、郭欽鑑、張錫元等；復興後首屆理事長：史聯對；副理事長：黃樹芬。	該會成立不久，中日戰爭爆發，遂投入救濟難民運動及其他籌賑工作。在日佔時期停止活動。一向重視支持新山教育事業。
3	新山京菓公會	1948 年	會長：黃振傑歷任會長：黃君蟬、陳子誠、楊修武、紀木崇君、陳金福。	該公會於 1940 代開始籌建，但到光復後才正式成立。成立以來，為謀求共同商業利益和地方公益事業做了不少工作。
4	新山咖啡酒餐商公會	1946 年	初期發起人：林熙軒；首任主席：陸宇聰。	初名 "新山咖啡公會"。
5	新山公市漁業商會	1950 年	首屆會長：紀木乾；1975 年會長：陳俊士。	初期租賃陳旭年街 60 號 2 樓為辦事處，會所大廈於 1963 年落成。
6	新山公市菜業商會	1964 年	發起人臨時主席：洪遵海；首屆會長：鄧漢強。	
7	新山公市商業總會	1952 年	首屆會長：紀信昶；1975 年會長：陳俊士。	初期租賃陳旭年街 61 號樓上為會址。
8	新山小商公會	1957 年	首屆會長：郭昌盛。	原址新山惹蘭義興門牌 7 號 D，1969 年遷至亞福街 86 號 C。
9	新山司機公會	1936 年	邱友光歷任多屆會長。曾擔任會長的還有傅玉山、林枝財、陳桂清、邱有光等。	原稱 "新山華人司機公會"，1976 年起，改稱為 "新山司機公會"。日佔時期文件盡毀，故早期歷史不清，只知該會在抗日時期曾派數十名司機回中國參加抗日工作。會址：紗玉街 30 號 A。

	團名	成立時間	主要人物	備註
10	新山百貨布疋商公會	1972年	首屆會長：辜漢初。	
11	新山派報同業公會	1974年	首屆理事會主席：蘇昌茂。	
12	新山世紀花園商業公會	1974年	發起人之一及首屆主席：林亞九。	凡在新世紀花園從事商業的個人、公司或商行均可以加入。
13	新山什貨零售商公會	1975年	首屆主席：林亞九（南中貿易）。	該公會由多個雜貨零售商組織發起。
14	柔南米糧批發商公會	1955年	首屆會長：許日通； 1975年會長：陳木乾（發成興）； 副會長：紀木崇（廣盛公司）。	該會由多個商號發起。 成立後會址在直律街110號。
15	柔南金飾商公會	1955年	發起人之一及首屆主席：高漢光； 1975主席：高永盆金舖。	
16	柔南酒商公會	1962年	首屆會長：黃福基（福昌合記）。	該會會員乃批發商及零售商。會員分佈在新山、避蘭東、嗎晒、烏魯地南等地。
17	柔南汽油商公會	1972年	首屆會長：新星公司汽油服務站。	該會由柔南地區（新山、古來、笨珍及哥打丁宜）經營汽油站的同業組成。
18	柔南藥業公會	1974年	首屆主席：江振昌（聯華藥行）。	該會以聯絡同行感情和發揚中醫中藥，促進社會公益事業為宗旨。 發起人為多家藥廠、藥行等。
19	柔南煤油商公會	1973年	首屆會長：陳木乾局紳（發成興）。	凡在柔南區經營煤油業者均可加入為會員。

	團名	成立時間	主要人物	備注
20	柔南屠業公會	1976 年	第二屆會長：林鐵（首屆會長資料缺）。	
21	柔佛州中華商會聯合會	1947 年	首屆主席：峇株中華商會會長趙平階。	該會會員資格以縣、區商會為限。
22	柔佛州出稅車公會	1947 年	成立以來會長：鍾佛儒、邱友光等。	
23	柔佛華人建築商公會	1955 年	首屆會長：鄭忠棟。	該會以新山同業為主，有少數為其他地區同業。
24	柔佛州火鋸廠商公會	1958 年	首屆主席及 1975 年會長：拿督鄭錦標。	
25	柔佛州禽畜業協會	1967 年	首屆主席：英仄亞武峇加。	原名"柔佛州禽業協會"，1974 年更名為"柔佛州禽畜業協會"。 凡馬來西亞公民，以禽畜業維生者皆可入會。
26	柔佛州汽車銀業公會	1971 年	首屆會長：拿督陳穩莊局紳（大川行〔私人〕有限公司）。	由各大汽車貿易公司發起組成。
27	柔佛州攝影商總會	1972 年	首屆會長：林樹璋。	
28	柔佛州攝影商總會新山分會	1972 年	首屆主席：林樹璋。	聯絡同行及各民族，提高攝影水平，維護國家意識。
29	柔佛縫業總會新山分會	1973 年	首屆主席：陳榮章（波登洋服）。	
30	柔佛州輪胎商公會	1975 年	首屆會長：鄭金輝。	

	團名	成立時間	主要人物	備註
31	柔佛州理髮總會	1946年	首任主席：林松筠。	
32	柔南學生車公會	1966年	首屆主席：傅然陞。	

（說明：本表一般按成立時間先後為序，只有個別例外，是按原書順序處理。）

資料來源：本表根據吳華：《柔佛新山華族合館志》：（新加坡：東南亞研究所，1977年）整理。

除了會館成立的各種資料之外，吳華還在《柔佛新山華族合館志》指出：

> 海外華人一旦集中形成了社會後，立即便會出現：地緣性、血緣性、及業緣性的傳統組織。
>
> 比如，新加坡於一八一九年開埠後，曹家館於一八一九年成立，寧陽會館在一八二二年創立，北城行於一八六八年創立。這說明，血緣性、地緣性及業緣性的組織是相繼產生的，但是，新山華族社會卻出現了反常的現象。地緣性組織早在一八七八年創立，但血緣性的宗親會卻遲到一九四〇年才成立，兩者之間相差了六十二年。[26]

新山華人社會這種歷史上的特殊情況，完全是由於當年移入新山的華人，在很大程度上是在私會黨組織下移入的，而在港主制度下的新山人口來源，亦主要是通過港主及其有關機構在中國以勞工招募（契約勞工）的方式，或是由

---

26 引自《柔佛新山華族合館志》，頁 29-30。

先落腳到別的地方，如新加坡等地的勞工輾轉得來的。[27] 由於柔佛新山華人在
19 世紀中期到 20 世紀初的凝聚，我們可以看到過去對中國近代苦力貿易的研
究，有一段時期沒有注意到當時中國私會黨對海外流播造成的影響。他們其實
在很多地方都有參與沿海販賣勞工出國的活動。[28] 但是，我們亦不能由此否定過
去在中國近代早期海外移民的研究中，指出不少西方殖民主義者掠奪中國勞工
的基本結論。也不能以柔佛新山早期以私會黨為組織核心的案例，否認東南亞
海外華人凝聚是以 "三緣"（地緣、血緣、業緣）為基本方式。應該説，從義
興公司的解散開始，新山華人社會的結構和凝聚方式才開始轉入一般海外華人
社會以 "三緣" 為基礎的海外凝聚模式。不過，歷史總是會留下自己的烙印和
文化痕跡，影響着今天和明天的社會發展，新山華人社會也不例外。

如果要我們用一種最簡單的方式來表述 20 世紀 20 年代後新山華人形成的
社會重要支柱，我們可以概括為：一會（中華公會）、一廟（柔佛古廟）、一
山（義山）、一校（寬柔學校），簡而言之就是 "四個一"。[29]

我們可以非常清楚地看到，早期新山華人社會是在特殊的自然和社會條件
下形成的。它包括馬來亞半島土著蘇丹制度的存在；英國殖民勢力的介入；私
會黨的活動和港主制度的實行；當然，還有鄰近新加坡的重要影響。從區域的

---

27 當年新山的私會黨的首領通過在中國招募契約勞工（苦力）的方式，來滿足勞動力的急切需
  求。關於新山歷史上 "獨尊義興"（私會黨）的特徵形成，參看安煥然：〈柔佛政府與獨尊義
  興〉，載於《柔佛義興史料集（1844-1916）》，頁 22-32；而關於新山義興公司在中國招募華
  工的情況，參看白偉權：《柔佛新山華人社會的變遷與整合：1855-1942》，頁 96-103。

28 如果我們認真審閱 19 世紀中國苦力貿易的研究歷史，便會發現早期的研究著作會把當時秘
  密社會──私會黨的參與寫在其中，如溫雄飛的《南洋華僑通史》（1929 年）、李長傅的《中
  國殖民史》（1936 年）等，但到了 20 世紀 80 年代出版的陳翰笙主編：《華工出國史料匯編（十
  卷）》，雖然是填補海外華工史料空缺的空前巨著，但卻在內容上忽視了秘密社會在出國華
  工方面的影響力，成為美中不足的缺憾。

29 如何總結柔佛新山華人社會的歷史，是一個很有意義的課題。吳華先生是研究新山華人歷史
  的重要前輩，他提出新山華人社會 "五幫共和"，"一山一廟一校" 的説法很有啟發意義，
  唯好像缺漏了其核心力量──新山中華公會，故在此提出 "四個一" 之説，並藉此向同仁
  請教。

角度看，柔佛新山的出現，是為了解決 19 世紀前從廖內到馬六甲一帶靠海上活動生存的重大困境，是馬來半島南部開發陸地的一個節點（按：另一個節點是新加坡）。[30] 而在這個開發過程中，背後就有英國的參與。從海外華人生存的角度看，它必須適應當地國家政治社會的變化，説明白一點，就是華人在馬來亞走向國家化的進程中，如何找到自己的生存辦法和空間，是當時華族必須解決的問題。

19 世紀的後半葉，新山華人社會在義興公司的運作和非義興系統的華族商人的經營下生存下來，在 1919 年義興公司結束以後，在 1922 年就成立了“柔佛華僑公所”，1946 年這個公所改名為“新山中華公會”。實際上，這是新山華人勢力的重新整合的歷史過程。新山中華公會成為區域性帶領華人社會的核心力量，成功地代替了早年義興公司在新山華人社會的職能，並且還吸收了非義興的華人勢力參與，使華族的凝聚力變得更廣泛，是新山華人社會歷史性的變革。[31]

在新山中華公會的帶領下，新山華人又將在 19 世紀後期逐步形成的“五幫五派”的系統繼承下來，成為華人社會的骨幹力量。從某種意義上説，這是新山中華公會的巨大成就。所以我們上文提出的“四個一”，中華公會是排在第一位的重要支柱。

當然柔佛新山華人社會從私會黨到中華公會的順利轉變，跟土著蘇丹的配合以及與英國殖民政策的某種吻合亦不容忽視。正如謝詩堅在分析柔佛新山這段歷史轉變時所指出：

30 有關新加坡在 19 世紀初在馬來半島和地位和狀況，參看卡爾 A. 特羅基著，張清江譯：《天猛公與柔佛及新加坡的發展（1784-1885）》，第三章“新加坡的天猛公”（新山：新山華族歷史文物館，2017 年），頁 123-159。

31 關於新山華人在 20 世紀 20 年代開始成立華僑公所（中華公會），完成新山華人社會歷史性的組織整合過程，參看《柔佛新山華人社會的變遷與整合：1855-1942》，第二章“新山華人社會的組成和變遷”，頁 81-156。

當英國發現私會黨的組織已尾大不掉，且滲入一些早期的會館（前稱公司）時，乃改弦換轍，通過扶持會館、宗祠和商團來取代會黨（私會黨）的地位。在廿世紀初葉，華團應運大量而生，這也是其中的原因之一。[32]

　　從 20 世紀 20、30 年代開始，中華公會在新山眾多社團中，就始終佔有其核心地位，擁有最大的影響力，是華族社會的龍頭，此已為不爭的歷史事實，毋庸贅述。

　　二戰結束後，華社各領導積極恢復中華公會的會務。姚逸齋、黃振傑、史聯對、徐文治等人組織復興華僑公所籌委會，籌募經費及為同胞解決緊急難題。1945 年新山中華公會成立"柔佛古廟管理委員會"，負責處理古廟一切事務。其管理委員由五幫骨幹成員組成，負責協調五幫之間的事務。早期的廟務以投標方式交由廟祝管理，後來改以投標方式，由得標者負責管理。得標者需撥出一定的款項給寬柔學校，以協助學校解決部分之經費。[33]

　　古廟遊神是新山五幫華人的大盛會，早期遊神的經費及籌劃都是由五幫各自負責，直到 1945 年柔佛古廟管理委員會成立之後，才有了統一的管理。古廟管委會除了負責舉辦一年一度的古廟遊神之外，還負責在古廟內舉行提燈慶中秋等活動。近年古廟管委會聯合其他組織機構舉辦舞龍比賽，在中華公會和國內舞龍機構的推動下，古廟管委會和馬來西亞福州龍聯盟總會主辦了 2018 年馬來西亞首屆國際福州龍爭霸賽呂俊龍王杯，比賽吸引日本、香港、印尼、新加坡、馬六甲、台灣、泰國等七個國家及地區十支舞龍隊參加。

　　2019 年，古廟管委會和柔佛州旅遊局、馬來西亞龍獅運動協會合作，舉辦

---

32 謝詩堅：《馬來西亞華人政治思潮演變》（檳城：謝詩堅出版，1984 年），頁 11。

33 新山中華公會成立簡史，載於新山中華公會網頁。網址：http://jb-tionghua.org.my/main/，瀏覽於 2019 年 5 月 28 日。

2019 年第六屆馬來西亞舞龍錦標賽柔佛古廟常年杯。這兩個賽事得到中華公會的大力推動，並提供場地。

柔佛古廟是新山華人社會的第二支柱，[34] 它被認為是新山華人“精神團結的基石”。[35]

柔佛古廟“五幫五派”供奉的主要神靈分別是：

元天上帝（潮州八邑會館）；

洪仙大帝（福建會館）；

感天大帝（客屬同源社）；

華光大帝（廣肇會館）；

趙大元帥（瓊州會館）。[36]

對於柔佛古廟的建築年代，現仍存不同意見。據歷史資料和口述歷史資料推測，很可能是由潮州人陳旭年建立，他是 19 世紀末新山著名的港主之一。[37]

海外華人在 19 世紀到 20 世紀在文化上最大的特點之一，是承傳了中國傳統的儒、釋、道教和民間宗教，新山華人也沒有例外，所以柔佛新山的廟宇，基本是與華人社區同步形成的。柔佛古廟的歷史，滿載着新山華人的重要經歷。

> 古廟乃新山區福、廣、潮、瓊、客五籍人士所供奉的廟宇。1922
> 年 4 月 12 日，華僑公所成立時所址設在古廟內。成立典禮及歷年

---

34 關於柔佛古廟歷史，參看新山中華公會柔佛古廟修復委員會編印：《柔佛古廟專輯》（士古來：新山華人公會，1997 年）；吳華：〈柔佛古廟的歷史與修復〉，載於《吳華文史選集》（新山：南方大學學院出版社，2017 年），頁 79-90。但到目前為止，古廟建築的年份，尚存爭議，而現存最早的古廟文物“總握天樞”匾，是清同治庚午年（1870）的遺物，則該廟建成不會晚於 1870 年。

35 林俊文：《柔佛古廟專輯》，“序一”，頁 6。

36 關於柔佛古廟供奉五位神靈的來歷，參看黃建成：〈柔佛古廟五位神明來歷〉，載於《柔佛古廟專輯》，頁 156-161。

37 《吳華文史選集》，頁 83。

會慶都假在古廟舉行。古廟乃由華僑公所管轄，而後中華公所成立後，即為中華公所管轄。該會於 1945 年起成立 "柔佛古廟管理委員會" 來管理。該管理委員會的歷屆成員都是五幫人士的領袖。[38]

　　在古廟內，除供奉上表所列的五位神靈外，還有觀音娘娘、速報爺、風雨聖者、虎爺將軍、天公、皇令爺、青龍、白虎、師爺、英烈千秋爺爺、金童、門神諸神靈。新山華人重大的時今節慶活動都在古廟中舉行，最大規模的活動就是農曆新年的遊神活動了。這個活動被新山華人稱為精神支柱實不為過，即使在二次大戰的日佔新山時期，活動都沒有停止過。[39] 我們相信，新山這個大型的傳統活動，開始時間遠比目前古廟留下的最古牌匾年份 —— 1870 年還要早得多。[40] 新山華人古廟最重要的社會功能就是通過供奉五個神靈和共同的活動，使新山華人五大幫派結成一個社會的聯合體。[41]

　　"一山" 是指柔佛新山的 "錦裕亭義山"。[42] 它是新山華人社會留下的歷史重要文物。義塚是海外華人在歷史上的特殊文化，尤其是在 19 世紀中以後，不少中國勞工到海外，他們 "客死異鄉"，又往往無人送終埋葬，於是華人社

---

38 《吳華文史選集》，頁 85。

39 日佔時期古廟遊神活動沒有中斷，參看莫家浩：〈戰時游神：日據時期《昭南日報》有關新山柔佛古廟遊神報導析讀〉，載於《2017 年新山華族歷史文物館年刊（"義興、古廟與華人社會" 專題）》（新山中華公會轄下新山華族歷史文物館出版，2017 年），頁 38。

40 目前存於柔佛古廟的最早牌匾是 "神通廣大"（1870 年），參看吳華：〈新山福州人與柔佛古廟〉，載於《2017 年新山華族歷史文物館年刊》，頁 65。關於古廟遊神活動，參看莊仁傑：〈傳統的創新與發明：以新山柔佛古廟游神為例〉，載於《2017 年新山華族歷史文物館年刊》頁 44-50。

41 從新山古廟遊神的文獻記載和有關研究的文章中，我們看到對所供奉的五大神靈在廟中的位置、遊神時的先後安排等都按歷史作了充分的研究和考慮，抱著實事求是的精神和謙讓的態度，作了妥善的安排，所以遊神得以延續。參看《柔佛新山華人社會的變遷與整合：1855-1942》，第三章第二節，"廟宇 —— 民間信仰的整合"，頁 170-183。

42 因新山錦裕亭義山的創建與義興公司有關，故又稱 "公司山"（Kong-Si-San），參看《柔佛新山華人社會的變遷與整合：1855-1942》，頁 160。新山華人義山始建於何年？目前還沒有找到根據，參看《柔佛新山華人社會的變遷與整合：1855-1942》，頁 161。

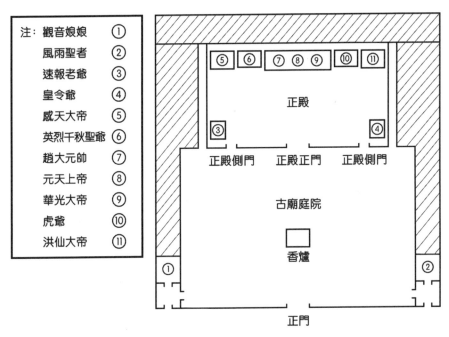

注：
觀音娘娘 ①
風雨聖者 ②
速報老爺 ③
皇令爺 ④
感天大帝 ⑤
英烈千秋聖爺 ⑥
趙大元帥 ⑦
元天上帝 ⑧
華光大帝 ⑨
虎爺 ⑩
洪仙大帝 ⑪

正殿

正殿側門　　正殿正門　　正殿側門

古廟庭院

香爐

正門

圖 5-3　柔佛古廟神明位置示意圖（2019）

團就按照中國文化傳統，關心同胞的"生老病死"，設立"義塚"幫助沒有能力做殯葬的人埋葬屍體，設立起做善事性質的"義山"（有的稱"義莊"）。由義興公司系統設立的錦裕亭義山後來由新山中華公會接手管理，共有五處：義興路義山。哥文茶華僑殉難公墓、哥文茶路義山、哥打路七里半義山、振林山路義山，前四個義山現已封山，目前只剩下振林山路義山仍可使用。錦裕亭義山現已被看作研究新山華人早期歷史的重要文物古跡。晚清時期海外華人"氵月"型墓碑的墓葬；[43] 新山開發早期的以義興為主的潮州人的墓群；以地緣和血緣結合性質的總墓；以及 20 世紀以後以五大幫派群整合形態的墓葬群。[44] 在海外流傳一句話："有水井的地方就有華人，有華人就有華教。"柔佛新山的寬柔學校，有"南洋四大華校"之譽，實不為過。華文教育無疑是新山華人社會的支柱之一。

據鄭良樹在《馬來西亞·新加坡華人文化史論叢》中提出，在 19 世紀到 20 世紀之交，柔佛麻坡地區已有中文私塾學校。[45] 而對柔佛新山華人社區有重要影響的寬柔學校則是創辦於 1913 年。這時，新山華人五幫共存的社會格局已經形成，所以學校一開始就由當時的華僑公所（後為新山中華公會）成立董事會主持校政。新山華人在倡導華教，同心同德方面是不遺餘力的，所以能不斷發展。到目前為止，它已從一所學校發展為擁有五間小學、兩間中學、一間大學（南方大學學院）的學村。[46] 建構了自己的華文教育體系，培養了一批批

---

43 清朝天地會是反清的秘密組織，當年新山義興公司的人用"氵月"的符號刻在墓碑上，以示"清朝無主"，從而表現他們"反清復明"的政治宗旨。參看蕭開富：〈從義興說起"氵月"墓──廖新柔的"氵月"墓補遺〉，《柔佛義興史料集（1844-1916）》，頁 81-91。

44 關於義山不同歷史時期的墓反映新山華人不同歷史階段不同族群的構成和權力分佈的情況，參看《柔佛新山華人社會的變遷與整合：1855-1942》，頁 157-170。

45 鄭良樹：《馬來西亞·新加坡華人文化史論叢（卷一）》（新加坡：新加坡南洋學會，1982年），頁 170-172。

46 吳華：〈新山中華公會對寬柔學村的貢獻〉，載於《吳華文史選集》，頁 371-379。目前，寬柔學村仍在不斷地發展中。

華族人才，對新山華族文化的延續和創新起到關鍵性的作用。馬來半島是一個多民族共同生活的地區，由於歷史的關係，華語並不是第一語言，華人只有用自強不息的精神，才能使自身的語言延續下去。特別語言是文化的重要載體，如果失去自己的語言，很快就會失去自己族類的文化承傳。新山華人在歷史上有非常成功的團結溝通，華語能在新山地區延續是重要的因素。正因為有這個條件的存在，我們今天才能看到新山華人在華族文化上具有鮮明的特色。應該說，新山華族有今天的社會文化成就，寬柔學村的確是作出了重大貢獻。不僅如此，新山寬柔學村從世界華族語言教育方面，亦摸索出一套經驗，尤其是在多種語言環境下如何推廣中文教育和進行文化傳播和交流，對促進世界文化的發展，具有特別的價值和意義。寬柔學村的成長在 20 世紀 70 年代以後，隨着馬來西亞 “華人文化覺醒運動” 的開展，更進入一個發展的新里程。寬柔馬來學系的師生自許為 “造橋的人”，提出 “跨文化的交流”，以及以 “文化新山” 與 “當代中國、華南祖籍地雙向接軌的交流”，從而體現馬華文化建構的互動效應。[47] 今天南方大學學院已經展示了它對新山華人文化、柔佛地區文化，以至馬來西亞國家文化，而且還包括與中國文化在交流方面所具備的能力和建樹。下面我們將從龍文化如何傳入柔佛新山地區，以及它的發展過程和對華族社會文化的影響等角度，探討龍文化在海外的傳播方式如何由落地生根，到發揚光大並成為當地社會文化的一部分，不僅融入了當地風俗文化，還在發展社會體育競技文化方面展露了鋒芒，且在區域性文化交流中積累了不少有益的經驗，是當代海外華族文化發展中值得重視、研究的課題。[48]

47 安煥然：《文化新山：華人社會文化研究》（新山：南方大學學院出版社，2017 年 2 月）。這部著述，較全面地從理論和實踐方面論證了新山華文教育對新山華人文化的貢獻。關於 “華人文化覺醒運動” 和新山文化 “造橋人” 的概念，參看該書頁 263。

48 第五章第一節作者：鄭德華。

☲ 舞龍在柔佛新山的興起

1. 舞龍的傳入

要談新山舞龍，首先得從舞龍傳入柔佛州說起。1877 年，蘇丹阿里年老病逝，皇位由天猛公依布拉欣的兒子阿武峇卡（Abu Bakar）繼承，麻坡開始為天猛公阿武峇卡所統治，一統了柔佛州。1885 年，他接受英國授予柔佛蘇丹的稱號，並於同年冊封其第三位王妃黃亞嬌為蘇丹后法蒂瑪（Sultanah Fatimah）。

這位蘇丹后是何許人也？目前有三種說法：一原是龍引港主之女，與新山的黃亞福為結拜義兄妹；二擁有華裔血統，是 1883 年阿武峇卡到訪中國時所認識的；三是廣東女子。[49]

以上三種說法印證了柔佛王室與華裔有着密切關係，又顯示出柔佛王室成員對於有華族血統這層關係不避諱及示意族群友好。而港主之女的說法，也反映早期馬來上層社會沒有刻意去維繫皇室血統 "純正"，對出身的階級有所要求。至於黃亞福能取得蘇丹信賴，承包大量政府工程，開拓柔佛有功，是否得益於與黃亞嬌的這一層義兄妹的關係，這一點還需進一步研究。

柔佛州舞龍的傳入，很可能就是與 1883 年阿武峇卡到訪中國有關，其重

---

49 第一種說法是文史工作者、《星洲日報》前國際新聞主任鄭昭賢在 2016 年由新山中華公會、新山華族歷史文物館和柔南華文報業從業員俱樂部聯辦的 "蘇丹阿布峇卡與蘇丹后黃亞嬌" 講座會時提出的說法。他是根據史料《沙禮柏朗日記》、《英國公爵柔佛新山麻坡十日遊》，以及 1903 年的《海峽時報》所判斷，參看鄭昭賢：〈柔華裔蘇丹后深受愛戴．香妃就是黃亞嬌〉，《星洲網．大柔佛》（2016 年 11 月 27 日）。第二種說法是柔州蘇丹依布拉欣在 2015 年出席 "慶祝柔佛蘇丹加冕大典與華社交流御宴" 時公開御詞，參看〈造福柔州華社弱勢群體蘇丹捐百萬設基金〉，《中國報》（2015 年 4 月 27 日）。第三種說法是流傳在民間的一種說法，但官方文獻沒有明文記載亦未指責，被認為是默認，參看〈零秘密．柔佛王室（下篇）：200 多年來唇齒相依　柔王朝華族情誼深厚〉，《中國報》（2015 年 7 月 7 日）。

要線索是當時隨他訪華的一位重臣沙禮柏朗（Salleh Perang）。他先後擔任王室傳令官（Dato'Bentara Luar）、州政府主簿官、柔佛州首任總警長等職，曾精準繪出馬來半島史上最早完成的州屬（柔佛）地圖，並奉命開闢蔴坡（1887）、豐盛港（1892）、峇株巴轄（1893）等地。[50]

沙禮柏朗除致力於經濟建設之外，還致力於推廣馬來戲劇等文化活動，並自學華文，諳潮州話（當時港主多為潮州人）。他曾在書信中提到特別喜歡華文名著，尤其是《三國演義》，可見其華文水平相當不錯。他於 19 世紀 90 年代在開闢峇株巴轄時成立了馬來青年舞龍隊，以黑衣褲為制服。該龍隊首次亮相於 1899 年 9 月 17 日，在依布拉欣被冊封為攝政王的慶典上表演。而蔴坡作為沙禮柏朗最早開闢的港腳，卻未出現過舞龍，可推測舞龍隊是他在 1883 年訪問中國後才引入的，後風靡當地馬來社會數十年，更成為每兩年為蘇丹慶賀的重頭表演節目。

下面徵引一則 1935 年馬來人在蘇丹雙慶大典所出動的龍隊報導，從中可以了解當時馬來龍的基本概況：

> 晚間七時，巫人舉行提燈大遊行，參加者有各村落之巫民共十七隊，除各項燈色之外，尚有飛舞青龍及各項有意義之化妝跳舞，青龍之飛舞裶惻在第一隊，該龍長有十餘丈，共分廿二節。沿途轉來轉去，為首一人穿着獵裝，手持一類大如斗之紙紮龍珠領導飛舞，觀者萬人空巷。[51]

---

50 沙禮柏朗（1841-1915），出生於新加坡，是第一個獲授柔佛王冠斯里勳章（S.P.M.J）的人（1885）。參看〈蘇丹：馬來半島州屬中柔王室先頒佈勳章〉，《中國報》（2018 年 7 月 10 日）。

51 〈柔佛境內萬眾騰歡之蘇丹雙慶大典　峇株蘇坡第二日熱鬧情形　日人大放烟花遊藝會繼續在大草埔舉行　晚間巫人提燈遊行飛舞青龍觀者萬人空巷〉，載《南洋商報》（1935 年 9 月 20 日）。

舞龍不單單是馬來官方慶典上的表演節目，也被引入到馬來婚禮，以閃亮彩紙椰梗花（Bunga Manggar）帶路，馬來舞龍隊和馬來鼓樂隊則隨同新郎到新娘家娶親，舞龍鑼鼓聲和馬來鼓聲交織一片。[52]

　　馬來舞龍隊活躍於峇株巴轄馬來社會長達 60 年之久，最後一次演出是在 1955 年 9 月 19 日柔佛峇株民眾為蘇丹鑽禧慶賀舉行的提燈大會，此後銷聲匿跡。從報章可見，"當日舞龍全體巫人為馬來青年會（YMA），身穿中國古代裝束舞龍為蘇丹祝賀，舞得極為生動。並獲當日表演第六名佳績"。[53]

　　以目前資料所見，柔佛州最早出現舞龍的地方是峇株巴轄；而據戰前所報導的資料顯示，除了馬來舞龍外，柔佛州還出現了中國舞龍，出現的時間應較馬來舞龍遲。

　　　　光緒十七年奏派道員黃遵憲為新嘉坡總領事官。屬令到任詳察寓華民情形，覈實稟報。茲據稱南洋各島華民不下百餘萬人，約記沿海貿易落地產業所有權，歐洲、阿剌伯、嘉各籍約居七之二，粵之潮州、閩之漳泉乃佔七之五，粵人多來往自如，潮人則去留各半，閩人最稱殷富，惟土著多而留寓少，皆置田園。長子孫，雖居外洋百餘年，正朔服色仍守華風，婚喪賓祭亦沿舊俗，近年各省籌賑防捐鉅款，競邀封銜翎頂，以誌榮幸。[54]

黃遵憲所奏獲准後，於清光緒十八年（1892）在新加坡柔佛蘇丹王宮（Istana

52 M.A. Fawzi Mohd. Basri , "Tarian naga oleh orang2 melayu di Batu Pahat: Sesuatu yang unik dalam sejarah Malaysia", in *Malaysian Journal of History*, Politics and Strategic Studies, 01, 1971, pp.51-54.

53 〈峇株民眾　慶祝蘇丹鑽禧　舉行提燈大遊行　縣長親為公眾圖書館剪綵〉，《南洋商報》（1955 年 9 月 21 日）。

54 朱壽朋編，《光緒朝東華錄（六）》（台北：文海出版社有限公司，2006 年），頁 3223。

Tyersall）代表滿清皇帝頒贈"雙龍保星"勳章給蘇丹阿武峇卡。[55]"中國皇帝對於柔佛政府之照顧和保護柔佛境內的無數中國籍民，以及柔佛蘇丹對於中國之友善態度，例如中國境內發生水災後引起之饑荒，惠贈賑欵救濟。為了酬答柔佛政府及蘇丹關照境內之中國籍民，以及蘇丹之惠及中國災黎，所以中國皇帝特地贈送一等雙龍勳章給柔佛蘇丹聊表微意"。柔佛蘇丹於致答辭時說："中國籍民對於柔佛之貢獻甚多，所以，柔佛如果沒有中國籍民，就不可能有今日的地位，這種說法毫不誇張。中國皇帝的子民在柔佛，是他的最好朋友，也是他的人民之好友，中國籍民之長久居留柔佛，將為彼方帶來繁榮和幸福，這是毫無疑問的。"[56]

　　自 19 世紀中葉開始，柔佛主力種植甘蜜和胡椒，但到了 20 世紀，甘蜜和胡椒逐漸被橡膠所取代。有趣的是，大量種植的橡膠樹並非柔佛的原生物種，而是英國人從 17,000 公里以外的巴西移植過來的。[57] 而最先響應英殖民政府在馬來亞種植橡膠的是兩位福建籍的商人。新加坡的陳嘉庚為獲得豐厚利潤，於 1910 年在柔佛地區廣植橡膠，並加工製造。由於有地緣和業緣的結合，福建人成為新馬兩地橡膠業的牛耳。[58] 當中橡膠業與地產業之巨擘林義順（Lim Nee Soon）為孫中山的支持者。[59]

---

55 御賜雙龍寶星，是清光緒七年（1881）開始頒贈的寶星勳章，是一種授予外國人的禮物，有等級之分，而頒授柔佛蘇丹的屬一等一級最高級別。柔佛大皇宮內展出當年清政府頒授的"雙龍寶星"勳章，以及阿武峇卡頒授勳章時裝着聖旨的雙龍寶星銀色護筒。但對於該勳章頒授的時間和地點，目前出現兩種意見的分歧。一說勳章是在 1880 年代頒授，一說是蘇丹 1892 年到訪廣州，為當時兩廣總督岑春煊設宴歡迎，並奏請清廷賜贈蘇丹二品戴頂，袍服冠戴。但從奏折所述，經黃遵憲 1891 年奏後，翌年才授頒，其勳章級別是"雙龍寶星"，屬君主所擁有，故應在阿武峇卡成為蘇丹後才獲贈。至於阿武峇卡 1883 年是否到訪過中國，這一點目前都沒有進一步的資料可證實，包括在此行結識到黃亞嬌等說法，仍有待深究。

56 〈清帝贈柔佛蘇丹勳章〉，《南洋商報》（1958 年 8 月 27 日）。

57 白偉權、陳國川：〈從甘蜜園至橡膠園：19 世紀中至 20 世紀初柔佛的地景變遷〉，載於《亞太研究論壇第 58 期》（2013 年 6 月），頁 80。

58 參看新山福建文物館展覽之橡膠業條目。

59 李恩涵：《東南亞華人史》（台北：五南圖書，2003 年），頁 297。

1826 年至 1946 年新加坡受英國海峽殖民地管治，而柔佛的開闢亦正是依賴新加坡的經驗和人力，因此柔佛的規章制度都是依照海峽殖民地的慣例而制定的，與原本馬來的蘇丹王朝不同。學者 A Rahman Tang Abdullah 更指出柔佛政府的行政機制是基於新加坡慣例而設定。這是為了管治那些在種植園工作的來自新加坡的華人，他們必須遵守與新加坡相同的法律。[60]

大量南來開墾的人多數先到新加坡，再進入柔佛。因應自身文化和需要，在地建立了保護神及帶來了中國的傳統節慶。再加上 20 世紀 20 年代新柔長堤的開通，使得兩邊往來更為密切。由於舉辦提燈會正有誌慶之意，所以中國舞龍的興起可能與 1920 年代起新馬各地出現的 "提燈會" 有關。如大小坡（新加坡）、甘嗎挽（Kemaman）、瓜機庇膀（Kuala Pilah）、昔加乜（Daerah Segamat）、麻坡（Bandar Muar）等地在雙十節都有提燈會活動。

> 十月十日，為我中華民國誕生的紀念日，是日也，無論海內外之華民，莫不歡欣鼓舞，同伸慶祝。……入夜六時，則見萬頭攢動，途為之塞，而各界提燈者，皆絡繹至中華學校後片大草場，齊齊出發，團體有三十四，人數約□千餘……首推中華學校自製之地球燈……又次為大埔同鄉會之地圖燈、青天白日旗燈，繪工精緻，洋衣工友之五權憲法燈，光明四射，啓智書報之自由鐘燈，振聵發聵，革履同之雞燈，可謂一鳴而天下白，洋衣團之國旗燈，色舞神飛，其餘覺僑劇社之舞獅、[61] 和春閣之雙龍搶珠，雷僑同人之菓子

---

60 A Rahman Tang Abdullah, "*Modernisation or Westernisation of Johor under Abu Bakar: A Historical Analysis*", in Intellectual Discourse, Vol.16 , 2008" ,in Intellectual Discourse, Vol.16, 2008, No.2, pp.221. 參看 A. Sweeney, Reputations Live On: An Early Malay Autobiograghy, pp.84-5.

61 覺僑劇社為戰前於柔佛麻坡成立的馬華戲劇社，戰後初期仍有運作。參看詹道玉《戰後初期的新加坡華文戲劇（1945-1959）》（新加坡：新加坡國立大學中文系、八方文化企業公司，2001 年），頁 174。

燈，天南吟詩社之獅子燈等等，[62] 惟形形色色，書不勝書，足徵表示
麻坡同僑愛國之熱烈。[63]

20 世紀 20 年代的提燈會多數由新加坡中華總商會及華校發起。與此同時，新
柔地區不少俱樂部，都會加入到提燈會行列。提燈會慶祝形式比較簡單，遊行
隊伍以燈隊及音樂隊為主，有時會有酬神戲。花燈形式多樣，爭奇鬥巧。樂隊
除軍樂外，沿途配搭不少西洋樂器一同演奏。除國慶外，1921 年及 1929 年亦
曾為英皇子蒞臨新加坡，特設提燈會以示中英友好。[64] 這時期的提燈非為傳統
佳節慶祝，多數為慶祝民國國慶舉辦，是移居者原鄉意識的流露，可昇華為民
族主義、愛國主義情愫。

自新馬提燈會出現後，逐漸加入 "售花燈，放煙火，舞龍燈，妝高腳，掛
燈謎" 等一系列元素。除了大大豐富了提燈會的活動內容，更是華人潛意識的
原鄉文化再現。這些原本在華人社群間習以為常的慣例，被潛移默化地帶到異
國他鄉，且往往會因社會環境的改變而作出變化。

華人僑居在海外，特別注意與當地土著和殖民者雙方的關係。因此，不論
英方到訪或柔佛王室的慶典，柔佛華人公會都組織提燈會為其祝賀。但與此同
時，他們沒有割斷與中國的聯繫，不僅沿襲中華傳統文化，而且當祖籍國出現
天災時，華人公會都會積極組織籌賑機關，賑濟災民。

新馬地區中國舞龍的發展，正正是藉着這類提燈會發展起來的。龍燈是花
燈的一種，是用來舞動的。花燈活動始於漢代，在唐代時福州已是十大花燈

---

62 未有更多關於和春閣的記錄，無法證明 "和春閣" 的社團性質；無法得知 "雙龍搶珠" 是舞
龍燈還是戲劇元素之一，但在福建有 "雙龍搶珠" 的燈戲。據目前掌握資料見，新加坡木幫
公所是新柔的第一條龍。

63 〈英屬雙十節之慶祝聲（三）〉，《南洋商報》（1926 年 10 月 18 日）。

64 1929 年提燈歡迎會籌備特別謹慎，意識到僑居殖民地，及注重中英交情。認為是次提燈會
是國際事件，需謹慎對待，有別於以往提燈會僅為助興的性質。參看〈總商會　籌辦歡迎英
皇子　傳集各社團　參加助慶會議紀〉，《南洋商報》（1929 年 3 月 16 日）。

都市之一。宋代花燈的製作被公認為上品，並成為貢品。《武林舊事·元夕》載："福州所進，則純用白玉，晃耀奪目，如清冰玉壺，爽徹心目。"[65] 據王應山《閩大記》載："上元沿門懸燈，通宵遊賞，謂之燈市。"[66] 謝肇淛在《五雜組》中更形容福州元宵燈節："天下上元燈燭之盛，無逾閩中者。閩方言以燈為丁，每添設一燈，則俗謂之添丁。"[67] 對於在上元夜裡張燈，《福州府志》有這樣的敘述："自十一日起，至晦日止。十三、十四、十五三夜尤盛。影燈象人物、花果、禽魚，裁繒剪紙及琉璃為之。廟刹駕鰲山，又為木架彩棚，粧演故事，謂之台閣。俳優百戲，煎沸道路。"

　　福州花燈的製作工藝盛名已久，早期懂得製作花燈的人，會被聘入宮廷為皇帝製作藝術品與道具，包括當時局限於宮廷表演的舞龍。而這些製作花燈的工藝人告老還鄉後，才將原本屬於宮廷表演的龍燈帶回到坊間。《百戲竹枝詞·龍燈鬮》："以竹篾為之，外覆以紗，蜿蜒之勢，亦復可觀。"[68]《百戲竹枝詞》是清代李振聲記述清代北京及河北地區百戲表演情況的竹枝詞專集。當中提到的龍燈的製作及形態，與後來新加坡福州木幫辦事處（公所）從福州當地購入的新馬地區的第一條龍如出一轍。就此可以推測，福州或北京一帶坊間流行的龍燈，同樣是花燈手藝人離開皇宮後帶出來的。

　　清代福州坊間"元宵售花燈，放煙火，舞龍燈，妝高腳，打獅馬，迎新娘，掛燈謎，以及神廟求嗣，祀堂禮拜，一切舊時元宵習俗存在鄉間各地，亦恆有迎神請客，至陰曆正月尾二月初而未止。"[69]

65 周密輯：《武林舊事》卷二（杭州：浙江省人民出版社，1984 年），頁 29。

66 王應山纂修，陳叔侗、盧和校注，福建省地方志編纂委員會整理：《閩大記》卷十，考二（北京：中國社會科學出版社，2005 年），頁 189。

67 謝肇淛：《五雜組》卷二，天部，明德聚堂刊本，頁 4。

68 李振聲：〈龍燈鬮〉，載於《百戲竹枝詞》，參看楊米人等著，路工編選：《清代北京竹枝詞十三種》（北京：北京古籍出版社，1982 年），頁 174。

69 〈福州慶元宵慶出巨大之火災　焚屋四十餘間　重傷失蹤三人〉，《南洋商報》（1936 年 2 月 27 日）。

第五章　馬來西亞柔佛新山華人社會及其舞龍活動

　　據目前資料顯示，新柔兩地華人最早出現舞龍燈是在 1927 年。由福州木幫辦事處（公所）組織了第一支新加坡舞龍隊，是一支福州龍燈隊。該龍燈隊的活動資料，目前最早只能追溯到 1937 年，福州木幫公所作為唯一以龍為花燈的團體，參加英皇加冕慶典提燈會：

> 新嘉坡華僑慶祝英皇加冕提燈會籌備委員會，昨日下午三時，
> 在本坡禧街中華總商會舉行……通過參加提燈會者，除燈及燈車
> 外，舞獅及舞龍亦與花燈同等看待，得參加遊行……福州木幫辦事
> 處——龍○會（以○代燈）[70]

　　由上面的報導可見，新加坡直至 1937 年，龍燈仍是花燈的一種，而舞龍燈仍作為一項具娛樂性的表演活動存在。而且除華人節日外，英皇加冕、英皇銀禧大典等事亦會紛紛設提燈會慶賀。此外福州木幫公會的龍燈隊除了參與大型慶典表演，也非常熱心公益。20 世紀 30 年代中期，該會會員不僅積極響應陳嘉庚籌賑中國難民，還出動舞龍隊義演，成績非常可觀。[71] 至於福州木幫公所舞龍隊的成立及其發展，過程較為複雜，將會另闢一節來交代。

　　新山的舞龍不同於峇株巴轄，是新山華人集體文化記憶的再現。通過柔佛古廟遊神活動，及藉助業緣和地緣的社團網絡，成功將舞龍從新加坡引入到新山並發揚光大。如文章開首所說 "每年於正月二十日為賽神之期"，舞龍正是遊神活動中的重要一環。1934 年《南洋商報》載：

> 是日上午九時各迎神之儀仗執事，齊集柔佛古廟，該廟門首之

---

70 〈加冕慶典之華僑提燈隊　十三日下午九時十五分經督署　舞獅舞龍　亦統作花燈看待〉，《南洋商報》（1937 年 4 月 15 日）。

71 新加坡福州木幫公會網頁。http://mail.foochow.org/foochoworg/shushetuan/mubang.htm，瀏覽於 2019 年 4 月 28 日。

觀眾及執事者，項背相望，至十一時由古廟出發，其儀仗之次序，首由引路牌先行，次則燈籠，次則各社團參與錦標鑼鼓形形色色，排列參差，其執事人員，□係小童與中年者，最末則神傘木偶，由直街，而海皮，而巴殺，每至一街，迷信男女，則扶老攜幼，焚香拜接，炮聲振巷，鑼鼓喧天，香煙迷目，硫氣熏人……下午一時左右，週遊環市畢，將玄天上帝，洪仙祖師，（其實木偶）聽驂於柔佛戲院左角空地……計參加社團，有海南、福建、潮州、客籍，就中以福建人為熱鬧踴躍，備有戲劇，花景兩架裝置極為酷肖，在燈光掩影之下，儼若蓬萊方丈，巫山境地也，他如舞龍更為生色，該龍係以布製，長約六七丈左右，分十二節，每節腹內配以龍燈，舞龍者多青年男子，服裝一律，每至一街盤繞地上，蜿蜒活潑，一若真龍，觀者多拍手稱讚其舞藝之靈巧，又有洋裝一隊，係印度與馬來人組織者，悠揚鏗鏘，頗可悅耳……[72]

1922 年柔佛華僑公所成立，接管柔佛古廟，並將五尊神像分別交由五幫各自負責。此段文字詳細記載了 20 世紀 30 年代遊神活動的盛況，參與遊神的隊伍中有海南、福建、潮州和客家籍的人，以閩籍人數最多。[73] 縱觀全文，作者認為迎神是迷信之風，並批判華僑在迎神日上大肆揮霍金錢的習慣，矛頭直指閩、潮籍華人，他們寧節衣縮食亦要花費成百上千辦戲劇，當中以閩籍遊行隊伍規模最大，加入了戲劇、花燈及舞龍等元素。從報導可見，當時的龍體形較長，在長度上面沒有固定標準，具體形象根據製龍工匠的喜好來決定。一般為 12 節或 24 節，在舞龍的技法上以盤旋成圓為主，礙於遊行隊伍人數眾多，龍隊

---

72 〈柔佛慶曆新正新山迎神　其形色頗為熱鬧習慣　果難革除歟〉，《南洋商報》（1934 年 3 月 9 日）。

73 全文不曾出現廣肇會館，且提及的神明亦只有玄天上帝、洪仙祖師兩位，均被安置於神廠內。

在遊行時會選擇比較空曠的地方作表演。據口述及現有資料表明，二戰前新山的舞龍僅是古廟夜遊的節目之一，目的是娛神及祈福，祈求閤境平安，冀望新的一年風調雨順。舞龍只有在古廟遊神的日子才出現，由福州木幫公會的人來舞，也就是説舞龍的人是來自新加坡的華僑。古廟遊神的隊伍除了華人外，甚至有印度人和馬來人參與。可見原本屬於華人的古廟遊神，在一些娛神節目中亦吸引了異族友人的踴躍參加。

2．舞龍形式的轉變：從依附到獨立

二戰開始後局勢變得緊張，新山大量人口被疏散或逃離市區，只剩下 6,000 餘人。[74] 1939 年至 1941 年年間，新柔實行多次燈火管制及防空演習。大型表演活動都停止了，全面戒嚴。日軍於 1941 年 12 月 8 日凌晨入侵馬來亞，直到 1945 年 8 月日佔期間，日軍對各社團進行大力打壓，大量有關社團的資料被銷毀。柔佛華僑公所及木幫公會如同其他民間團體一樣在日佔時期停止了一切活動。直至日佔結束後，各公會的會務及活動才逐漸恢復。[75]

1948 年英國重佔馬來亞，由於國內局勢緊張，隨即宣佈馬來亞進入緊急狀態，直到 1960 年才正式解除。長達 12 年的緊急狀態，使馬來亞全國受到嚴格管控，社團活動受到限制，柔佛州只有在每年的柔佛古廟遊神、雙年慶蘇丹誕辰慶典等大節日才有大型演出，並在人數、時間和演出單位上有嚴格規管。儘

---

74 郭鶴堯口述，參看南方學院華人族群與文化研究中心編：《潮人拓殖柔佛原始資料彙編》（新山：南方學院，2003 年），頁 38。

75 日佔馬來亞前夕，歌舞廳尋歡作樂依然存在，但只能在黑燈暗火的時候運作。於是各大歌舞廳趁機以 "黑燈舞" 作為吸引顧客的噱頭。〈燈火管制下花花絮絮〉，《南洋商報》（1941 年 9 月 16 日）。另坊間有傳在日佔期間，遊神沒有停止，有沒有舞龍則不知道。根據安煥然〈神人嘉年華——馬來西亞柔佛古廟遊神文化的承傳與再造〉注 19，提到日佔時期柔佛華僑公所暫停運作了，直到戰後才復辦，推斷日佔期間沒有遊神。參看安煥然：〈神人嘉年華——馬來西亞柔佛古廟遊神文化的承傳與再造〉，載於葉樹姍主編：《2011 媽祖國際學術研討會——民俗，觀光與文化資產論文集》（台中：市中文化局，2011 年），頁 19-39。又，福州木幫公會資料顯示：日佔期間會務全面暫停，可推斷日佔時期舞龍亦暫停。

管整個社會氛圍非常緊張，但這幾個傳統遊神慶典依然能夠進行。

1952年農曆正月二十日（2月15日）為古廟出鑾日，恰逢故英王喬治六世陛下奉安之日。新山當局批准古廟遊神出鑾如期進行，但鼓樂不得隨行及不准演劇，並將原定16日的出遊改為17日，並下令於中午1時至下午6時進行，當天恢復開鑼演劇。[76] 可見日佔過後局勢緊張的12年裡，民間的傳統和慶典祝賀依然能夠持續，只不過是申請手續繁複了，但民間團體依然落力維繫傳統，使先賢流傳下來的文化得以延續。

日佔結束不久後，福州會館很快恢復會務，並聯合所屬各僑團聯誼交流。而福州木幫公會舞龍隊再次出現，是在1953年英女王加冕提燈遊行上，這也是該舞龍隊第三次參加這種盛大慶典，全隊共七十餘人。[77]

然而直到1955年柔佛華人建築商公會成立，舞龍隊隨即成立，這也是新山第一支本地的舞龍隊。[78] 並於同年柔佛蘇丹登極碻禧，建築商公會舞龍隊獲准

---

76 〈新山神遊行列將肅靜無鼓樂〉，《南洋商報》（1952年2月15日）。

77 "查福州木幫公會舞龍隊，戰前曾參加二次盛大慶典，提燈夜遊，並應大世界當局邀請公開表演，均獲好評，此次東山再起，諒必精彩生動。茲錄舞龍隊職員如下：正主任李賢坦，副鄭新榮，正領隊羅元祺，副張貞泉，知道陳依瑞，莊希玉，正文書李賢治，副張振夏，正交際潘金泉，副陳相如，正財政張依香，副金能開，正查賬陳德求，副陳文芳，監察委員林金桂，林依第，王基圖，事務委員張步陞，潘依金，陳吓俤。"〈福州會館邀請福州木幫公會舞龍隊　聯合參加英女王加冕遊行　並將為南洋大學義舞籌款〉，《南洋商報》（1953年3月15日）。

78 根據鄭燕燕、杜玉瑩：《柔佛祥龍》（新山：柔佛古廟舞龍隊，2016年），頁9。柔佛古廟舞龍隊成立的歷史可追溯到1931年，由鄭宣爐等幾位南來木匠工人發起，當時稱為"柔佛華人建築商公會舞龍隊"，又稱"福建灶大帝舞龍隊"。文中還有記錄鄭宣爐夫人名黃亞嬌，這是否湊巧與蘇丹后黃亞嬌同名？還是如坊間所說："黃亞嬌第一任丈夫販賣紗籠布，因賭打死人後被逐出境，而黃姓粵女為殿下所垂青，嫁入皇室。"翻查資料後發現，柔佛建築商公會是在1955年成立，同年才成立舞龍隊，並對舞龍隊成員有較詳細的記錄。且把〈柔華建築商公會舞龍隊　參加慶祝鑽禧遊行　警方准許燃放爆竹〉一文摘錄如下："柔佛華人建築商公會，經正式成立一舞龍隊。茲將各股職員錄下：主任蘇添龍，副鄭宣爐，總務陳貴發，副任炎生，領隊王沃，教調葉亞坤，副卓長福，鑼鼓隊教訓曾建成，隊員：吳福成，吳欽明，黃萬雷，林淡水，鄭照。"《南洋商報》（1955年9月7日）。故對1931年成立的柔佛華人建築商公會舞龍隊一說存疑。

第五章　馬來西亞柔佛新山華人社會及其舞龍活動

參與助興，並首次在蘇丹鑽禧提燈大遊行中亮相：

> 九月十八日晚參加提燈遊行之社團及節目列下：花車一輛，中
> 華公商會；花車一輛，瓊州會館；花車一輛，閩僑俱樂部；舞龍一
> 條，建築商公會；花車一輛，潮州八邑會館⋯⋯

當日提燈大會的遊行隊伍於晚上 8 時出發。遊行路線由押都拉曼路起程後，沿
士利拉蘭路，吉打馬拉路，大□路，新聞部側邊，轉入市區陳旭年街，沙玉
街，羅米街，惹蘭吉少也，出亞福街，直入明尼廟街，疏□街，依勿拉欣街，
最後至高等法院，至午夜後 1 時許始散。華人建築商公會百人舞龍隊位列第十
隊，遊行隊伍共 3,000 人，行列長共 2 英里。[79] 為增添喜慶氣氛，中華公會申請
了當日燃放鞭炮准證。而當日所舞的龍共 9 節，龍頭超過 20 斤。龍眼裝 5 或 6
粒大電池的手電筒，電池裝在第一節龍身上，由電線連接上龍眼燈泡。在慶典
前夕，中華公會老前輩們連夜繪製龍鱗。[80]

　　柔佛華人建築商公會舞龍隊成立後的很長一段時間裡，它一直是新山唯
一一支龍隊，想要學舞龍都得進建築商會的舞龍隊。[81] 舞龍隊的成員主要都是從
新加坡過來的，而當時的建築商公會及傢俬公會亦主要由新加坡人組成。

　　根據馬來西亞全國龍獅總會競賽主任李趙興口述："早期我們（新山）的
舞龍只是為了遊神，新山舞龍隊的成立全部是為遊神。當時古廟龍隊成立之前
（1948 年前），都是新加坡的龍進來參與遊神，後來一幫新山喜歡舞龍的人想
成立自己的舞龍隊來參與遊神，於是籌錢在新加坡買了新山的第一條龍，並請

---

79 〈柔佛蘇丹登基鑽禧紀念　第二日閲兵典禮隆重舉行　人山人海爭看提燈大遊行　星柔長堤
　　有如山陰道上〉，《南洋商報》（1955 年 9 月 19 日）。

80 《柔佛祥龍》，頁 13。

81 直到 1972 年至 1973 年，有隊員另立門戶，成立了耶耶亞哇洪仙大帝廟舞龍隊，即新山第二
　　支龍隊。

新加坡的師傅來新山教。" 這也是為什麼每次新山有大型提燈會，新柔長堤都人山人海、熱鬧非凡的原因。

新山自 1846 年開埠，到 1965 年新加坡正式脫離馬來亞聯邦，新加坡和柔佛州一直維持着長達 1 世紀的密切關係。這個時期前的文化風俗更是一脈相承，相互影響和滲透。從建築商會舞龍隊的組成可見，早期新柔往來密切，唇齒相依。

由於政治局勢因素，整個社會氛圍非常緊張，20 世紀 50 年代至 70 年代新山依舊只有在古廟遊神和慶典的時候才有舞龍，平時一律禁止。因此新山的舞龍在這期間並沒有發展開來，依舊沿用傳統舞龍那套，沒有套式的變化。

反觀新加坡脫離馬來亞聯邦，經濟除原本的轉口貿易外，還大力發展製造業與國際金融業。故從 1960 年代中開始，雖會員缺乏、經費不足，使舞龍隊出現青黃不接的情況，但仍可以繼續活動，依然有組織繼續發揚傳統民俗技藝。與此同時，為了吸納更多年輕人及應大眾要求，降低對舞龍體能要求的門檻，有一部分人不顧傳統派反對，開始對龍着手改良。在減輕龍身重量的同時，鮮明突出龍的威武，並開始嘗試在龍身上塗熒光漆，呈現出夜光效果。

由於新山舞龍的出現是為了遊神，且當時每年造一條龍的成本很高，加上各項開支，為了能夠籌得足夠的款項，柔佛建築商會舞龍隊於 1967 年正式更名為柔佛古廟舞龍隊至今。根據柔佛古廟舞龍隊主席徐永健先生的口述，早期的舞龍活動只為遊神慶典，一年中也只有臨近古廟遊神時才開始練習，柔佛古廟舞龍隊出版的《柔佛祥龍》記載："舞龍隊每年都參與柔佛古廟農曆正月遊神慶典，這是一年裡最重要的活動，自正月初九開始籌備，十二日當晚開始練習。"[82] 舞龍在遊神活動中有其重要的象徵意義，同時可以展現族群間的團結和凝聚力。傳統的龍頭接近 20 斤，龍骨由木頭和藤編織而成，同樣是九節龍，重量和體積方面與現在的龍不能相比，舞動一條龍，需要百人團隊輪流接力，

每幾分鐘就要換人。這是體現舞龍隊成員體力和團結默契的時候，但由於龍的體積太大，重量太重，可以展現的套式沒有今日豐富，速度上也沒有現在的舞龍隊靈活。

3. 舞龍與種族：從舞龍到中國龍

　　二戰結束後，民族主義思潮蓬勃發展，除了戰前出現的國民黨、馬共及馬來青年同盟外，政黨組織在戰後紛紛登上政治舞台。英國被迫暫停"分而治之"的政策。1955 年 4 月馬來亞聯邦獨立前，當時的巫統、馬華公會和印度人國大黨（Malaysian Indian Congress）為謀求馬來亞的獨立成立了"聯盟"，1957 年馬來亞聯邦獨立後，"聯盟"即成為執政黨。

　　政黨之爭對馬來亞文化的延續亦產生影響。上文提到 1955 年後馬來青年會的馬來舞銷聲匿跡。其原因很可能即是受到政治的影響，因為舞龍一直都被視為具中國元素的文化。但在巫人社會風靡了幾十年的活動怎會說斷就斷呢？

　　下面徵引一則 1960 年語文出版局的總編輯因仄馬末，在聯合邦巫人學生會，假太子律馬來教師聯合會於吉隆坡舉行的論壇會議發言：[83]

　　　　根據本人的意見，舞龍將不會妨礙馬來亞文化，同時，可以接受填補目前本邦文化的空缺。馬來文化應為本邦的國家文化，其他民族的文化也可以加以接受，只要不反對本邦的回教。

　　　　論壇會對本邦的貨架文化，作一下三點總結：

　　　　（一）國家文化應通過政府來達成。

　　　　（二）通過國語為利器，團結本邦所有人民。

　　　　（三）通過學生及青年去實現。

---

83 〈舞龍藝術將被接受填補國家文化空缺〉，《南洋商報》（1960 年 4 月 13 日）。

可見當時巫人教育團體，對於執政黨狹隘定義的馬來文化有所不滿，並認為一刀切斷對異族文化的吸納，不利於豐富及發展馬來文化。很可惜這聲音未有得到重視。馬來人舞龍隨後亦消失在歷史之中，舞龍亦從巫華共同擁有，轉變成華族特有的活動。

在 1969 年"五一三事件"發生後，馬來人至上的種族政策被納入憲法。20 世紀 70 年代，馬來西亞政府推崇利於馬來人的新經濟政策，當地華人及其文化受到打壓。舞龍作為華人文化的一部分，難免亦受到鉗制。直到 1973 年席捲全國的獨中復興運動，[84] 及 1974 年中馬建交前後，華人文化的發展才開始得到改善，當地華人社團亦從此意識到需集結民間力量，眾志成城，才能將華族文化發揚光大。華人文化如武術、舞龍、舞獅團體亦由此蜂湧而出。

原本，新山只有柔佛古廟舞龍隊（即建築商公會舞龍隊）。在 1972 年至 1973 年年間，古廟龍隊有一幫人去了耶耶亞哇洪仙大帝廟跟當時的廟理事會申請，新組一支舞龍隊，理事會答應了，條件是龍隊的組織和框架需納入廟理事會系統，龍隊必須每年向理事會報告，這種運作模式延續至今。就這樣，1973 年新山出現了第二支龍隊，即耶耶亞哇洪仙大帝廟舞龍隊。翌年，出現新山第三支龍隊：新山華忠武術體育會舞龍隊，他們同樣是古廟龍隊的分支。

但好景不長，多元文化的發展僅見苗頭，即迎來新一波的緊縮和沉寂。1979 年，時任內政部長加沙里提出"舞獅是中國文化，本地華人不應盲從，而應該發明自己的一套，舞獅要本土化，倒不如改成舞虎"。儘管華社極力反抗，舞龍獅還是被禁止了，直到 1983 年才撤銷這一禁令。

1981 年，馬哈迪就任首相，延續拉薩的種族政策。在種族主義文化政策下，對大戲、京劇、龍獅、武術等的管制非常嚴厲，尤其是對龍獅的管制。任

84　1973 年由胡萬鐸領導，起源於霹靂州的一場席捲全國的華文獨中復興運動。霹靂州九所獨中，堅決反對通過走英語路線來吸引學生和家長選擇，堅持維繫華語華文教學，促使霹靂州獨中復興運動展開。這引起全國華社的共鳴，確立全國獨中的發展方向。獨中復興運動被認為是一場民族覺醒的社會運動，對華教發展影響深遠。

何表演必須申請准證，且過程苛刻繁瑣。據口述，"當年出隊前需向各區警局申請准證，警方往往百般刁難，會在出隊前一晚才出批文"。該做法引起在地華社的強烈不滿。1985 年，甚至有人認為古廟眾神不應出遊，建議慶典集中舉行，指喧嘩遊行勞民傷財，且令交通阻塞。隨即激起新山 30 多個華團代表一致要求新山中華公會，致函予馬來西亞旅遊促進局，將柔佛古廟遊神慶典列為馬來西亞的旅遊節目，好讓這種有特色的傳統活動持續下去。[85] 經爭取，到 1986 年政府才廢除了室內及私人場所舞獅需准證的條例，唯在公共場所表演仍需申請，並且不鼓勵在非華人區演出，龍隊亦不能隨意出隊，出隊前要申請准證。申請還需要落實具體的出隊日期、地點、人數及表演時間。而申請的組織首先要在文化部（社團註冊局）註冊為合法團體，才能合法出隊，否則會受到檢控。於是各個原本附屬廟宇或會館的龍獅隊，為了符合當時的規定，都相繼獨立註冊。

4. 舞龍國際化潮流的出現

　　根據馬來亞 1966 年的社團法令規定，所有社團都必須在社團註冊局登記註冊。新山自 20 世紀 70 年代開始，先後有不少龍隊成立。但由於 20 世紀 80 年代政府規管嚴厲，舞龍並沒有如新加坡一樣得到很好的發展。儘管新山的龍隊除參加官方慶典遊行外，還有應社團、私人機構及廟會遊行的邀請出隊表演。但依然是以每年參與柔佛古廟遊神為主要任務。可以說，僅是延續了以前龍隊的功能性，不同的是從依賴外隊的幫忙，到今日可以自行組織舞龍隊來參與。但這時期的舞龍，在技藝方面的發展則是處於停滯狀態。

　　儘管 1965 年後兩國政權走向獨立，但新柔之間的往來仍然緊密。新馬福建鄉團的凝聚力很強，以新加坡福州會館為例，在 20 世紀 50 年代至 70 年代

---

85 〈古廟眾神不應出遊？異族同胞建議慶典集中舉行，喧嘩遊行勞民傷財交通阻塞，新山中華公會則要維護傳統〉，《新明日報》（1985 年 3 月 13 日）。

中，多次組織新馬各屬福州僑團共聚鄉情，為維繫和團結鄉情作出了貢獻。到了 1970 年代至 1980 年代，功夫熱潮帶動舞龍在地化發展。1979 年，新加坡的陳少坤和陳源基父子二人受新山福州社邀請，正式在馬來西亞教授舞龍。當時 22 歲的陳源基已成為武術教練，在新加坡武術散打項目成績輝煌，曾奪全國武術擂台賽甲級冠軍，並成為馬來西亞國家隊代表。他 26 歲退出武術壇，專心朝舞龍發展。陳源基繼新山後，還赴怡保、檳城等地教授舞龍技藝，並訓練出一批教練團，帶動起馬來西亞的舞龍熱潮。

新山舞龍的真正改革，是從 20 世紀 90 年代開始。早期舞龍獅成員因爭強好鬥，引發了多宗肢體衝突事件，令舞龍舞獅給人龍蛇混雜的負面形象。新加坡獨立後不久，1967 年就有了當地第一場舞龍比賽，也是新馬的第一場舞龍比賽，並首次讓夜光龍面世。而柔佛州於 1991 年才有第一場真正的舞龍比賽，由柔佛州武術龍獅總會主辦的夜光龍公開賽，將龍獅當作運動比賽來推廣，制定了相應的比賽規則，標誌着龍獅活動由傳統慶典表演走向現代競技的重要轉折。

1991 年至 2019 年新山龍隊參與國內外比賽情況（不完全統計）

年份	比賽	主辦國家 / 地區	備註
1991	第二屆全柔武術龍獅錦標賽	馬來西亞（柔佛）	柔佛州武術總會主辦
1992	國際武術龍獅賽	德國	
1994	馬來西亞首屆夜光龍全國賽	馬來西亞	
1994	第三屆全柔武術龍獅錦標賽	馬來西亞	柔佛州武術總會主辦
1995	第一屆國際龍獅藝邀請賽	中國（增城）	龍獅運動協會主辦
1996	第二屆國際龍獅藝邀請賽	中國（上海）	龍獅運動協會主辦
1998	馬來西亞全柔龍獅錦標賽	馬來西亞	
2000	馬來西亞第二屆夜光龍全國賽	馬來西亞	

年份	比賽	主辦國家／地區	備注
2000	第一屆世界龍獅錦標賽（健力寶杯）	中國（三水）	國際龍獅總會和中國國家體育總局合辦
2000	馬來西亞全國舞龍錦標賽	馬來西亞（雲頂）	雪龍獅總主辦
2001	世界夜光龍醒獅錦標賽（首屆）	香港	
2001	國際舞龍錦標賽	馬來西亞（雲頂）	雪龍獅總主辦
2002	第二屆世界龍獅錦標賽（唐龍杯）	馬來西亞	國際龍獅總會主辦
2002	馬來西亞第一屆全國龍獅公開賽		
2003	世界香港夜光龍醒獅邀請賽	香港	"世界夜光龍醒獅賽"由邀請賽轉為錦標賽
2005	第三屆全國舞龍舞獅錦標賽	馬來西亞	馬來西亞龍獅總會主辦
2006	第三屆世界龍獅錦標賽	印尼	
2007	2007年馬來西亞古來龍王杯	馬來西亞	
2007	第二屆亞洲室內運動會	澳門	首次將龍獅運動列入競賽項目
2007	亞洲舞龍錦標賽	印尼	
2008	第五屆馬來西亞全國舞龍錦標賽	馬來西亞	
2008	亞洲龍獅公開賽	台灣	2008臺中縣大甲媽祖國際觀光文化節
2009	第三屆亞洲室內運動會	越南	
2010	馬來西亞第六屆全國龍獅錦標賽	馬來西亞	
2010	馬來西亞第二屆（常聯杯）全國龍獅公開賽	馬來西亞	
2010	亞洲龍獅錦標賽	馬來西亞	
2012	第二屆亞洲龍獅錦標賽	印尼	
2012	馬來西亞第七屆全國龍獅公開賽	馬來西亞	

年份	比賽	主辦國家／地區	備注
2013	首屆馬來西亞夜光龍龍王爭霸賽	馬來西亞	馬來西亞龍獅網
2013	2013（楊兩義杯）馬新夜光龍龍王爭霸賽	馬來西亞	柔佛州麻坡舞龍公會龍師團成立 60 周年主辦
2013	2013 年台灣苗栗亞洲舞龍公開賽	台灣（苗栗）	
2015	第二屆馬來西亞世界龍獅網夜光龍巡迴聯賽	馬來西亞	
2016	鱷魚恤世界香港夜光龍錦標賽	香港	
2016	砂拉越富麗華龍獅全國邀請賽	馬來西亞	
2017	國際福州龍聯盟"濠江戲藝創意龍"邀請賽	澳門	澳門魚行醉龍節
2018	馬來西亞世界龍獅錦標賽	馬來西亞	
2018	第三屆福建大社洪仙大帝盃：群龍齊飛挑戰賽	馬來西亞	新山福建會館青年團主辦，新山福州十邑會館舞龍隊協辦
2019	第五屆馬來西亞全國夜光龍巡迴聯賽	馬來西亞	柔佛州龍獅總會
2019	柔佛古廟常年盃（盃主莫狀強及羅釗憑）龍王錦標賽	馬來西亞	柔佛古廟委員會主辦，柔佛州旅遊局及馬來西亞龍獅運動協會協辦

資料來源：本表根據耶耶亞哇洪仙大帝廟舞龍隊館藏獎盃、馬來西亞柔佛州龍獅體育會臉書、柔佛古廟舞龍隊臉書、新山華忠舞龍隊臉書、世界龍獅網、關聖宮龍獅團：《馬來西亞關聖宮龍師團參加 2007 澳門亞洲室內運動會賽項特刊》（2017 年）所整理。

（1）馬來西亞舞龍的規範化

新馬早期的龍獅團多數是由會館和廟宇成立，或附屬於廟宇、幫會等，舞龍隊員多數有武術根柢，[86] 有明顯的派別或門戶界限，隊伍之間亦會相互仇視。正因如此，過往時常有打鬥事件發生。20 世紀 80 年代中期前，當時普遍的家長大多不願意子女加入其中。但經過 90 年代民間龍獅團體的重整和改革後，龍獅團體有了制度及規範化後，形象逐漸恢復過來。尤其現在龍獅運動被教育部所承認，使更多家長可以大大放心。

關聖宮龍獅團十大門規

一、效忠本門　服從領導　絕不陽奉陰違

二、同門相敬　謙厚容忍　絕不節外生枝

三、和睦相敬　親如手足　絕不結怨記仇

四、慎重言行　遵守信義　絕不假仁假義

五、自我檢討　改善惡習　絕不固執己見

六、同甘共苦　同舟共濟　絕不獨善其身

七、團隊精神　犧牲小我　絕不因私誤公

八、同門妻女　同門兄妹　絕不見色心動

九、忠正毅勇　智誠禮和　絕不為非作歹

十、推動會務　崇尚武德　絕不唯利是圖

資料來源：《馬來西亞關聖宮龍師團參加 2007 澳門亞洲室內運動會賽項特刊》（2017）

改善了門派風氣後，各龍獅團體開始着手改良龍獅技藝。早期的龍並非紙製裝燈，龍骨由木頭和藤編織而成，外殼糊紙再畫上鱗片，塗上墨彩。[87] 由於傳統福州龍都是在夜間舞的，為了能讓龍在漆黑中發亮，在每節龍身裡安置特製

---

86 "1890 年以前，馬來西亞華人業緣性社團中尚無總會性質的行業團體出現。一是因大馬社會剛進入初步發展階段；二是 1890 年以後，秘密組織逐漸被取締。業緣性社團的發展順應當時馬來西亞華人社團已經出現的聯合的趨勢，打破行業和幫派局限的各地中華（總）商會的相繼成立。" 業緣性社團聯合的現象，凸顯在那些打破行業發展華人社會的核心力量重組。參看石滄金：〈馬來西亞華人業緣性社團發展簡析〉，載於《華僑華人研究》（2004 年第 2 期）。

87 還有兩種說法：一，龍身用竹器編紮；二，採用一根實心錘頭木作為支撐。但傳統福州龍燈通常以竹篾或藤編織成龍骨，裱以細紗布，繪以龍鱗等花紋。當然亦會因地制宜而改變。

蠟燭，舞動時不至熄滅，宛如龍形燈籠。龍燈前則由龍珠領舞，每一壯漢各舉一節，隨着鑼鼓的節奏，龍珠逗引於前，龍燈隨之翻騰起舞。當新加坡從福州買入第一條龍後，本地舞龍隊的龍大部分是以這條龍為製作依據，在傳統福州民間龍燈基礎上加以創新，及後在龍口安上彈簧，使其能開關。隨着電燈的普及，20 世紀 30 年代提燈會已採用電燈配置，即是舞龍燈內的蠟燭已被電燈取替。眼睛轉用能發光的凸形燈，讓造型更為逼真。由於新柔一衣帶水，木幫公會的成員有的在新山，有的在新加坡居住。新山慶典的時候，新加坡（木幫公會）的龍隊也會去新山幫忙，因此新山也跟着出現舞龍了。

舞龍最初傳入新馬的時候並無派系之分，早期舞龍僅作為隊員間的聯絡活動，出現在迎神賽會或表演場合上，沒有高難度動作，也無套式變化。雖然傳統福州龍看起來威武雄壯，但由於體積大、重量重，需要眾人合力舞動，一條龍須出動 50 至 60 位隊員才能舞動得起，節數多的更需出動上百人。如柔佛華人建築公會舞龍隊在 1953 年英女王加冕大典上的舞龍隊就出動到上百人。

舞龍套路從 1953 年起，有滾龍門、玉龍戲水、金龍捲節、騰雲飛舞、金龍搶珠、金龍翻身等活潑招式。[88] 後 1969 年福州會館聯合福州屬各團遊藝晚會上星洲龍獅體育會舞龍隊表演了祥龍騰雲、太極正面龍、遊龍戲水、蒼龍尋珠、猛龍過江、過龍門、巨龍翻身、神龍擺尾、巨龍出海。[89] 據陳源基師傅說，"在呈現上，福州龍的傳統意味較為濃郁，傳統上共有 13 套式"。[90] 受限於傳統龍的大小和重量，早期的舞龍套式並不豐富，且需要有武術根柢才能駕馭。

從報章上見，1930 至 1960 年代的龍，龍多以竹條編紮，外殼糊多層紙，再用墨彩上色，畫上鱗片。後有以布製上色作為龍皮，有金龍與青龍。龍身早

---

88 〈閩南國術研究社金龍飛舞試演博得讚美〉，《南洋商報》（1953 年 6 月 1 日）。

89 〈福州會館聯合福州屬各團體　慕國防金盛大遊藝晚會　今明晚假國家劇場舉行　國防部長林金山將在會上致詞〉，《南洋商報》（1969 年 3 月 29 日）。

90 楊潔思、王思慧：《一代宗師》（吉隆坡：興閣龍獅體育會，2018 年），頁 90-91。

期以 9 節為標準，後發展至 11 或 13 節，多者乃至分二十餘節。長度約 6、7 丈或可達十餘丈長。傳統龍身每節腹內配以龍燈（蠟燭），配合鼓樂，宛若真龍。舞龍者多為青年男子。服裝尚未有規範，有的服裝一致，有的唯首一人身穿獵裝，手持一類大如斗的紙紮龍珠領導飛舞。

20 世紀 50 年代後期很多志同道合的福州年輕人從行業或地緣團體跳出，另起爐灶發展體育會，很可能是原本的團體面臨經費難題（當時很多舞龍隊的表演都是義演），很難營運下去，而開設體育館教授武術能增加收入，維持開支。1959 年，陳少坤與志同道合的朋友，成立了星洲龍獅體育會，[91] 傳授五枚拳術，並組織了一支福州龍傳統舞龍隊，數年後再成立獅隊。武術及舞龍舞獅是該會主要活動與資金來源。現時的榕聯體育會，前身為福州屬榕僑體育會及榕青體育會，亦在當時相繼成立體育會，傳授福州技藝，尤其是舞龍舞獅及武術。

20 世紀 60 年代末，木幫公會因為生源及經費不足，解散了舞龍隊。但適逢新馬武術蓬勃發展，各體育會相繼成立，福州龍技藝得以在各個體育館重現。由於當時體育館成員多數有武術根柢，且越來越多福州人成立舞龍隊，福州龍藝得以延續，並開枝散葉，也為福州龍源流的形成奠定了基礎。新加坡的舞龍隊，一半以上是福州舞龍的延續。

據口述，新山最早舞龍的幾位前輩，有一些在木幫公會舞過龍（陳少坤，福州源流）；有一些是後期從福建來新加坡做工的移民（林永吉和郭來發），他們直接將原鄉福建廈門禾山的龍頭和龍的造型帶了過來。因此，福建龍跟福州龍的造型不太一樣。而繼林永吉和郭來發來後，出現了一群武術團體用南派少林功夫來舞龍。而這些少林功夫的習得與一位叫高參的禪師有關，這位禪師曾

---

91 第一代福州龍源流掌門陳少坤，他是從福州南下新加坡的咖啡工人，礙於不是木匠身份，被拒絕加入木幫公會舞龍隊。後憑着對舞龍的熱忱和堅持打動了教練，讓他代替缺席者的位置，從而給他學習舞龍的機會。

在新加坡雙竹林擔任主持，並收徒傳授南派少林武功。後少林功夫在高參禪師圓寂後被門徒發揚光大。其舞龍隊員供奉的是達摩祖師。少林源流的林明發在20世紀50年代末投入舞龍領域，並在1963年至1965年年間創出夜光龍。這些以少林功夫舞龍的都稱為少林龍，廣泛出現在20世紀60年代。夜光龍並於1967年新加坡繁華世界體育館比賽中首次亮相。夜光龍無燈光裝置，而是將熒光顏料塗在龍身，舞者全身穿黑色裝束，靠着紫色燈光的照射發光。舞龍時只見龍身，不見舞者。隊員間需要默契配合，才能讓舞龍活靈活現。[92]

夜光龍面世不久，便由陳元繼、劉浩順、易榮源等人帶入新山，後來才擴展到全馬，再到全世界。其後"夜光龍"更是發展成為國際公認的舞龍技藝。據易榮源師傅說，"馬來西亞最早受到少林源流影響的是新山華忠武術體育會，舞龍時開始懂得玩套式，到了20世紀80年代末，耶耶亞哇等舞龍隊才陸續接受少林源流的套式舞法。"

由於歷史因素使然，1960至1990年代新加坡的舞龍活動比馬來西亞來得蓬勃，舞龍也成為新加坡當地國慶表演的招牌節目。

隨着時代的推進，舞龍技藝也有了新的變化。先後有陳源基將骨架剪掉，只剩必要部分及布料，使重量大大減輕，將16吋龍腰身改為14吋；林明發將龍身從13節縮短至適合舞台表演的9節等。眾人合力在傳統基礎上，創造出不失威猛而新穎實用的龍。經不懈改進及重新編排龍藝，現時福州龍從13種套路發展到34套。到了1980年代，"一條龍普通是以九節為準，但有些則增加到十一節。每一節的長度以八呎半為標準，所以全條龍的長度達九十餘呎。"[93]

經體育競技化發展後，福州龍和少林龍源流，只剩造型上有所區別。比賽套路基本一致，只能從行禮上區別開來。福州龍像樓梯一樣層層疊，少林龍則

---

92 關於福州龍、少林龍源流，參看《一代宗師》，頁74-107。

93 〈舞龍與獅〉，《星洲日報》（1980年2月15日）。

圖 5-4　少林龍

圖 5-5　福州龍

是並圓，據説是一拜，擺動擺動，像個 "少" 字。

舞龍轉向競技化後，龍的造型和長度大大改變。從早前百呎縮短到現在不到 70 呎，龍身亦更輕盈，造龍的成本大大降低。現時競技比賽的龍如圖所示：

競技龍	夜光龍
龍珠：球體直徑不少於 0.33 米 　　　桿高不低於 1.7 米 龍頭：重量不少於 2.5 公斤 　　　寬度不少於 0.36 米 　　　高度不少於 0.6 米 　　　桿高不低於 1.25 米 龍身：以 9 節為標準 　　　封閉式圓筒形為準 　　　直徑不小於 18 米 　　　桿高不低於 1.6 米（包含龍身直徑） 　　　兩桿之間距離大致相等 龍尾：外形和高度無限制（？）	龍珠：重量無限制 龍頭：重量無限制 　　　寬度不少於 0.36 米 　　　高度不少於 0.6 米 　　　桿高不低於 1.25 米 龍身：以 9 節為標準 　　　封閉式圓筒形為準 　　　直徑不小於 18 米 　　　桿高不低於 1.6 米（包含龍身直徑） 　　　兩桿之間距離大致相等 龍尾：外形尺寸不少於 0.75 米 　　　高度不少於 0.55 米 龍頭、龍身、龍尾、龍珠有夜光效果（桿除外）

資料來源：本表根據國際龍獅運動聯合會審定：《國際舞龍南獅北獅競賽規則、裁判法》（北京：人民體育出版社，2011年）整理。

（2）舞龍的體育競技化發展

新馬的舞龍可以説是同源共流，儘管後期發展進度不一，但在夜光龍的國際推廣上可以説是同德協力。新加坡在早期的貢獻較大，而馬來西亞則在後期追上。皆因新加坡在獨立不久後，與香港、台灣、韓國、日本等地建立了文化交往。[94] 且當時全民響應 "強國先強民" 的號召，大力發展國術。[95] 本着 "武林本是同一宗"，當地體育會以弘揚傳統武學為務，多次赴港、台、日等地考

94 〈台灣日月園閩劇團團昨起公演 "深宮怨"〉，《南洋商報》（1968 年 2 月 14 日）；〈韓國個性金英子在海宮酒樓駐唱〉，《南洋商報》（1972 年 1 月 17 日）。

95 〈人協月底主催全國國術表演賽　卅二單位參加　將為空前盛舉　七百餘運動員表演國術舞獅舞龍　香港國術界人士將組團前來參觀〉，《南洋商報》（1967 年 5 月 1 日）。

察，[96] 與當時亦大力發展國術的香港關係最為密切。1967 年由人民協會主辦的大型國術表演賽，其中三位國術名家吳肇鍾、陸智夫及陳亦人，是特意由港來星擔任評判員的。三人對表演賽一致讚好，吳師傅談到舞龍舞獅的注意事項時說，"舞獅要注意神態，而舞龍則要注意步伐及身法。"[97]

　　1980 年代《龍的傳人》一曲傳遍中國大江南北，中國民間各地舞龍表演再度活躍起來。1993 年中國陸大杰師傅受上海市體育局委派，參加全國舞龍規則研討會，承擔了起草舞龍規則的工作。在 1994 年 5 月國家體委會將舞龍納入體育競技項目，同年在福州舉辦了首屆"佐海盃"全國舞龍邀請賽。[98] 1995 年國家體育總局成立了中國龍獅運動協會，同年 11 月，《國際舞龍競賽規則》由陸大杰編寫完成。這是中國第一部完整的舞龍運動規則，促進了中國舞龍運動競技化的步伐。1996 年中國亦加入到國際龍獅總會，陸大杰代表中國大陸前往馬來西亞，參加國際舞龍競賽規則的研討會，制定第一套《國際舞龍舞獅競賽規則、裁判法》。第一套國際舞龍競賽規則是在陸大杰早前起草的舞龍規則基礎上修繕的，2001 年國際龍獅總會完成了第一部《國際舞龍舞獅競賽規則》，並於 2002 年審定頒佈了中英文版《國際舞龍舞獅競賽規則、裁判法》。

　　同樣，20 世紀 90 年代也是馬來西亞舞龍向競技化轉型階段，世界各國或各地亦積極將舞龍推動成體育項目。但因為沒有官方組織領導，一切都倚靠民間舞龍團隊自發性改革，進展沒有那麼順利，阻礙也比較多。據李趙興口述，"1991 年那場舞龍比賽，當時並沒有對龍的規格定下標準。後 1996 年在吉隆坡參加全國賽，當時普遍的龍都是 14 吋，其中一個隊伍拿了個 12 吋的龍來比賽，引起爭議，但因章程裡仍未規範龍身尺寸的大小，最後還是讓那個隊伍參

---

96 1965 年代至 1970 年代，新加坡與港台，乃至印尼等東南亞國家關係密切，不單有國術上的交流，還有經濟貿易、工程建築的往來，這也是體育會的考察內容。〈三體育團體設宴歡送蔡揾獅出國〉，《南洋商報》（1972 年 9 月 23 日）。

97 〈三位香港師傅談國術表演賽觀感〉，《南洋商報》（1967 年 6 月 2 日）。

98 雷軍蓉主編：《舞龍運動》（北京：北京體育大學出版社，2004 年），頁 16。

賽。"且老一輩的舞龍前輩對舞龍的動作好壞沒有嚴格標準，多憑現場觀眾的歡呼聲大小來評定好壞，年輕一輩則認為這種評分方式欠缺公允。後來加入國際龍獅總會以後，在追逐公平的前設下，開始不斷修改完善章程，對場地要求和龍的規格也有了明確的標準和規範。

1995 年香港成立國際龍獅總會，總部設在北京，[99] 旨在團結世界各地龍獅團體及愛好者，推廣龍獅運動，組織龍獅國際比賽，促進龍獅技術交流及提高國際性。1996 年，蕭斐弘師傅更前往上海參加首屆國際舞龍裁判訓練班。[100] 儘管 1990 年代的夜光龍在新馬發展蓬勃，但由於中國、香港、台灣等地還沒盛行，當時夜光龍仍未被國際龍獅總會納為比賽項目，[101] 1997 年易榮源師傅受邀到香港指導第一屆夜光龍精英訓練班，其後他的弟子福樂康師傅也遠赴德國傳授龍藝，讓歐洲也有了夜光龍技藝。香港於 1998 年將舞龍運動納入為體育運動項目，且香港中國國術總會及政府相關部門亦全力發展龍藝。1999 年香港的陳嘉輝師傅結識了新加坡的易榮源師傅，並跟他學習夜光龍龍藝，後將夜光龍帶回香港發揚光大。2000 年，易榮源師傅到中國海南黃飛鴻獅藝館指導夜光龍。同年，由國際龍獅總會和中國國家體育總局在中國廣東省佛山市三水禪城區主辦第一屆世界龍獅錦標賽，即第一屆世界夜光龍錦標賽。繼而中國大陸開始有夜光龍隊成立。及後 2001 年香港中國國術總會與香港康樂文化事務署合辦，香港康體發展局協辦"世界夜光龍醒獅錦標賽 2001"。夜光龍才逐步

---

99 目前加入國際龍獅總會的有：日本、馬來西亞、菲律賓、文萊、香港、泰國、澳門、巴西、印尼、美國、台北、新加坡、印度、比利時、法國、意大利、墨西哥、荷蘭、中國等 26 個國家和地區。同年中國龍獅運動協會成立。

100 蕭斐弘有"馬來西亞獅王"的稱號，因其指導的獅隊在國際獲獎無數，成功將馬來西亞高樁獅隊（南獅）推向國際舞台。獲馬來西亞國家工匠藝術大師獎、終身成就獎，及馬來西亞奇異人獎，是新馬龍獅界德高望重的前輩。

101 根據李趙興口述，夜光龍和競技龍的舞法完全不一樣，夜光龍講求快、狠；競技龍更看中舞龍人的功架，中國的舞龍亮點是隊員的武術功架和高難度動作。所以早期他們說夜光龍的舞是跳舞的"舞"，競技龍的舞是武術的"武"。

推廣到別的國家和地區，開始有不同國家和地區的舞龍隊進行夜光龍的訓練和參與比賽。2002 年版國際舞龍規則經過多年實踐與推廣後，於 2008 年再次修改並出版了《國際舞龍舞獅競賽規則、裁判法 2008》，正式將夜光龍納入參賽項目。由此可見，在新加坡和馬來西亞的積極推動下，夜光龍已經走向國際舞台，得到國際的認可。後於 2011 年推出新版《國際舞龍南獅北獅競賽規則、裁判法 2011》，並沿用至今。

國際龍獅總會是世界龍獅錦標賽的主辦單位，世界錦標賽只在能保證所有會員（會友）協會均可參加的國家和地區舉辦，但求公平、公開、公正。而錦標賽的時間及設項，由國際龍獅總會執委會討論決定。

舞龍運動由邀請賽轉為錦標賽，使世界賽進入更高層次。皆因世界錦標賽組委會必須接受國際龍獅總會的領導，並按國際龍獅總會有關章程、規則行事，要求每兩年舉辦一次，由會員（會友）派隊參賽，必要時也可特邀非會員（會友）參賽，使龍獅運動除恆常化比賽外，再向世界擴展，藉此擴大龍獅運動的宣傳，並於 2007 年將龍獅運動項目納入到亞洲室內運動會中。[102]

在馬來西亞推廣龍獅運動，所遇到的阻礙比中國大。首先，要消除國界、種族、門派之分，將龍獅作為一項體育運動去推動，並與友族保持友好關係、消除隔膜。2015 年時任馬來西亞全國龍獅總會秘書長張金發說：“該會抱持把傳統舞獅舞龍轉型成為運動的使命，希望能成功於 2016 年大馬運動會（SUKMA）、2017 年東南亞運動會及奧林匹克運動會中，成為其中一項比賽項目。”[103] 為了龍獅運動可以永續發展，馬來西亞全國龍獅總會設立了統一教材，望將龍獅運動制度規範化。同時集結各龍獅團體力量，共謀龍獅運動的發

---

[102] 2007 年第二屆亞洲室內運動會在澳門舉辦。

[103] 馬來西亞全國龍獅總會在 2002 年 5 月 16 日獲社團註冊機構批准成立，是馬來西亞政府及奧林匹克理事會（OCM）承認為唯一代表國家的龍獅運動最高組織。目前屬下團體會員超過 1,000 個單位，擁有最多龍獅團體的是柔佛州，有 520 個單位，其次是吉隆坡、馬六甲。參看〈爭取舞獅舞龍列運動會項目〉，載《東方日報 online》（2015 年 12 月 13 日）。

展，讓龍獅文化能受到認同及尊重。[104]

　　2017 年，森美蘭龍獅總會到警區申請舞龍舞獅准證，芙蓉警區主任告知"你們已不用申請准證了，這是我們的文化之一"，但具體由何時取消必須申請准證的規定則不得而知，其實早在兩三年前已無需經過繁文縟節申請准證，只要不影響他人作息和安全即可。2018 年首相署部長拿督斯里魏家祥博士特此宣佈"新春期間舞獅舞龍不需申請特別准證"。2019 年 8 月 27 日國家青年體育部補充："作為文化活動，龍獅活動包括比賽在內不需要向青體部申請准證，因為文化活動在 1997 年國家體育發展法令中非定義為運動。"[105] 從 20 世紀 80 年代的"龍獅風波"事件，到今日龍獅作為文化活動被承認和接納，實在來之不易。

　　通過馬來西亞各龍獅團體的努力配合及推廣，教育部於 2018 年 12 月 16 日頒佈通知，將龍獅納入中小學正式課外活動，學生的表現可算入課外活動評估（PAJSK）分數成績內。[106] 各界成功為辛苦投入到龍獅訓練的學子爭取到 PAJSK 學術分數，並且龍獅訓練正規化後，學生不需要在校外社團訓練，可直接在校內進行。有了學校的支持和配合，使龍獅運動變得活躍，亦能吸納友族社團和各源流學校參與，透過文化活動促進各族和諧。

　　而在參與賽事方面，若要贏得"世界龍獅錦標賽"的參賽資格，團隊須在"馬來西亞全國龍獅錦標賽"代表選拔資格賽中脫穎而出。為了能將龍獅運動比賽帶入 SUKMA，現時的全國賽也是跟著 SUKMA 的流程走。以前全國賽是什麼團隊都能參加，從 2018 年（第十屆）的全國賽起，必須通過州選拔賽才能參與；這和 SUKMA 一樣，必須通過選拔資格賽。未來還希望規定獲全國賽冠、亞、季軍的運動員都必須接受運動禁藥檢測。目前，馬來西亞全國龍獅總

---

104 這也是全世界第一個設立統一教材的龍獅總會。

105 1997 年國家體育發展法令讓青體部透過體育專員署管控體育相關事宜。

106〈龍獅列中小學正式課外活動 方萬春：教部推動舞龍舞獅更順利〉，《光明日報》（2018 年 12 月 17 日）。

會還在為將傳統的舞龍舞獅文化轉型為國際性體育運動，推廣入 SUKMA、東南亞運動會、奧林匹克運動會努力中。

（3）舞龍傳統裡的革新

　　許多龍獅前輩都認同 "為龍獅體育化而去掉文化部分是不可取的。文化的保存仍是需要的。不論傳統抑或創新，都應該有全面性的顧慮，不能盲從。" 以 2019 年柔佛古廟舞龍隊眾神出鑾，祥龍點睛為例，窺視馬來西亞舞龍的點睛傳統在革新中如何取捨。

　　記錄如下：

　　2019 年 2 月 24 日上午 8 時，九條新龍在柔佛古廟庭院舉行點睛儀式，點睛前的新龍不能舞動，並以一道紅綢遮蔽雙眼。舞龍隊員以柚子葉沾灑淨水，向各方及龍身灑水，有除污穢、淨化龍身之意。灑淨的同時舞龍隊員及點睛人高呼 "興啊！發啊！" 各五次，因古廟內供奉着五尊神明。及後儀式正式開始，由點睛人掀開紅綢，將紅綢掛向龍角，手持點睛筆。

　　當日由主法者（主持人）唸的開光點睛口訣如下：

　　　　一點龍頭靈光顯威嚴

　　　　點龍雙眼豪光照乾坤

　　　　點龍角扶山河安社稷

　　　　點龍腮威四面鎮八方

　　　　點龍鼻辨善惡百味香

　　　　點龍口吐真珠光十方

　　　　點龍身騰九霄游四海

　　　　點龍腳駕祥雲遊人間

　　　　點龍尾呼祥風喚瑞雨

　　　　點龍珠：祥龍吐真珠，十州拱中元，

圖 5-6　柔佛古廟九龍開光儀式（2019）

圖 5-7　遊神期間商舖門前懸掛的吉祥龍（2019）

第五章　馬來西亞柔佛新山華人社會及其舞龍活動

同心協力，一團和氣，天下太平，

國泰民安，祥龍起舞，如意吉祥，

恭祝點睛人步步高升，萬事如意。

請點睛人開鼓，起鼓！

　　至此，新龍開始舞動，並向四方朝拜，稱為"拜四方"。之後九條新龍先後進入古廟正殿進行參拜，除正殿內供奉的五尊神明外，這些新龍還會參拜兩旁的速報爺和皇令爺。禮成後，新龍會並排集中到柔佛古廟正門外，頭向着古廟進行參拜，並合照存念。據說九條新龍的龍身顏色不一，是為了配合今年參與的不同舞龍比賽而選擇的配色。這九條已開光的新龍，亦會在第二天眾神夜遊中亮相登場。

　　而傳統的祥龍點睛需擇好吉日，在天亮前（約凌晨 4、5 時）前往海邊進行。灑淨儀式置於點睛儀式開始前，具潔淨壇場之意。以柚子葉沾灑淨水，灑向各方及龍身。而神壇需置三支大香、一對紅燭、一盆清水，並在新龍的嘴巴懸掛一道九尺紅綢，龍口內放兩個蜜柑，直到點睛才拉下紅綢和蜜柑。祥龍須面朝東方，並在當日第一縷陽光照射到龍頭天靈蓋的一瞬間進行點睛儀式。在旁的高僧同時在法壇前唸誦經文，請龍王見證做主。而點睛人則需要有一定的輩分，或是由道士、高僧來擔任。倘若點睛當日 4、5 時前已在海邊部署完畢，但日出前突然下起大雨，點睛則不能繼續進行，需要重新擇日。

　　原因是以前造龍成本高，一條龍的造價介於 5,000 到 10,000 新幣（折合當時 10,000 到 20,000 多令吉），現今造價下滑至 300 到 1,000 新幣（折合目前約 900 到 3,000 令吉）。[107] 再者，以往三至五年才有一次祥龍點睛，前輩們特別珍惜這種機會，儀式都做得十分足。然而現在一年會有兩三次祥龍點睛的機會，在廟慶或會慶的日子即可進行。

---

[107]《一代宗師》，頁 108。

據李趙興口述，現在點睛儀式多數從海邊轉移到廟宇、會館或大型宴會廳舉行，因這些地方多數有供奉神明。倘若報效人（贊助者）希望將點睛儀式改到自己公司或家裡舉行，也會盡量配合。若報效人提供的地方沒有供奉神明，則會建議對方在公司或家門口（面朝大馬路方）安置一個天宮香爐，對天請神。並讓報效人持香誦唸："今天我請龍王來 xxx（公司）點睛一條龍，報效給 xxx（某會館或龍隊），請玉皇大帝、天將天馬、龍王等下來幫我作主。"當然唸誦這一環節也可以由主法者（主持人）代勞。雖然簡化了，但這個儀式仍盡量維持着。

　　在新山還有一種有趣的情況，過年期間報效人會擺一條龍在自己店舖前面，拿來作裝飾，藉此帶動新年氣氛。據說這種情況在馬來西亞其他地方也會出現，但新山較多。上圖是 2019 年柔佛古廟出遊期間於亞福街沿途食肆所拍攝的。

　　現今的祥龍多數由私人或商家出資報效，點睛人通常為祥龍出資者或高級官員。點睛程序也會因應場地或點睛人的時間，作出不同程度的簡化。譬如放一盆水以代替海，以一道紅綢遮蔽龍眼，淡化了請神明的儀式，直接唸口訣開光等。

　　簡化點睛儀式是從 20 世紀 90 年代開始的，除了是因為舞龍開始走向競技比賽性質外，也是為了因應時代變化和配合場地、點睛人，更重要是淡化了族群文化裡的宗教色彩。尤其在當今的舞龍走向國際舞台，成為世界認可的運動項目後，現在馬來西亞大部分的龍隊都在風俗儀式上作了很大程度的簡化。當然當中仍有堅持傳統的隊伍，例如新山華忠武術體育會，在點睛儀式上就相對保留得較為完整：仍放置一盆清水，懸掛一道九尺紅綢，在龍口內放兩個蜜柑。[108]

小結

　　馬來西亞柔佛新山華人族群的形成是歷史的產物，有非常明顯的時代特色。明清時代中國東南沿海的海外移民一方面受西人東漸的影響，另一方面又有秘密社會勢力參雜其中；在馬來半島，還有本土馬來人的蘇丹和天猛公權力的延續和轉移問題，所以顯得特別複雜。應該說，華族能夠在馬來半島這個社會轉折時代凝聚，是非常不簡單的。這個時代的中國王朝對海外移民沒有能力保護，因此華族在西方勢力和本土人之間取得平衡，才是生存之道。

　　歷史告訴我們，當年華族不僅為開拓柔佛新山的社會經濟做出巨大的貢獻，而且還在文化上為當地增添絢爛的色彩。可以說，在今天柔佛新山的地域文化中，華族文化是其中非常有代表性的一部分，而舞龍活動在柔佛新山的節慶和社會重要活動中，是不可或缺的。

　　華人在柔佛新山聚居以後，便開展舞龍活動，並把它融入本地文化中，這充分說明了中國龍文化的生命力。它不僅在中華大地上世代相傳，深受愛戴，而且在海外龍文化的流播中，亦顯示出它所具有的文化兼容性和陽光魅力，說明它具有人類普世認同的特質。

　　當然，在柔佛新山地區的華族文化還有著名的古廟遊神等一系列活動。華人根據本土文化的特色把中國傳統文化發揚和再創造，取得可喜的成果。就拿舞龍活動來說，柔佛新山近年在競技龍方面的發展，已經取得顯著的成績，建成了非常有實力的舞龍隊伍，在國際競技中屢獲殊榮。

　　在歷史上，馬來西亞一直是中國的友好鄰邦，新山華族通過舞龍活動與中國交流已經成為中馬文化交流的重要方面，體現了龍文化正在走向中外文化交流的歷史舞台，形成一股不可低估的力量。[109]

---

109 第五章小結作者：鄭德華。

我們考察了中國龍文化的淵源，又分析了當代三個地方的舞龍活動個案，深感中國龍文化的積累深厚、源遠流長，以及民俗文化對社會存在和發展所潛在的重要影響。當代龍文化的研究，是一個值得深入探討的課題。舞龍活動存在於中華文化之中，其形式雖然隨着歷史不斷發生演變，但其精神，即核心的人文精神卻是古今一脈相承。

當代舞龍活動的文化啟示

中國龍文化在漫長的王朝時代在社會的上層和下層同時傳播，其性質當然有所差別。龍的形象在上層社會最終被演化成帝皇和皇族神聖的專用象徵，把民眾崇拜的圖騰變作極少數人的權力徽號，其實是逆天而行的。而中國末代王朝的滿清政權，最後就以黃龍為國旗。[1] 王朝制度的結束與龍的形象在上層社會地位上升到頂峰而終結，雖然是一種巧合，但從歷史最終要步向共和的角度看，正正是順天而行，合乎邏輯。

進入現當代社會，與上層龍文化的傳遞相反，在社會下層流傳的龍文化卻往往以民俗文化的形式流傳下來，從而在現當代將中華文化這一部分傳統延續下去，並且發揚光大，這正好説明中國龍文化人文精神的特質，而絕非一種帶神秘的邏輯推理，屬於一種社會發展趨向的徵兆。

我們在書中選擇的舞龍活動個案的地點均在南方，除了借地利之外，更重要的是民俗文化本身就具有較強的地域性。區域自然地理的特徵是孕育民俗文化的重要條件，"一方水土養一方人"、"千里不同風，萬里不同俗"正説明自然地理狀況對民俗文化具有非常重大的影響。中國南方氣候炎熱，陽光充沛，且靠近海洋，在這裡發展起來的龍文化，很多傳説都與水有關係。在色彩方面鮮明奪目，舞動的動作則偏向細膩靈巧。

對於社會下層文化來説，人口流動是民俗文化最重要的傳播方式。我們選擇的三個案例的舞龍活動，是從近現代或更早一些的歷史時期開始考察的。舞龍活動正是在這個階段，隨着人口流動步入城市。人口流動所編織出來的社會網絡，使龍文化的承傳得到重要的保證。我們非常清楚地看到，在 19 到 20 世紀上半葉發展起來的現當代舞龍活動，很多是與抗瘟疫、保平安、祈求風調雨順聯繫在一起的。生活在這片土地上的人們，由於大都是從事農業或漁業的

---

1 滿清政府在 1888 年至 1912 年採用了黃底藍龍戲紅珠圖做大清的國旗，帶有非常濃厚的王權至上的味道。按中國五行之説，中央屬土，土為黃色，而滿洲人亦以黃旗為尊，二者皆合，故旗的底色為黃。而龍象徵天子，與王朝的"朕即國家"的思想也完全吻合。可以説，這面中國王朝的第一面國旗（亦是最後一面）與中國王朝的帝皇思想有高度一致性。

生產活動，很大程度仍然保持着 "靠天吃飯" 的心理，所以在社會上普遍存在 "畏天" 的思想。在那個時代，舞龍活動如同原來在農村一樣，確能喚起人們抗災的能動性，亦寄寓了對神靈保祐的期望。據我們的考察，中國龍文化在這些地方民眾的心目中，通過口頭傳説、節慶活動、文獻的文化傳承作用，尤其後來在當代興起的電視、電影、報紙、雜誌等傳播媒介的影響下，實際上在廣大城市民眾中深深播下了龍文化的因子，他們都在不同程度上認同 "龍的傳人" 的概念。所以無論在澳門、香港或馬來西亞柔佛新山，無論是中國人還是海外華人，在他們當中潛在的龍文化基因，就是舞龍的原動力。所以，當舞龍活動在具備了一些基本的條件，哪怕是在一兩個人的熱心推動下，龍都可以舞動起來。我們可以把這種因歷史傳統思想與當代人口流動結合而產生的潛在龍文化的傳播，稱為隱性的內部條件，而把舞龍活動所需要的社會支撐，看作是外部公開的條件。

我們將現代舞龍文化需要的外部條件概括為個三個方面：其一是社會上存在着其他對舞龍活動起支撐作用的傳統民俗文化；其二是新的社會團體、組織；其三是對龍文化的認同感。由於在中國歷史上龍文化的根基深厚，所以，具備第三個條件是不成問題的，不用展開論述，而其一其二方面，就應深入察看了。

在三個個案的考察中，我們發現當代舞龍活動總是與其所在地方的傳統性民俗文化結合在一起的，如地方傳統節慶、廟會、遊神或當代社會的大型活動等。由於各地舞龍活動存在形式上的差異，有些則普及性較強，有些有較強的選擇性。如香港薄扶林村的舞火龍，需要舞動大量點燃着的香火，難度較大，而且對舞動的場地選擇有較嚴格的要求，所以活動不能隨便進行。有的舞龍技巧雖然有較大的難度，但由於能吸引較多人參與活動，又不存在對地方民眾造成滋擾，反而增添了民眾之間的和諧與融合，且能在舞龍活動中與其他民俗項目配合，如澳門的舞醉龍就是一例。他們較為主動地參與社會活動，所以近年其知名度也發展得較快。[2]

　　由於中國經歷過漫長的以農業生產為主的社會時期，而當代世界，卻正在朝現代化的道路前進，所以龍文化在當代要承傳下去，就必須尋找新的社會條件為依托。在中國農業時代，廣大的社會階層是農民，他們以村落的形態居住和生活，以血緣家族為紐帶，有着比較穩固的生存基礎，這種穩定的社會結構使基層的龍文化的傳承形態趨於程式化。特別在宋代以後，中國基層社會的宗族得到完善和強化，[3] 農村中的舞龍活動，有比較共同的內在主導因素，那就是都在宗族、語言、地域、神靈的相互作用下展開。但是到了當代，當舞龍活動進入城鎮以後，原來這些農村的因素有的變得微弱或不起作用。所以，當代城鎮的舞龍活動的依托實際起了較大的變化，其中最顯著的就是社團的作用凸顯出來，代替了宗族的作用。我們清楚地看到，澳門的舞醉龍活動就是在澳門鮮魚行的長期努力下成功開展的；香港薄扶林村是在社區內自發性的業餘組織支撐下得到成功的；馬來西亞柔佛新山的舞龍則是在華人社團，即在眾多會館和中華公會的有力支持下，才有今天的成果。

　　三個個案的歷史源流和當代社會背景顯示，在城鎮的舞龍活動中，以商業為代表的經濟力量明顯地成為舞龍活動的經濟支撐因素。這種因素是當代社會重視市場經濟發展的結果。我們在三個個案的調查中發現，作為舞龍者參與活動的心理動機，以及龍文化或民俗學研究學者對舞龍活動走向的心態，與社會商界對舞龍活動的看法是有差別的。據我們觀察的結果，舞龍者尤其是舞龍技術的傳人，他們與研究學的心態偏向一致，較關心的是舞龍的精神意念和舞龍活動的傳承問題，即希望舞龍活動被作為民俗文化活動延續下去；而商界則比

2　澳門的舞醉龍活動，除了在傳統的四月初八浴佛節外，在一些重要的時歲節慶和大型的社會群眾活動，如公益金百萬行等都有參與，參看第三章 "澳門舞龍文化的演變"。

3　關於宋代中國宗族文化的重大變化、下層社會的 "平民宗族" 出現，參看鄭德華：〈廣東中路土客械鬥研究（1856-1867）〉（A Study of Armed Conflicts Between the Punti and the Hakka in Central Kwang Tung, 1856-1867），香港：香港大學博士論文，1990 年，未刊稿，頁 115-199。

較着重舞龍的社會實效，以及對社會經濟的影響。我們認為在當代社會中，將民俗文化與商業行為相結合，絕對是無可厚非的，但是卻不能使民俗文化成為經濟活動的附庸，用 "等價交換" 的原則引誘青少年參加舞龍活動。民俗文化有其社會存在的其他功能需要，例如舞龍活動對傳揚龍文化、激勵國民熱愛民族傳統文化、培養團結向上精神、造就高尚的人格品質等都具有非常直接的作用，如果過分強調經濟效益，就有可能掩蓋了傳統舞龍活動這些優良的傳統。應該特別指出的是，舞龍活動的參與者不少是青少年，他們正處在人格形成的階段，很需要正面的引導。社會大量的跡象都為我們亮起要防止 "金錢掛帥" 的嚴重警示，這確實是值得關注的。

我們並不否認社會要發展舞龍活動，需要一定的資金和經費，社會上的各界，尤其是作為政府方面應該考慮組織和調配一定的資源，使舞龍活動適應從農村走向城鎮過程的需求。社會團體應該按自己的條件向他們提供一定的援助，而商業經濟方面的單位和社會慈善機構同時應當積極參與，這樣才能使這些有益的民俗文化活動在當代得到合理的弘揚。

我們在本書的序言中曾經指出，中國在上古時代治理社會的理論中，就有將社會的法制和民俗作為一對應同時使用的雙刃劍的理論。我們非常肯定，民俗文化是塑造社會良好風尚和道德倫理的重要因素。一個國家或一個民族，能樹立健康的風俗文化，是構建走向興盛的必經之路。

在舞龍活動進入現當代社會的時期，我們還覺察到它在表演形態方面發生的變化，新的舞龍形式不斷湧現，如 "夜光龍" 就是其中引人注目的一種。而特別值得關注的是在近二十多年來競技龍的發展，它與過去在農業時代以驅除災難、祈求平安為目的，或節慶表演、民間各類的助興活動有所不同，競技龍是以比賽為目的的舞龍活動。它在表演技巧方面有較高的要求和規範，與體育比賽相仿。它們仿照體育競技比賽的方式，設立裁判，同場競技，按分數排列名次，而且往往最後要產生冠、亞、季軍，並頒發獎項。競技龍除了在中國開展外，已經初步發展成國際間的舞龍競技比賽，特別是在澳門、香港、新加坡和馬來西亞等地。

競技龍在當代的出現當然還有它的歷史根源。在舞龍活動發展的歷史過程中，習武者的參與起到了重要的作用。究其原因，是舞龍需要較強的體力，亦要講究功架、"馬步"和動作的互相配合，這些都與中國功夫的基礎要求完全一致。因此從事舞龍活動的人，不少是武術界出身，這種傳統使舞龍者與武術界本身就有天然的"血緣關係"。所以，在澳門、香港和柔佛新山，舞龍活動的骨幹，即使不是武術師傅，也都起碼是愛好功夫的習武者。

雖然，目前競技龍的發展還處於起步的階段，但我們覺得它具備了在當代發展的潛力。特別是在亞洲地區，舞龍活動已經成為比較普遍的一種社會活動，如同騎術和射箭一樣，可以由區域性的活動，變成世界性的競技比賽。尤其是舞龍活動經過在中國歷史長期的發展，具備了重視技巧和思想的豐富內涵。我們希望在競技龍進一步發展的過程中，不僅能把武術功夫在體育競技方面的經驗更好地運用到舞龍的競技比賽中，而且把舞龍活動在民俗中的人文因素，比如對熱愛集體、團結一致、追求真、善、美和自強不息的精神，充分與武術的"武德"結合起來，發揚中國文化注重培養精神修養與磨練人格的優良傳統，使舞龍與武術活動在新時代，共同開創出新的天地。奧林匹克運動會有"友誼、團結和公平競爭"的精神口號，舞龍競技比賽也可以根據龍文化的特質而提出自己的口號，以彰顯舞龍活動的文化內涵。在比賽時參與者當然要全力以赴，爭取第一，但又不要把榮譽看成是唯一的目標，爭強好勝，忘記了舞龍活動培養人格的責任。

在中國傳統的民俗文化中，舞龍和舞獅往往是在一起的，所以當代不少舞龍隊伍，名字叫"龍獅隊"。舞龍和舞獅在中國民俗歷史中已經是一對兄弟，到今天還是形影不離。它們舞動的形態完全不同，但在境界方面的追求是相似的。我們在調查中完全可以感受到它們在一起會更加相得益彰，又能各自精彩。

隨着舞龍文化向海外流播的趨勢，海外華人毫無疑問會成為重要的推動者。研究馬來西亞柔佛新山華族發展舞龍活動的經驗使我們深受啟發，一種民族的優秀文化，它的生命力完全不會受到地域的局限。我們應把中國民俗文化的海外弘揚看作是大好的事情。這是我們中華民族對世界文化的一種貢獻。若從民族文化發展的角度看，能夠在海外傳揚的中國文化一定具備它本身的優點。與此同時，我們還應該充分認識到，傳揚到海外的中國文化，它能夠落地生根，必然會吸收當地的文化養分，從而獲得新的發展機遇。我們在柔佛新山華族社會的發展歷史中看到，他們一方面非常重視中國舞龍活動的傳統經驗——到目前為止，新山華族對他們先輩故鄉的感情仍然非常濃厚，對舞龍活動的交流亦非常積極主動；另一方面，他們又非常進取，對改革舞龍進行了多方面的嘗試和創新，如前文提及的競技龍方面的發展，就有他們重要的貢獻，而這種貢獻，對中國當代的舞龍活動已經產生積極的影響。[4] 從新山地方舞龍活動中，我們看到華族非常注意與當代馬來民族的關係，盡量讓他們了解舞龍的性質和特點，歡迎他們參與，把這種民俗變成新山的地方文化。在新山每年最隆重的正月古廟遊神活動中，舞龍是一項很吸引民眾的主打項目，可見舞龍已經成為柔佛新山當地的民俗文化。

本書主要是從民俗學的角度研究中國龍文化的，所以對有關民俗學的特性也有所關注。我們認為世界不同的國家、地區和民族在研究民俗學的時候，都應注意對自己的傳統文化進行研究。民俗在人類進入文明時期就已經開始有較清晰的記錄，尤其是像中國這樣文化傳統非常深厚的國家，它的文化延續性特別強，所以傳統文化的影響力是絕對不容忽視的。這就是我們中國研究民俗文化的具體國情。我們在寫作過程中曾經參閱外國一些關於民俗學的理論著作，強烈地感受到他們大多數亦是按照他們自己國家的民俗發生的歷史經驗和學術

4　在 2019 年 8 月 3 日澳門舉行的 "'一帶一路' 龍獅邀請賽"（夜光龍）的競技賽中，有 9 支隊伍參加，最後，馬來西亞柔佛新山的耶耶亞哇洪仙大帝廟隊獲得冠軍，新加坡勁安龍獅體育總會獲得亞軍，而澳門羅梁體育總會獲得季軍，說明柔佛新山在舞龍方面的實力超群。

視野去建立理論體系的。他們的研究經驗可以成為我們的參考和借鑒，但很多時候卻不宜生搬硬套地使用。比如不同的國家之間在對民俗學研究的分類方法上，恐怕就有較大的差別，特別是在文化的傳播方式和民族的心理習慣方面，應該有較多的不同。我們在書中已着重提出，民俗文化本身具有很強的時代性、地域性和延續性。它們在無形無聲中悄然發生，又在不知不覺中聯繫成為風俗文化而存在，而且還往往與當地的其他民俗結合在一起流傳，互相影響和融合，這些都是它們地域色彩比較濃厚的原因。而這些特徵還告訴我們，實地觀察和具體個案研究在民俗研究中的特別價值。由於本書不是一部以民俗理論研究為主的作品，所以對民俗學中很多理論性的問題，不擬作更深入、詳細的論述。

當代舞龍活動的研究只是當代龍文化發展的一個方面，而作為中華文化品格象徵的龍文化博大精深。我們以一滴水可以折射太陽光輝的心態從事研究，自然懂得它的缺點和不足。不過，千里之行始於足下，希望本書只是我們研究中國龍文化長征的一個開始。

最後，我們還想特別呼籲各界關注民俗學的研究和發展。目前，這門學科好像變成了“冷門”的學科。一個國家、民族的風尚如同它的科技水平一樣，是富強興旺的重要指標。社會風氣、社會倫理道德，很大程度上是由民俗文化慢慢建構起來的。這種隱性的社會文化，很容易就被人忽視，尤其在目前重視“數字”、“數據”的時代。我們絕對不反對運用數據的方式去從事人文學科的研究，包括民俗學的研究，但更覺得應該重視研究民俗的特別之處，對風俗現象作深入、全面的考察和研究。例如，雖然同樣是當代的舞龍活動，但是如果我們比較一下，澳門的舞醉龍與香港薄扶林村的舞火龍以及柔佛新山的競技龍，它們無論是在舞龍的形態、製作龍的要求、隊伍訓練的方法，抑或是帶給舞動者和觀看者的感受方面，都存在很大的差異。如果不是深入現場，做好社會調查，收集文獻和口述資料，怎麼可以只從數據中去獲得對舞龍這種風俗文化真確的認識呢？我們都會說，要提高我們國家的軟實力，但軟實力不靠培養一批具有紮實硬功夫的新一代，能達到目的嗎？在中國傳統文化中，就有很多使我們明白社會存在互相影響和互相制衡的道理。若從儒家提倡的"中庸之道"來看，治理社會就是要懂得把各方面的事情處理得當，達致互相平衡。當前社會有一種運用"傾斜之術"的理論，就是有所側重地實施有利於某一方面發展的政策。作為一種短期發展的策略雖然無可厚非，但要明白，這只能是有限度、臨時的政策，否則就會使社會失衡，從哲理方面看，就是"過猶不及"。在目前的世界舞台上，用科技爭奪話語權的鬥爭非常激烈，大家對此已經感覺得很真切，但不知是否明白，在軟實力的戰場上，形勢同樣是逼人的，提高這方面的競爭力，絕對刻不容緩。民俗文化在形式上很難量化，實在很容易被忽視，但它在民族復興的路上，卻是不可缺失的重要一環。

我們在是次的田野調查中，再一次感受到民俗文化發展的重要條件，不是物質條件，而是精神因素。"喜聞樂見"是發展民俗文化的關鍵。在一般情況下，我們不應把民俗文化的某種表現形式看得太重要，更不應該吹起一股風，把它作為一場可模仿的"群眾運動"去推行，而應當啟迪人們追求真、善、美的民間風俗情趣，結合自然條件、生活習慣以及歷史文化傳統，因地制宜地發展地方民俗。如果說人民的社會生活有物質和精神兩個方面的基本需求的話，它們之間是同樣重要的。文化風俗不應"物質化"，成為賺錢的工具，而應視作締造社會文明的精神力量，讓人民生活得更美好，是我們發展民俗文化的根本目的。

當然，我們也非常樂意看到某些民俗文化與其他社會形式的活動結合，如在舞龍文化中競技龍的出現就是一例。這種新型的舞龍活動把體育競技和傳統的舞龍活動結合起來，實際已經超出了民俗文化的範疇，成為另一種社會活動了。這實際上是龍文化對當代社會的一種貢獻。

在馬來西亞柔佛新山的華族，還把舞龍帶進中小學，把它作為一種兼有文化內涵和體育活動性質的活動，讓我們耳目一新。健康的民俗文化本身就是一種非常好的教材，對於青少年的成長，蘊藏着豐富的教育內涵，它既可以有身體質素的培育，又有品格的磨練，還有團隊精神的訓練，問題是我們如何妥善地運用。

　　中國龍文化當代的發展，正在顯示出它巨大的正面能量；而正當弘揚龍文化，應是我們龍的傳人義不容辭的責任。[5]

5　結語作者：鄭德華。

參考書目

古籍文獻：

1. 司馬遷：《史記》，北京：中華書局，1997 年。

2. 朱彬撰，饒欽農點校：《禮記訓纂》，北京：中華書局，1996 年。

3. 朱壽朋編：《光緒朝東華錄》，台北：文海出版社有限公司，2006 年。

4. 阮元校戡：《十三經注疏附校戡記》，台北：大化書局，1982 年。

5. 周去非：《嶺外代答》，北京：中華書局，1985 年。

6. 周密輯：《武林舊事》，杭州：浙江人民出版社，1984 年。

7. 屈大均：《廣東新語》，北京：中華書局，2006 年。

8. 宗懍撰，譚麟譯注：《荊楚歲時記譯注》，武漢：湖北人民出版社，1985 年。

9. 范曄撰，李賢等注：《後漢書》，北京：中華書局，1982 年。

10. 段玉裁注：《說文解字注》，台北：漢京文化事業，1983 年。

11. 班固：《漢書》，北京：中華書局，1997 年。

12. 梁廷枏：《粵海關志》，廣州：廣東人民出版社，2014 年。

13. 黃遵憲：《日本國志》，上海：上海古籍出版社，2001 年 2 月。

14. 蔡邕：《蔡中郎集》，番禺：陶氏，清光緒十六年（1890）版。

中國哲學書電子化計劃 2019 年：

1. 王充：《論衡》，《四部叢刊初編》：上海涵芬樓藏明通津草堂刊本。

2. 王逸：《楚辭章句》，《欽定四庫全書》影印古籍本，上海：浙江大學圖書館。

3. 孔安國傳，孔穎達疏：《尚書正義》，《武英殿十三經注疏》本。

4. 司馬遷：《史記》，《欽定四庫全書》影印古籍本，上海：浙江大學圖書館。

5. 朱熹：《詩經集傳》，《欽定四庫全書》影印古籍本，上海：浙江大學圖書館。

6. 朱熹：《原本周易本義》，《欽定四庫全書》影印古籍本，上海：浙江大學圖書館。

7. 伏勝：《尚書大傳》，《古經解彙函》影印古籍本，香港：香港大文大學圖書館。

8. 吳自牧：《夢粱錄》，《欽定四庫全書》影印古籍本，上海：浙江大學圖書館。

9. 李光坡：《周禮述註》，《欽定四庫全書》影印古籍本，上海：浙江大學圖書館。

10. 林栗：《周易經傳集解》，《欽定四庫全書》影印古籍本，上海：浙江大學圖書館。

11. 郝玉麟、魯曾煜等纂修：《廣東通志》，清雍正八年（1730）刊刻本。

12. 徐鍇：《說文解字繫傳》，《古經解彙函》本，香港：香港中文大學圖書館。

13. 郭若虛：《圖畫見聞志》，《欽定四庫全書》影印古籍本，上海：浙江大學圖書館。

14. 莊周：《莊子》，《乾隆御覽四庫全書薈要》影印古籍本，上海：浙江大學圖書館。

15. 乾隆：《御選唐宋詩醇》，《摛藻堂四庫全書薈要》影印古籍本，上海：浙江大學圖書館。

16. 董仲舒：《春秋繁露》，《四部叢刊初編》，上海涵芬樓藏武英殿聚珍版本。

17. 董斯張：《廣博物志》，《欽定四庫全書》影印古籍本，上海：浙江大學圖書館。

18. 葛洪：《抱朴子》，《正統道藏》本。

19. 趙岐注：《孟子》，《四部叢刊初編》，清內府藏宋刊本。

20. 鄭玄注：《周禮》，《士禮居黃氏叢書》本。

21. 鄧遷主修，黃佐纂：《香山縣志》刻本，日本京都大學影印本。

22. 劉安撰，許慎注：《淮南鴻烈解》，《四部叢刊初編》，上海涵芬樓藏劉泖生影寫北宋本。

23. 劉績：《管子補注》，《欽定四庫全書》影印古籍本，上海：浙江大學圖書館。

24. 蕭統著，李善注：《文選》，有宋淳熙尤延之本。

25. 戴德撰，盧辯注：《大戴禮記》，《四部叢刊初編》，無錫孫氏小綠天藏明袁氏嘉趣堂刊本。

26. 繆荃孫編補：《慎子》，《四部叢刊初編》，江陰繆氏藕香簃寫本。

27. 魏徵等：《隋書》，《武英殿二十四史》本。

28. 羅願：《爾雅翼》，《欽定四庫全書》影印古籍本，上海：浙江大學圖書館。

29. 顧炎武：《左傳杜解補正》，《欽定四庫全書》影印古籍本，上海：浙江大學圖書館。

研究書籍及著作：

1. 丁新豹、盧淑櫻：《非我族裔：戰前香港的外籍族群》，香港：三聯書店（香港）有限公司，2015 年。

2. 上海民間文藝家協會編：《中國民間文化（第七集）》，上海：學林出版社，1992。

3. 王文達：《澳門掌故》，澳門：澳門教育出版社，1999 年。

4. 王遠明主編：《香山文化：歷史投影與現實鏡頭》，廣州：廣東人民出版社，2006 年。

5. 王萬福：《海南文化論集》，台北：嶺南叢書論纂委員會，1992 年。

6. 王維堤：《龍的蹤跡》，大連：大連出版社，1990 年。

7. 王賡武著，姚楠編：《東南亞與華人 —— 王賡武教授論文選集》，北京：中國友誼出版公司，1987 年。

8. 王韜：《弢園文錄外編》，瀋陽：遼寧人民出版社，1994 年。

9. 文史知識編輯部編：《古代禮制風俗漫談（三）》，北京：中華書局：1992 年。

10. 田村、章宏偉：《中國龍小百科》，香港：商務印書館（香港）有限公司，2008 年。

11. 白偉權：《柔佛新山華人社會的變遷與整合：1855-1942》，雪蘭莪：新紀元學院，2015 年。

12. 卡爾 A‧特羅基著，張清江譯：《天猛公與柔佛及新加坡的發展（1784-1885）》，新山：新山華族歷史文物館，2017 年。

13. 《中華民俗大全（澳門卷）》編輯委員：《中華民俗大全（澳門卷）》，澳門：《中華民俗大全‧澳門卷》編輯委員會，2003 年。

14. 朱傑勤：《東南亞華僑史》，北京：高等教育出版社，1990 年。

15. 刑永川編：《中國家族譜縱橫談》，南寧：廣西教育出版社，1993 年。

16. 邢榮發編著：《澳門歷史十五講》，香港：華夏文化藝術出版社，2007 年。

17. 邢榮發：《澳門中華總商會》，香港：三聯書店（香港）有限公司，2016 年。

18. 安煥然：《本土與中國：學術論文集》，士姑來：南方學院出版社，2003 年。

19. 安煥然、劉莉晶編撰：《柔佛客家人的移殖與拓墾》，士姑來：南方學院出版社，2007 年。

20. 安煥然：《文化新山：華人社會文化研究》，士姑來：南方大學學院出版社，2017 年。

21. 仲富蘭：《中國民俗文化學導論》，杭州：浙江人民出版社，1998 年。

22. 李日星編:《江門五邑風俗敘錄》,北京:中國書籍出版社,2012 年。

23. 李卓揆輯:《中山文獻(第三、四冊)》,台北:台灣學生書局,1985 年。

24. 李映發:《澳門春秋》,成都:四川大學出版社,1999 年。

25. 李恩涵:《東南亞華人史》,台北:五南圖書,2003 年。

26. 李豐楙:《從聖教到道教:馬華社會的節俗、信仰與文化》,台北:臺大出版中心,2018 年。

27. 吳志良、金國平、湯開建編著:《澳門史新編(一至四冊)》,澳門:澳門基金會,2008 年。

28. 吳志良、湯開建、金國平:《澳門編年史(第四、五卷)》,廣州:廣東人民出版社,2009 年。

29. 吳志良、鄭德華主編:《中國地域文化通覽 —— 澳門卷》,北京:中華書局,2014 年。

30. 吳華:《吳華文史選集》,士姑來:南方大學學院出版社,2017 年。

31. 吳華、安煥然、舒慶祥選編:《柔佛義興史料集(1844-1916)》,新山:新山華族歷史文物館,2013 年。

32. 吳華、舒慶祥編選:《陳旭年與文化街》,新山:新山華族歷史文物館,2010 年。

33. 何佩然:《城傳立新 —— 香港城市規劃發展史(1841-2015)》,香港:中華書局(香港)有限公司,2016 年。

34. 何星亮:《中國圖騰文化》,北京:中國社會科學出版社,1992 年。

35. 何星亮:《蒼龍騰空》,北京:社會科學文獻出版社,1998 年。

36. 何國光、劉甲昌、蕭開富主編:《士姑來華人地方史料匯編》,新山:新山中華公會轄下西北區聯絡委員會,2017 年。

37. 余定邦、黃重言編:《中國古籍中有關新加坡馬來西亞資料匯編》,北京:中華書局,2002 年。

38. 杜赫德編,鄭德弟、呂一民、沈堅譯:《耶穌會士中國書簡集:中國回憶錄(上卷)》,鄭州:大象出版社,2005 年。

39. 呂思勉:《中國文化史》,天津:天津古籍出版社,2007 年。

40. 岑家梧:《史前藝術史‧圖騰藝術史》,河南:河南人民出版社,2016 年版。

41. 巫瑞書等編:《巫風與神話》,長沙:湖南文藝出版社,1992 年。

42. 巫瑞書:《南方傳統節日與楚文化》,武漢:湖北教育出版社,1999 年。

43. 周樹佳：《香港諸神：起源、廟宇與崇拜》，香港：中華書局（香港）有限公司，2009 年。

44. 林遠輝、張應龍：《新加坡馬來西亞華僑史》，廣州：廣東高等教育出版社，1991 年。

45. 林碧紅主編：《客家民俗》，廣州：華南理工大學出版社，2006 年。

46. 林鳳群：《血脈傳承 —— 中山非物質文化遺產探究》，廣州：廣東人民出版社，2012 年。

47. 林鳳群：《龍躍雲宵 —— 六坊雲龍舞》，廣州：廣東旅遊出版社，2014 年。

48. 林廣志：《澳門晚清華商》，香港：三聯書店（香港）有限公司、澳門：澳門基金會，2015 年。

49. 金國平：《西力東漸 —— 中葡早期接觸追昔》，澳門：澳門基金會，2000 年。

50. 金國平、吳志良：《早期澳門史論》，廣州：廣東人民出版社，2007 年。

51. 冼昭行：《看家本事：充滿內在力量的社區 —— 留住薄扶林村經驗的二三事》，香港：創不同協作有限公司，2018 年。

52. 冼昭行：《薄扶林村：太平山下的歷史聚落》，香港：三聯書店（香港）有限公司，2012 年。

53. 范正義、黃永鋒：《民俗八神 —— 揚善止惡的象徵》，北京：宗教文化出版社，2009 年。

54. 范勇、張建世：《中國年節文化》，海口：三環出版社，1990 年。

55. 施白蒂著，金國平譯：《澳門編年史 —— 二十世紀（1900-1949）》，澳門：澳門基金會，1999 年。

56. 施白蒂著，思磊譯：《澳門編年史 —— 二十世紀（1950-1988）》，澳門：澳門基金會，1999 年。

57. 施志明：《本土論俗 —— 新界華人傳統風俗》，香港：中華書局（香港）有限公司，2016 年。

58. 陳奉林、魏楚雄編：《東方外交史之發展》，澳門：澳門大學，2009 年。

59. 陳浩星編，黃德鴻等著：《永不回來的風景：澳門昔日生活照片》，澳門：澳門發展與合作基金會，2001 年。

60. 陳荊鴻：《嶺南風物與風俗傳說》，廣州：廣東人民出版社，2009 年。

61. 陳煒恆：《澳門廟宇叢考》，澳門：澳門傳媒工作者協會，2009 年。

62. 陳樹榮編：《一九六八年澳門國慶風彩》，澳門：君亮堂出版社，2012 年。

63. 陳樹榮編：《籌賑兵災》，澳門：君亮堂出版社，2012 年。

64. 徐曉望：《媽祖的子民—閩台海洋文化研究》，上海：學林出版社，1999 年。

65. 徐華鐺：《中國的龍》，北京：輕工業出版社，1988 年。

66. 郭小東、王海、周偉民、周建江、高澤強：《失落的文明：史圖博“海南島民族志”研究》，武漢：武漢大學出版社，2013 年。

67. 郭永亮：《澳門香港之早期關係》，台北：中央研究院近代史研究所，1990 年。

68. 郭振羽：《新加坡的語言與社會》，台北：正中書局，1985 年。

69. 袁珂注：《山海經校注》，上海：上海古籍出版社，1980 年。

70. 夏其龍編：《內外縱橫太古樓：太古樓與薄扶林區歷史研究》，香港：香港中文大學天主教研究中心，2012 年。

71. 烏丙安：《民俗文化綜論》，長春：長春出版社，2014 年。

72. 張朔人：《明代海南文化研究》，北京：社會科學文獻出版社，2013 年。

73. 張開城、胡安宇：《龍文化 —— 回顧與展望》，青島：青島海洋大學出版社，1991 年。

74. 許平、陸意等：《澳門紀事 —— 18、19 世紀三個法國人的中國觀察》，北京：社會科學文獻出版社，2013 年。

75. 莫家浩編：《戰前報章有關柔佛古廟游神文獻資料輯錄（華人族群與文化研究所學術單刊第十八種）》，士姑來：南方大學學院出版社，2017 年。

76. 麥留芳著，張清江譯：《星馬華人私會黨的研究》，台北：正中書局，1985 年。

77. 婁勝華：《轉型時期澳門社團研究 —— 多元社會中法團主義體制解析》，廣州：廣東人民出版社，2004 年。

78. 區志堅、彭淑敏、蔡思行：《改變香港歷史的六十篇文獻》，香港：中華書局（香港）有限公司，2011 年。

79. 國際龍獅運動聯合會審定：《國際舞龍南獅北獅競賽規則、裁判法》，北京：人民體育出版社，2008 年。

80. 國際龍獅運動聯合會審定：《國際舞龍南獅北獅競賽規則、裁判法》，北京：人民體育出版社，2011 年。

81. 黃啟臣：《澳門歷史》，澳門：澳門歷史學會，1995 年。

82. 黃啟臣等：《澳門經濟四百年》，澳門：澳門基金會，1994 年。

83. 黃棣才：《圖說香港歷史建築 1841-1896》，香港：中華書局（香港）有限公司，2012 年。

84. 黃賢強：《跨域史學：近代中國與南洋華人研究的新視野》，台北：龍視界，2015 年。

85. 黃德鴻：《澳門掌故》，北京：中國文聯出版公司，1999 年。

86. 黃鴻釗：《澳門史綱要》，福州：福建人民出版社，1991 年。

87. 黃鴻釗編著：《鏡海濤聲》，中山：政協廣東省中山市委員會中山文史編輯部，1999 年。

88. 黃鴻釗：《澳門海洋文化的發展和影響》，廣州：廣東人民出版社，2010 年。

89. 馮國強、何惠玲：《中山市沙田族群的方音承傳及其民俗變遷》，台北：萬卷樓圖書公司，2018 年。

90. 湯開建：《澳門開埠初期史研究》，北京：中華書局，1999 年。

91. 湯德良：《屋名頂實：中國建築・屋頂》，瀋陽：遼寧人民出版社，2006 年。

92. 游俊豪：《移民軌跡和離散論述：新馬華人族群的重層脈絡》，上海：上海三聯書店，2014 年。

93. 楊米人等著，路工編選：《清代北京竹枝詞十三種》，北京：北京古籍出版社，1982 年。

94. 楊堃：《原始社會發展史》，北京：北京師範大學出版社，1986 年。

95. 楊潔思、王思慧：《一代宗師》，吉隆坡：興閣龍獅體育會，2018 年。

96. 葉春生、凌遠清：《嶺南古代誕會習俗》，廣州：廣東人民出版社，2009 年。

97. 葉農：《澳門街市》，澳門：澳門基金會，2016 年。

98. 葉德平、邱逸：《古樹發其香 —— 消失中的香港客家文化》，香港：中華書局（香港）有限公司，2016 年。

99. 雷軍蓉主編：《舞龍運動》，北京：北京體育大學出版社，2004 年。

100. 葛兆光：《古代中國文化講義》，上海：復旦大學出版社，2007 年。

101. 新山中華公會柔佛古廟修復委員會編印：《柔佛古廟專輯》，士古來：新山華人公會出版，1997 年。

102. 趙今揚、李鍔編：《海外華人史資料選編》，香港：香港大學中文系，1994 年。

103. 趙雨樂、鍾寶賢、李澤恩編注：《香港要覽（外三種）》，香港：三聯書店（香港）有限公司，2017 年。

104. 趙啟光：《天下之龍》，台北：萬卷樓圖書公司，2017 年。

105. 鄭天祥等：《澳門人口》，澳門：澳門基金會，1994 年。

106. 鄭文輝：《新加坡的私會黨（增修版）》，新加坡：新文化機構，1987 年。

107. 鄭良樹：《馬來西亞‧新加坡華人文化史論叢（卷一）》，新加坡：新加坡南洋學會，1982 年。

108. 鄭良樹：《柔佛州潮人拓殖與發展史稿》，士姑來：南方學院出版社，2004 年。

109. 鄭良樹：《蘇坡與新山 —— 柔佛州雙城記》，士姑來：南方學院出版社，2005 年。

110. 鄭煒明、呂志鵬主編：《氹仔、路環口述史 —— 村落卷》，澳門：民政總署文化康體部，2012 年。

111. 鄭煒明、呂志鵬主編：《氹仔路環口述史 —— 行業卷》，澳門：民政總署文化康體部，2014 年。

112. 鄭燕燕、杜玉瑩：《柔佛祥龍》，新山：柔佛古廟舞龍隊，2016 年。

113. 鄧開頌、吳志良、陸曉敏主編：《粵澳關係史》，北京：中國書店，1999 年。

114. 鄧爾麟著，藍樺譯：《錢穆與七房橋世界》，北京：社會科學文獻出版社，1998 年。

115. 鄧聰、鄭煒明主編：《澳門黑沙：玉石作坊》，澳門：澳門民政總署，2013 年。

116. 廖文輝主編：《華人民俗研究論文集》，雪蘭莪：策略資訊研究中心、新紀元大學學院，2017 年。

117. 熊春鎬：《龍文化的文明與教育》，北京：團結出版社，2010 年。

118. 聞一多：《伏羲考》，上海：上海古籍出版社，2006 年。

119. 臺中市政府文化局：《2011 臺中媽祖國際觀光文化節媽祖國際學術研討會：民俗、光與文化資產論文集》，台中：臺中市政府文化局，2011 年。

120. 劉正剛：《廣東會館論稿》，上海：上海古籍出版社，2006 年。

121. 劉利生：《影響世界的中國元素 —— 中國龍文化》（電子書），台北：元華文創股份有限公司，2015 年。

122. 劉志雄、楊靜榮：《龍與中國文化》，北京：人民出版社，1992 年。

123. 劉芳輯，章文欽校：《清代澳門中文檔案彙編（上、下冊）》，澳門：澳門基金會，1999 年。

124. 劉然玲：《文明的博弈 —— 16 至 19 世紀澳門文化長波段的歷史考察》，廣州：廣東人民出版社，2008 年。

125. 劉智鵬、劉蜀永編：《〈新安縣志〉香港史料選》，香港：和平圖書有限公司，2007 年。

126. 劉蜀永主編：《簡明香港史（第三版）》，香港：三聯書店（香港）有限公司，2016 年。

127. 樂艾倫編著：《伯大尼與納匝肋：英國殖民地上的法國遺珍》，香港：香港演藝學院，2006 年。

128. 摩爾根：《古代社會（上冊）》，北京：商務印書館，1981 年。

129. 潛明茲：《中國古話與傳説》，北京：中國國際廣播出版社，2010 年。

130. 廣東省民族研究所編：《廣東疍民社會調查》，廣州：中山大學出版社，2001 年。

131. 蝠池書院編委會編：《中國古代海島文獻地圖史料匯編（第五十四冊）》，香港：蝠池書院出版有限公司，2013 年。

132. 蕭一山編著：《近代秘密社會史料》，長沙：岳麓書社，1986 年。

133. 蕭步丹著，關培生校勘增訂：《嶺南采藥錄》，香港：萬里書店，2003 年。

134. 蕭放：《荊楚歲時記研究 —— 兼論傳統中國人生活中的時間觀念》，台北：秀威資訊出版社，2018 年。

135. 賴百齡、許焯勝編著：《澳門體育之澳門武術發展史》，澳門：濠江晚報，2015 年。

136. 澳門基金會：《城市文化形象的塑造 —— 第八屆粵台港澳文化交流研討會論文集》，澳門：澳門基金會，2007 年。

137. 澳門博物館：《澳門魚行醉龍節》，澳門：澳門特別行政區政府文化局，2012 年。

138. 澳門羅梁體育總會：《澳門龍獅文化概覽》，澳門：澳門羅梁體育總會，2019 年。

139. 謝後和、鄧開頌：《澳門滄桑 500 年》，廣州：廣東教育出版社，2014 年。

140. 謝詩堅：《馬來西亞華人政治思潮演變》，檳城：謝詩堅出版，1984 年。

141. 鍾敬文著，董曉萍編：《民俗文化學：梗概與興起》，北京：中華書局，1996 年。

142. 賽·胡先·阿里著，B.K.Yeow 譯：《馬來西亞族群關係：和諧與衝突》，雪蘭莪：策略資訊研究中心，2015 年。

143. 顏清湟：《東南亞華人之研究》，香港：香港社會科學出版社有限公司，2008 年。

144. 清湟著，粟明鮮、賀躍夫譯，姚楠校：《出國華工與清朝官員：晚清時期中國對海外華人的保護（一八五一－一九一一年）》，北京：中國友誼出版公司，1990 年。

145. 薩維納著，辛世彪譯注：《海南島志》，桂林：灕江出版社，2012 年。

146. 羅理路編注：《澳門尋根》，澳門：澳門海事博物館，1997 年。

中國龍文化研究

147. 羅香林：《中國民族史》，香港：中華書局（香港）有限公司，2010 年。

148. 譚世寶：《金石銘刻的澳門史：明清澳門廟宇碑刻鐘銘集錄研究》，廣州：廣東人民出版社，2006 年。

149. 譚世寶：《金石銘刻的氹仔九澳史 —— 清代氹仔九澳廟宇碑刻鐘銘等集錄研究》，廣州：廣東人民出版社，2011 年。

150. 關萬維：《瓊州文化》，瀋陽：遼寧教育出版社，1998 年。

151. 關禮雄：《日佔時期的香港（增訂版）》，香港：三聯書店（香港）有限公司，2015 年。

152. Austin Coates, *Macao and the British, 1637-1842, Prelude to Hong Kong*, Hong Kong : Hong Kong University Press, 2009.

153. E‧杜爾幹著，尹大貽譯：《宗教生活的基本形式》，上海：上海社會科學院宗教研究所，1986 年。

154. Hans Stübel：《海南島民族志（Die Li - Stämme der Insel Hainan）》，廣州：中國科學院廣東民族研究所，1964 年。

155. Editor Nan P. Hodges; Arthur W. Humme, *Lights and Shadows of a Macao Life - The Journal of Harriett Low, Travelling Spinster*, Washington: The History Bank, 2002.

156. Tan, Chee-Beng, *Chinese Religion in Malaysia: Temples and Communities*, Leiden : Brill, 2018.

期刊及論文：

1. 戈登衛澤若著，嚴三譯：〈圖騰主義〉，《史地叢刊》，第 1 期，1933 年。

2. 古鴻廷、曹淑瑤：〈剖析馬來西亞的“福建人”〉，2011 年台灣的東南亞區域研究年度研討會，淡江大學，2011 年。

3. 安煥然：〈論潮人在馬來西亞柔佛麻坡的開拓〉，《汕頭大學學報（人文社會科學版）》，2002 年。

4. 安煥然：〈馬來西亞柔佛古廟遊神的演化及其與華人社會整合的關係〉，《河南師範大學學報（哲學社會科學版）》，第 36 卷第 2 期，2009 年。

5. 余漢橋：〈中國舞龍舞獅運動現狀及發展對策研究〉，武漢：武漢體育學院碩士學位論文，2007 年。

6. 林志清：〈淺談 1914 年之前的英屬馬來西亞華僑社會〉，《東南亞縱橫》，第 5 期，2009 年。

7. 林佩環：〈從柔佛古廟遊神探討馬來西亞華人傳統文化與發展〉，發表於 "海外華人研究" 研究生國際學術研討會，2013 年。

8. 直江廣治：〈祭典與年節活動〉，《民間文學》，第 6 期，1981 年。

9. 胡修雷、黃曉堅：〈游神文化的傳承與發展 —— 以新山和潮汕地區為主的分析〉，發表在 2012 年第一屆馬來西亞華人研究雙年會，2012 年。

10. 胡國年：〈澳門醉龍獨樹一幟〉，《澳門日報》，2000 年 12 月 3 日。

11. 胡新生：〈禮制的特性與中國文化的禮制印記〉，《文史哲》，第 3 期（總第 342 期），2014 年。

12. 陳康言：〈消失村落的重聚 —— 香港薄扶林道西國大王廟的盂蘭勝會〉，《田野與文獻》，第 82 期，2016 年。

13. 馬明達：〈澳門體育管理體制〉，《體育文化導刊》，第 2 期，2002 年 2 月。

14. 陸美賢：〈澳門三街會館在清代的社會功能〉，澳門：澳門大學學士學位論文，中國語言文學系，2019 年。

15. 凌純聲：〈南洋土著與中國古代百越民族〉，《學術季刊》，第 2 卷第 3 期，1954 年。

16. 張應龍：〈"馬來西亞華人社會百年：回顧與前瞻" 國際學術研討會綜述〉，《華僑華人歷史研究》，第 2 期，2004 年。

17. 許地山：〈香港與九龍租借地史探略〉，《廣東文物（中）》，2013 年。

18. 曹樹基：〈1894 年鼠疫大流行中的廣州、香港和上海 —— 以《申報》為中心〉，《上海交通大學學報》，第 4 期，2005 年。

19. 黃桂麗：〈澳門舞醉龍的源流和轉變〉，澳門：澳門大學學士學位論文，中國語言文學系，2015 年。

20. 黃敏斐：〈論馬來西亞福州龍的傳入、 狀和藝術特點〉，馬來西亞：拉曼大學文學士（榮譽）學位論文，2016 年。

21. 彭偉文：〈清代到民國年間廣州及佛山的武館與勞動者互助組織 —— 以廣東醒獅的傳承者集團為中心〉，《民俗研究》，第 2 期，2012 年。

22. 曾祥龍：〈族群媒介的整合或分化效果：馬來西亞中文報對柔佛王室的再現〉，台灣：國立暨南國際大學碩士學位論文，東南亞學系，2017 年。

23. 葉興建：〈獨立以來馬來西亞華商發展研究〉，廈門：廈門大學博士學位論文，專門史（華僑華人史），2007 年。

24. 鄭煒明：〈清初至乾嘉時期廣東珠江三角洲沿海村落的民生 —— 試以澳門附近兩島氹仔、路環為例〉，《澳門研究》，創刊號，1988 年 6 月。

25. 鄭煒明：〈清末（澳門）路環海盜及其興同盟會之關係〉，《澳門社會科學學會學報》，第 4 期，1988 年 8 月。

26. 鄭煒明：〈清初廣東珠江三角洲沿海村落的民生 —— 試以澳門附近兩島氹仔，路環為例〉，《文化雜誌》（中文版），第 13 / 14 期，1993 年 6 月。

27. 鄭德華：〈革命黨與保皇黨辛亥革命前在南洋的論戰〉，《學術研究》，第 12 期，1983 年。

28. 鄭德華：〈清初廣東沿海遷徒及其對社會的影響〉，《九州學刊》，第 2 卷第 4 期，1988 年 7 月。

29. 鄭德華：〈廣東中路土客械鬥研究（1856-1867）〉（A Study of Armed Conflicts Between the Punti and the Hakka in Central Kwang Tung, 1856-1867），香港：香港大學博士學位論文，1990 年。（未刊稿）

30. 劉居上：〈澳門中山民間藝術淵源〉，《澳門雜誌》，第 60 期，2007 年 10 月。

31. 劉林宇：〈對清代台灣瘴氣的生態史考察 —— 基於經濟開發和軍事史實〉，日本愛知大學中國研究科，2019 年。

32. 潘冬、馬明達：〈澳門與 "龍獅運動"〉，《暨南學報（哲學社會科學版）》，第 3 期，2006 年 5 月。

33. 蔣明智：〈舞龍運動研究述評〉，《民間文化論壇》，第 1 期，2012 年。

34. 黎東敏：〈醉龍遊鏡海翩躚舞百年〉，《澳門雜誌》，第 76 期，2010 年 8 月。

35. 蕭兵：〈引魂之舟 —— 楚帛畫新解〉，《湖南考古輯刊》，第 2 集，1984 年。

36. 魏建峰：〈早期馬來西亞柔佛潮人商業網絡探析 —— 以柔佛新山為例〉，《東南亞縱橫》，第 7 期，2010 年。

37. 饒毅：〈現代科學研究中藥的先驅—張昌紹〉，《中國科學：生命科學》，43 卷 03 期，2013 年。

38. A Rahman Tang Abdullah, "Modernisation or Westernisation of Johor under Abu Bakar : Historical Analysis", *Intellectual Discourse*, Vol.16, No.2 (2008), pp.209-231.

39. Ko, Wing-hong, Nigel, "Hidden Street in Disregarded Village : The Cultural Significance of 'Wai Chai', Pokfulam Village", M.Sc. thesis, University of Hong Kong, 2007.

40. Lao, Tong I, "When the dragon was drunken : the change and development of Macao Drunken Dragon Festival in 1947-2010", M.A. thesis, University of Macau, 2015.

41. M.A. Fawzi Mohd.Basri, "Tarian naga oleh orang2 melayu di Batu Pahat : Sesuatu yang unik dalam sejarah Malaysia", *Malaysian Journal of History, Politics and Strategic Studies*, Vol.01 (1971), pp.51-54.

42. Ng, Chan-fan, Anthony, *Pokfulam : A Geographical and Historical Survey*, 手稿藏於香港大學圖書（MSS915.125N575）, 1957.

地方文獻：

1. 于煌纂修：《會同縣志》，清乾隆三十八年（1773）刊刻，見故宮博物院編：《故宮珍本叢刊》，第 190、191 冊，海口：海南出版社，2001 年。

2. 于霈撰：《瓊山縣志》，清乾隆十二年（1747）重修，見故宮博物院編：《故宮珍本叢刊》，第 190、191 冊，海口：海南出版社，2001 年。

3. 王雲五輯：《中山縣志》，清同治十二年（1873）石歧沙岡墟連元堂版本複印本，1961 年重印。

4. 王錫祺輯：《小方壺齋輿地叢鈔》，台北：台灣學生書局，1985 年。

5. 王應山纂修，福建省地方志編纂委員會整理：《大閩記》，北京：中國社會科學出版社，2005 年。

6. 中山市地方志編纂委員會辦公室：《香山縣鄉土志》，中山：中山市地方志編纂委員會辦公室，1988 年。

7. 田明曜主修，陳澧等纂：《重修香山縣志》，清光緒五年（1879）刊刻，見《中山文獻》，第五、六冊，台北：台灣學生書局，1985 年。

8. 白偉權主編：《2017 新山華族歷史文物館年刊》，新山：新山中華公會轄下新山華族歷史文物館，2018 年。

9. 任果修：《番禺縣志》，清乾隆三十九年（1774）刊刻，見故宮博物院編：《故宮珍本叢刊》，第 168 冊，海口：海南出版社，2001 年。

10. 印光任、張汝霖、祝淮等編纂：《澳門記署‧澳門志署》，北京：國家圖書館出版社，2010 年。

11. 李璜撰：《崖州志》，清乾隆二十年（1755）刊刻，見故宮博物院編：《故宮珍本叢刊》，第 194 冊，海口：海南出版社，2001 年。

12. 何大章、劉稚良等：《中山縣新志初稿》，見《中山文獻》，第八冊，台北：台灣學生書局，1985 年。

13. 林德明主編：《新山福建會館・玖拾周年特刊》，2017 年。

14. 祝淮主修：《新修香山縣志》，道光七年（1827）刊刻，見《中山文獻》，第三、四冊，台北：台灣學生書局，1985 年。

15. 馬日炳纂修，沈彪修：《增訂文昌縣志》，清康熙五十七年（1718）刊刻，見故宮博物院編：《故宮珍本叢刊》，第 191 冊，海口：海南出版社，2001 年。

16. 郭汝誠修、馮奉初纂：《順德縣志》，順德：出版者不詳，1853-1856 年。

17. 高魁標纂：《重修澄邁縣志》，清康熙四十九年（1710）刊刻，見故宮博物院編：《故宮珍本叢刊》，第 193 冊，海口：海南出版社，2001 年。

18. 梁炳華著：《南區風物志（新修版）》，香港：南區區議會，1996 年。

19. 許祖京：《重修陵水縣志》，清乾隆五十七年（1792）刊刻，見故宮博物《故宮珍本叢刊》，第 194 冊，海口：海南出版社，2001 年。

20. 黃佐撰：《廣東通志》，香港：大東圖書公司，1977 年。

21. 黃時沛修：《東莞縣志》，清嘉慶三年（1798）刊刻，見故宮博物院編：《故宮珍本叢刊》，第 172、173、174 冊，海口：海南出版社，2001 年。

22. 程秉慥修：《樂會縣志》，清康熙二十六年（1687）刊刻，見故宮博物院編：《故宮珍本叢刊》，第 192 冊，海口：海南出版社，2001 年。

23. 舒慶祥主編：《柔佛潮州八邑會館八十週年紀念特刊 1934-2014》，柔佛潮州八邑會館，2015 年。

24. 董興祚、張文豹纂修：《安定縣志》，清康熙二十九年（1690）刊刻，見故宮博物院編：《故宮珍本叢刊》，第 192 冊，海口：海南出版社，2001 年。

25. 鄭夢玉等主修，梁紹獻等纂：《南海縣志》，台北：成文，1967 年。

26. 潘廷侯：《陵水縣志》，清康熙十二年（1673）刊刻，見故宮博物院編：《故宮珍本叢刊》，第 193 冊，海口：海南出版社，2001 年。

27. 厲式金主修，汪文炳等纂：《香山縣志續編》，1923 年刊刻，見《中山文獻》，第七冊，台北：台灣學生書局，1985 年。

28. 暴煜主修：《香山縣志》，清乾隆十五年（1750）刊刻，見《中山文獻》，第一、二冊，台北：台灣學生書局，1985 年。

29. 蕭應植：《瓊州府志》，清乾隆三十九年（1774）刊刻，見故宮博物院編：《故宮珍本叢刊》，第 189、190 冊，海口：海南出版社，2001 年。

30. 韓祐重修：《續修儋州志》，清康熙四十三年（1704）刊刻，見故宮博物院編：《故宮珍本叢刊》，第 193 冊，海口：海南出版社，2001 年。

31. 《2008 亞洲城市龍獅精英邀請賽》，2008 年。

32. 《牛奶飲品食品業職工會成立四十周年會慶特刊 1946-1986》，香港，1986 年。

33. 《新加坡少林龍藝協會》，2006 年。

34. 《新加坡誠敬會龍獅體育會特刊 2006》，2006 年。

35. 《新山廣肇會館第一百四十週年紀念特刊》，新山：新山廣肇會館，2018 年。

36. 《薄扶林村中秋火龍百年慶典紀念特刊》，香港：薄扶林村街坊福利會，2010 年。

報章及電視媒體：

1. 《大公報》，1949 年 8 月 -1980 年 9 月

2. 《工商晚報》，1931 年 9 月 -1964 年 12 月

3. 《中國報》，2015 年 4 月 -2019 年 8 月。

4. 《申報》，1894 年 5 月 -1898 年 6 月。

5. 《市民日報》，1947 年 4 月 -1957 年 12 月。

6. 《光明日報》，2018 年 12 月 -2019 年 3 月。

7. 《香港工商日報》，1935 年 7 月 -1978 年 10 月。

8. 《香港華字日報》，1895 年 5 月 -1933 年 1 月。

9. 《南洋商報》，1926 年 10 月 -1973 年 2 月。

10. 《馬來西亞東方日報》，2017 年 5 月 -2019 年 8 月。

11. 《馬來西亞星洲日報》，1979 年 5 月 -1983 年 5 月、2017 年 5 月 -2019 年 8 月。

12. 《華僑日報》，1949 年 6 月 -1987 年 12 月。

13. 《華僑報歷史資料庫》，1937 年 1 月 -2000 年 12 月。

14. 《澳門日報》，1984 年 4 月 -2019 年 6 月。

15. 澳廣視：《澳門人‧澳門事》，魚行醉龍節之介紹。

16. 《蘋果日報》，2012 年 1 月 -2018 年 9 月。

17. The Chinese Repository, vol.10 (January-December1841)

中國龍文化研究

網絡資源

1. 〈石岐的歷史沿革〉。http://www.shiqi.gov.cn/DocHtml/1/Article_20141183735.html。中山市人民政府石岐區辦事處網站,初次瀏覽日期:2018 年 5 月 2 日。

2. 〈太古樓村民分享信仰,繼承傳教士福傳精神〉。http://kkp.org.hk/node/838。《公教報》(天主教香港教區週報)網站,初次瀏覽日期:2018 年 1 月 12 日。

3. 〈太古樓與薄扶林區歷史發展〉。http://catholic3.crs.cuhk.edu.hk。香港中文大學文化及宗教研究學系網站,初次瀏覽日期:2018 年 12 月 22 日。

4. 〈英國國家檔案館 The National Archives 解封的 700 張舊香港照片〉。https://www.flickr.com/photos/nationalarchives/sets/72157631193302238/。英國國家檔案館網站,初次瀏覽日期:2019 年 3 月 8 日。

5. 〈活著的薄扶林村〉。http://www.inmediahk.net/node/1039419。《獨立媒體》網站,初次瀏覽日期:2017 年 9 月 15 日。

6. 〈香港記憶〉。https://www.hkmemory.hk/index_cht.html。香港記憶網站,初次瀏覽日期:2017 年 10 月 9 日。

7. 〈第四期活化計劃:舊牛奶公司高級職員宿舍資料冊〉。https://www.heritage.gov.hk/tc/rhbtp/buildings4.htm。香港文物保育專員辦事處網站,初次瀏覽日期:2017 年 10 月 9 日。

8. 〈中華公會成立簡史〉。https://bit.ly/2WpqgXg。新山中華公會網站,初次瀏覽日期:2019 年 7 月 22 日。

9. 鄭昭賢:〈一百多年前,為多元民族團結舞動長龍的 "馬來人舞龍隊"〉。https://asean.thenewslens.com/article/89680。《The News Lens 關鍵評論》網站,初次瀏覽日期:2019 年 7 月 21 日。

10. 〈薄扶林村社區檔案〉。https://www.pflvarchives.org.hk/tc/index.php。初次瀏覽日期:2018 年 1 月 12 日。

圖片目錄

本書作者簡介

鄭德華，香港大學中國語言文學系哲學博士，澳門大學中國語言文學系榮休教授。從事中國歷史文化、嶺南區域文化、廣東僑鄉與海外華人史、客家族群、香港與澳門歷史、信仰民俗等領域研究。是本書主編，擬定本書整體結構，撰寫序言、第五章馬來西亞柔佛新山歷史背景、結語等部分。

譚美玲，澳門大學中國語言文學系副教授，中山大學古典戲曲專業博士。專志於對古典戲曲、澳門土生文學、澳門文化研究。負責本書第二章澳門舞醉龍的來源、成形部分。

馬雲駿，北京大學中國語言文學系文藝學博士，現職澳門大學中國語言文學系高級講師，出版專論《李東陽詩學新探》。近年主要研究文化論題，有文章〈澳門文化保育及教育〉，出版文化教育書籍《澳門教育制度多元化及國際化論文集》、《澳門今昔》等。負責本書第一章寫作。

楊嵐雅，澳門大學中國語言文學系文學碩士，研究中華文化及澳門文化。曾於北京及澳門的傳媒公司任職記者，撰寫人物專訪及澳門歷史文化專題。負責本書香港薄扶林村舞火龍及新山舞龍活動的研究及撰寫。

吳浩文，澳門大學中國語言文學系文學碩士，對歷史與文化深感興趣，曾擔任網絡媒體“廣野”編輯，並撰寫澳門掌故及進行詩歌創作。負責本書澳門當代舞醉龍及舞龍的部分。

李宏俊，澳門大學中國語言文學系文學碩士，對澳門文化有濃厚興趣，曾在澳門的媒體中擔任編輯，並參與〈澳門龍文化研究：以舞醉龍為中心〉的研究工作。負責本書澳門當代舞醉龍及舞龍的部分。

朱藝萍，澳門大學中國語言文學系本科畢業生，研究澳門文化、戲曲等，並在澳門從事與文化藝術相關的工作。對民俗學及廣東客家文化深感興趣。在本書中主要負責研究和整理新山舞龍資料、參考書目，並為全書繪圖。

後記

應該説龍文化是中華文化中的一個重大課題，本書的研究並不能涵蓋其大部分內容，就算只是説其中的一小部分吧，也還是誠惶誠恐的，到底是説清楚了沒有？不過經過近四年的時間，合七人認真之力，在沒有任何經費支助的情況下，最後大家秉承"不忘初心"的態度，信守對學術的忠誠，完成了這部作品。"學無先後，達者為先"；"互相尊重，教學相長"是我們合作完成研究的座右銘。我在此際，首先要感謝其他六位作者在整個成書過程的共同努力。我曾參加過大大小小的合寫項目，從協調和合作的角度看，是次是我感到最為滿意的一次。

從民俗學的角度去研究傳統文化在今天的延續，是一個非常有意義的命題。民俗學不是當今熱門的課題，但是民俗文化與社會的關係，僅就我們是次研究的課題龍文化來説，就足以讓我們體會到它歷史之悠久和生命力之強大。當然，我們已經把努力的成果都放在書中了，就把評論留給讀者吧。學術本身就是公器，它亦應該在社會的批評中成長。

這本書在撰寫的過程中得到不少朋友熱情的支持和幫助，這是我們感受尤深的一件事。研究民俗學的課題，沒有社會民眾的參與和支持是絕對不可能完成的，這恐怕是從事這個領域研究的人共同的體會。但在此，我們只能將其中部分的鳴謝記錄如下，一定會是掛一漏萬，盼能體諒。

我們衷心感謝：

澳門鮮魚行總會關偉銘副會長，無私地分享他個人參與舞醉龍的經驗和體會，協助收集有關歷史資料，以及參與紅街市舉行的有關活動，並借出其珍藏的照片與資料。

澳門鮮魚行總會張國柱副會長接受訪問，協助三街會館舉行儀式的採訪，並借出照片。

澳門龍獅武術文化促進會會長阮愛武先生接受採訪，忠信體育會龍獅國術副主任郭志威先生接受採訪並提供照片。

　　澳門九澳村民互助會理事長何容輝先生協助有關調查。

　　中山市文化藝術中心林鳳群主任提供有關中山研究舞龍活動成果的著述。

　　香港薄扶林村火龍會副主席蕭昆侖先生，香港薄扶林村文化環境保育小組成員高永康、楊香灝先生，以及薄扶林村鍾昶達先生、陳文邦先生等一眾村民積極接受訪問，無私地分享他們的生活經歷與提供歷史資料。

　　香港明愛薄扶林社區發展計劃社工黃柑瑤女士與陳嘉慧女士熱心提供資料，協助有關調查。

　　香港薄扶林村紮火龍師傅吳江乾先生接受採訪，及分享製作火龍的經驗。

　　馬來西亞柔佛新山中華公會拿督斯里鄭金財會長接受採訪及提供資料。

　　馬來西亞柔佛新山中華公會陳旭年文化街委員會林恭明副主席協助採訪及提供資料。

　　馬來西亞柔佛新山廣肇會館總務曾志東先生協助採訪及提供資料。

　　馬來西亞南方大學學院安煥然副校長接受採訪及提供資料，並安排與新山龍文化相關的行內人士接受採訪。

　　馬來西亞柔佛新山廣肇會館、新山客家公會、新山柔佛潮州八邑會館、新山福建會館、新山海南會館等接受採訪及提供會館資料。

　　馬來西亞全國龍獅總會秘書長楊慶權先生接受採訪及提供資料。

　　馬來西亞耶耶亞哇洪仙大帝廟總務李趙興先生接受採訪及提供資料。

　　馬來西亞耶耶亞哇洪仙大帝廟龍隊教練傅順漢先生及其隊員接受採訪及提供資料。

　　士姑來八哩半鰲峰宮體育會理事會總務陳慶財先生接受採訪及提供資料。

　　馬來西亞新山柔佛古廟舞龍隊主席徐永健先生接受採訪及提供資料。

　　至於書中的不足與錯誤，則完全是我們的責任。

鄭德華

2019 年 9 月於澳門大學

索引

十四畫

責任編輯　　張軒誦
書籍設計　　吳丹娜

書　　名　　中國龍文化研究：以澳門舞醉龍及其他個案為中心
主　　編　　鄭德華
出　　版　　三聯書店（香港）有限公司
　　　　　　香港北角英皇道499號北角工業大廈20樓
　　　　　　Joint Publishing (H.K.) Co., Ltd.
　　　　　　20/F., North Point Industrial Building,
　　　　　　499 King's Road, North Point, Hong Kong
香港發行　　香港聯合書刊物流有限公司
　　　　　　香港新界大埔汀麗路36號3字樓
印　　刷　　美雅印刷製本有限公司
　　　　　　香港九龍觀塘榮業街6號4樓A室
版　　次　　2019年12月香港第一版第一次印刷
規　　格　　特16開（152×228 mm）352面
國際書號　　ISBN 978-962-04-4556-9

© 2019 Joint Publishing (H.K.) Co., Ltd.

Published & Printed in Hong Kong